医師が薦める本物の健康住宅 2024年 AUTUMN/WINTER

医師や大学教授とともに安心、快適な住まいを考える。

住医学研究会

医療のプロと住宅のプロが協力し合い安心、快適な住まいを考える住医学研究会。

その初代理事長、矢山利彦医師をはじめ、会に賛同する方々に、
大学教授らによる住まいと健康・家族に関する協働研究調査の結果、「0宣言の家で、これだけ変わった！」

「健康のことを本気で考えた家づくり」

「0宣言の家に住むお施主様の実感」についてお話を伺いました。

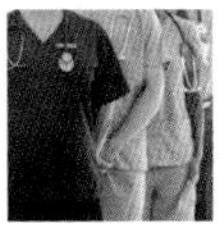

住医学研究会とは？

「健康を考えたらこの建材は使えない!」「家を長持ちさせるにはこの建材ではダメだ!」。家づくりの現状に疑問を抱いた設計事務所や工務店が、本物の家づくりを目指す経営・建築コンサルタント・澤田升男氏が提唱する「0宣言の家」に共感して全国から集まり、医師や大学教授の協力のもと、住む人の健康を追求するために誕生したのが「住医学研究会」です。国の基準、住宅業界の常識に挑み、家づくりの世直しを続けています。

住医学研究会 理事長
医療法人 山桃会／Y.H.C.矢山クリニック院長
矢山 利彦

お金をかけずに健康をマスターしよう！

近年、世の中の大多数が物の値上げを実感、個人でできる対策として節約されている方もいるでしょう。

しかし、物価高でも健康は守らなくてはなりません。

そこで、西洋医学と東洋医学、医科と歯科を統合して診断、治療を行う矢山医師に、

「お金をかけずに健康になる方法」をレクチャーしていただきました。

これをマスターし、今日から自分と家族の健康増進をはかりませんか？

慢性的な病気は薬だけに頼ってはいけない

世の中の大半の人は、病気になったら「医者にかかって薬で治すもの」と考えています。しかし、これは正しいとも言えますが、間違っているとも言えます。

たとえば、3年余りも猛威を振るい続けた新型コロナウイルス感染症など、「昨日まで元気だった人が、突然発症する病」であれば、急性期に薬でウイルスを叩き、重症化させないことが大切です。

しかし、高血圧症のような病気の場合は、「昨日まで元気だったのに、今日から高血圧」ということはありません。認知症もそうです。「昨日まで頭が冴えわたっていたのに、今日から認知症」ということはありません。これらは年単位で徐々に病気に傾いていくものであり、病気の成り立ちが違います。そこにいくら薬を投入しても、思ったようには良くならないのです。

その理由を高血圧症の場合で考えてみましょう。血圧を下げる薬を飲んでも血圧が下がらない一番の要因は、延髄の血圧コントロール中枢で、交感神経が緊張状態になっているからです。なぜ交感神経が緊張状態になるのかといえば、そこで弱い炎症がずっと続いているから。では、なぜ弱い炎症が続くのかというと、家の中にいるホコ

リ・ダニを吸い続けているからです。

ホコリ・ダニを吸ったからといって、その日に病気になるわけではありません。しかし、ホコリ・ダニには弱毒菌や弱いウイルスがたくさん入っています。掃除を徹底するなどして、この原因を取り除かない限り、炎症はなくならず、したがって、血圧も下がらないというわけです。医師もそういう大事なところを指摘せずに薬を出すため、患者さんは同じ薬を何年も飲み続けています。でも、それで本当にいいのでしょうか?

脳内の診断名医 扁桃体に尋ねてみよう!

「モグモグスー」と「クンクンスー」

脳内には最高感度のアラームである「扁桃体」があります。これは診断が専門の名医とも言えます。自分の体、健康にとって適しているか不適なのかを即座に判断してくれます。「扁桃体」は脳の深い部位にあり言葉を持ちません。しかし、扁桃体は呼吸機能とつながっているのでその診断は自分の呼吸を観察して知ることができます。

口に入れることができる物

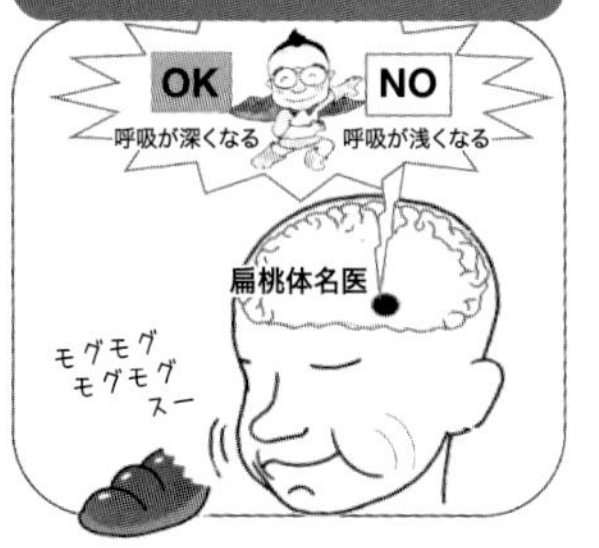

①適、不適を調べたい食品を口に入れ、数回モグモグと噛み、その食品のにおいを口腔より鼻腔に送り込みながらスーッと息を吸ってみる。

②これを1〜3回繰り返して、呼吸の入りやすさ、息の深さを感じてみる。

③適している食品と扁桃体が判断したときは、呼吸が深くなる。

④許容範囲の食品は呼吸の深さが同じ程度となる。

⑤不適食品と判断したときは、呼吸を繰り返すたびに息が浅くなり、さらにウッと吐き出したくなる。〈その時には、食べたい気持ちがスーッと波が引くように消えていく〉

口に入れられない物

①身の回りの芳香柔軟剤、消臭除菌スプレーをティッシュペーパーに少量取って、「クンクンスー」と臭いをかぎながら呼吸の入りやすさ、息の深さを感じてみる。

②確かに一瞬、芳香はありますが、体によくないものには扁桃体名医が拒否反応をするので呼吸を1回、2回、3回と繰り返すたびに息が浅くなります。
体に良くない物に対し、全くそうならない人は扁桃体名医の働きが低下しているかもしれません。

Y.H.C.矢山クリニック

5つの病因を予防すれば お金をかけず健康になれる

別の言い方をすると、病気の原因を身体に入れなければ、医者にかかる必要も、薬を飲み続ける必要もなくなります。つまり、お金をかけずに健康になれるのです。

では、病気の原因はどこから入るのでしょうか? 主には鼻・口・皮膚から入ります。どんな原因があるかというと、先ほどお話ししたホコリやダニのほかにも、細菌、ウイルス、カビ、寄生虫、洗剤・残留農薬・食品添加物に含まれる化学物質、歯科金属などが挙げられます。歯科金属は水分のあるところで錆びて、金属イオンになり、溶け出して体内に蓄積されてしまいます。また、電磁波は身体のどこからでも入ってきますし、自分がつくり出す精神的ストレスもあります。これらを「5つの病因」としてまとめたのが、次ページの図です。

病気を火事にたとえるとわかりやすいのですが、火が燃えるとは、酸化が起きるということです。身体の中で起きる酸化は炎症という現象にたとえることができ、外で起きる火事と、身体の中の炎症は物理的に同じと考えることができます。火種が煙になり、ぼやになって火事になり、最後はそれが大火事になるように、病気にも火種があり、火種を放置すれば炎症が起こり、いずれ取り返しのつかない大きな病気を発症してしまうのです。

その火種が「5つの病因」であり、この病因をつくらない努力をし、しっかりと予防することが大切です。

ホコリ・ダニのいない 環境をつくることが大事

予防の中でも、住環境を整えることは、人が健康的に生きる上で基本中の基本です。いつも患者さんにすすめているのは、掃除を小まめにすること。布団は布団乾燥機をかけて、掃除機で吸う。エアコンのフィルターも定期的に掃除をすることが大切です。フィルター掃除をしないと内部のホコリ・ダニ・カビが部屋中にばらまかれ、人がそれを吸い続けると呼吸器に問題が出てきます。ホコリ・ダニは、呼吸器だけでなく、脳にも入り込み、弱い炎症が起きてアミロイドという物質が発生し、アミロイドがたまって認知症になる恐れもあります。

掃除の効果を測る目安は、朝起きて、鼻のグシュグシュ、鼻づまり、喉のイガイガがないかどうか。症状があれば、寝ているときにホコリ・ダニを吸っている証拠です。また、家の中にホコリ・ダニが多いと、犬や猫もかゆがり、身体をしきりに掻いたり、皮膚を噛んだりします。犬や猫を飼っている人は、ペットの機嫌を見ることも目安になるでしょう。気になる場合は、掃除をもう少しがんばってみてください。

その一方で、「0宣言の家」のように、断熱性能に優れ、カビが発生せず、ダニがほとんどいない健康住宅に住めば、アレルギー症状が緩和するというデータもあります。自分がホコリ・ダニを吸っているかどうかは、市販されている「ダニ検査用マイティチェッカー」でも調べることができます。

口から入る病因としては、食品に含まれる農薬、除草剤、添加物、発がん物質などが挙げられます。また、皮膚から入るものには、洗剤、柔軟剤、消臭除菌スプレーなどがあります。

5つの病因について

病名は数えきれないほどありますが、病因をとことん掘り下げていくと5つに要約されます。

病気の根っこにある病因を追及した「5つの病因による疾患モデル」が2003年にY.H.C矢山クリニック、矢山院長によって発表されました。病気は外からの原因と自分のうちの条件によって成立します。

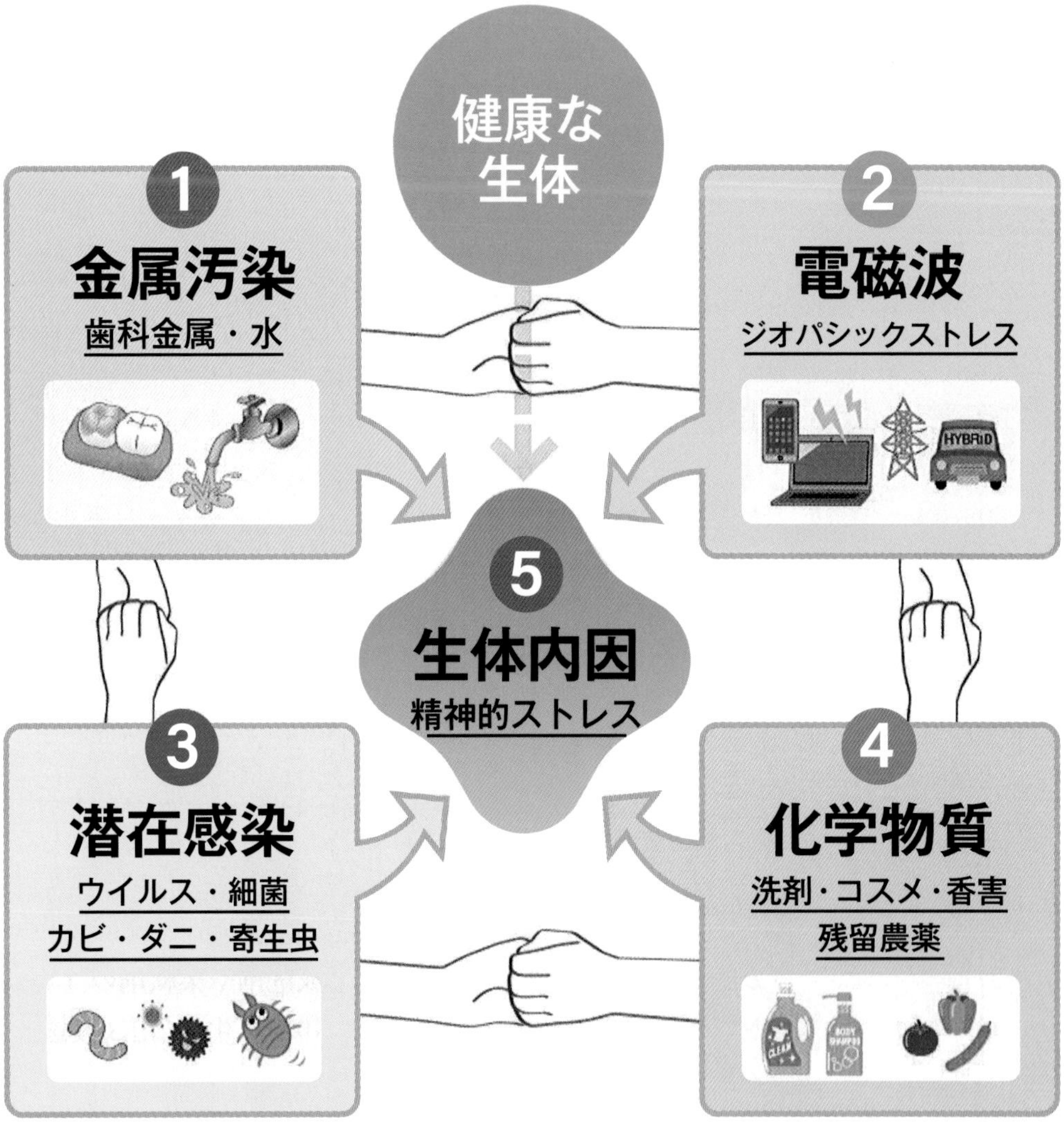

5つの病因によって健康な生体に歪みが生まれます。5つの病因は絡み合い、自分でデトックスできる範囲を超えたときに不調として現れるようです。一般的に、強い症状が出る感染は問題にされていますが、症状が出ない感染、金属汚染、電磁波、化学物質の害についてはほとんど考慮されていないようです。それらの原因を取り除く努力をすることで、快適で健康的な毎日につながります。
また、ストレスを減らし、気功などを行うことで、体に摂り入れて良いもの、悪いものに敏感になったり、自分の体の変化にも気づきやすくなったりします。

健康な身体と心は自分でつくれる

これらが自分の身体に合っているかどうか、自分で確かめる方法に「モグモグスー」「クンクンスー」があります。脳内には診断の名医ともいえる「扁桃体」があり、前頁のイラストの要領で「モグモグスー」「クンクンスー」してみてください。息が浅くなるもの（病因）を外す選択をするだけでも、お金をかけずに健康が手に入るようになります。

1回3分で免疫力を上げる『童謡ハミング瞑想法』

最後にもう一つ、5つの病因の中でも自分がつくり出す精神的ストレスを減らす方法をお教えしましょう。すぐにクヨクヨ考えたり、悩んだり、不安になってしまうクセがある人は、次の方法を試してみてください。題して『童謡ハミング瞑想法』です。

やり方は簡単です。

❶ 童謡を一曲聴きながら、頭の中で（声を出さずに）ハミングする

❷ 一曲終わったら、音楽をストップして、頭の中に何の考えも浮かんでこない状態を知る（何も考えていない、考えていないということも考えていない「無念無想」の脳モード）

❸ ①と②を繰り返して、無念無想の状態を体得する

❹ 無念無想になると、呼吸がゆっくり静かになる

❺ ④ができるようになったら、今度はハミングしながら童謡の歌詞を表現するイメージを描く（『花』を聴いたら、のどかな春の日差しが照らす隅田川をイメージするなど）

❻ ⑤ができたら、イメージをだんだんリアルにし、静止画から動画へイメージをふくらませる

❼ ⑥ができるようになったら、バーチャルリアリティーのアバターのように、その動画の中に自分が入っていくイメージを描く

これを1人になれる静かな場所で、目をつぶって行ってください。所要時間は童謡1曲分ですから、およそ3分ぐらいです。

コツは、できるだけ大きな声で脳内ハミングすること。すると、当たり前ですが、どんなにネガティブなことを考えようとしても、考えられなくなります。「苦しい」「悲しい」「辛い」「あれが嫌だ」「あの人が妬ましい」といった不快な言葉が頭の中にたくさん浮かんでいたとしても、童謡ハミング瞑想をすれば、その場で消えてしまうのです。

反対に、頭の中が不快な言葉でいっぱいになっていると、脳が緊張し、健康度が下がっていきます。そのマイナス効果は大きく3つあります。1つ目は、本来、考えるべきことが考えられなくなり、IQが下がってしまうこと。2つ目は、免疫をコントロールする視床下部の機能が低下し、病気にかかりやすくなってしまうこと。そして、3つ目は、体内のビタミン、ミネラルが減り、エネルギーを消耗して疲れやすくなってしまうことです。

朝と晩、あるいは、ネガティブな考えが浮かんだときに童謡ハミング瞑想を行ううちに、やがて、頭の中に静寂が訪れる瞬間がやってきます。患者さんによく、「不快脳を止めるトレーニングだと思ってやってみるといいですよ。100回やれば白帯、1000回やれば黒帯、1万回やれば達人になれますよ」と言うのですが、トレーニングを重ねて脳が澄み切った水面のような状態になれば、免疫力が上がり、ちょっとしたことで病気にならなくなります。

それだけでなく、脳内から不快な言葉が消える＝ノイズがない状態をつくることで、新しい発想やアイデアが出やすくなるプラスの効果もあります。今回お伝えした方法で、少しずつでも自分の身の回りの環境を整え、あなたとあなたの家族の健康度を上げていきましょう。

医療法人山桃会
Y.H.C.矢山クリニック
〒840-0201
佐賀県佐賀市大和町大字尼寺3049-1
☎0952-62-8892
https://www.yayamaclinic.com/

Profile
矢山利彦（ややま・としひこ）氏
1980年、九州大学医学部卒業。同大学院博士課程で免疫学を専攻。2001年、Y.H.C.矢山クリニックを開院。経絡エネルギー測定器ゼロ・サーチを開発し、西洋医学、東洋医学、歯科医科統合、自然療法を気の観点から融合した医療を実践。ガン、リウマチ、アトピー、喘息などの難病に高い治療効果をあげている。著書『気の人間学』『あいうえお言霊修行』ほか多数。
Dr.ヤヤマンのYouTube Channelで【お金をかけずに健康になる方法】を視聴できます。

東京都立大学名誉教授
放送大学客員教授
星 旦二

「0宣言の家」で、これだけ変わった!

健康調査の結果を発表

2014年以降、「『0宣言の家』は住む人を健康にするのか?」をテーマにお施主様への健康調査が続いています。
今回あらたに、「0宣言の家」に転居する前と後の健康比較・分析を実施。
住医学研究会、慶應義塾大学、東京都立大学との協働研究により、
日本初の試みで得られた驚きの結果をご報告します。

「0宣言の家」居住者は有病割合が低いことが判明

健康づくりで大切なことはいくつかありますが、そのなかの一つとして私が提唱しているのが、「適切な住宅環境」の重要性です。

特に、暖かい住宅に住み替えると、心筋梗塞や脳卒中といった循環器系疾患を予防することが可能とされています。一言でいえば、「暖かい住宅は、健康寿命を促進する」という仮説が成り立つのです。

では、「0宣言の家」はどうか。私たちは、これまで足かけ10年にわたり、「『0宣言の家』における住まいと健康・家族に関する協働研究調査」を行ってきました。「0宣言の家」に住み替えた方たち７１１人の健康状態を細かく調査し、全国調査の結果と比べてみたところ(一次調査、二次調査)、次のような結果が出ました。

「0宣言の家」居住者には、

- **高血圧者が少ない**
- **糖尿病者が少ない**
- **脂質異常者が少ない**
- **定期的に運動している人が多い**
- **肥満者が少ない**

大きな要因は、もちろん「0宣言の家」の暖かさにあります。四季別、部屋別の平均温度、平均湿度をみますと、一年を通して、また、部屋間でも温度・湿度の較差がほとんどなく、体に優しい家であることが明らかになりました。外気温に関係なく一日の室内温度の変動が少ない。このことこそが血圧を安定させ、循環器系疾患を予防していると考えられます。

さらに、注目すべきは「CASBEE®すまいの健康チェックリスト」のスコア結果です。これは居住者自身が住まいの健康性を60点満点で評価するリストのこと。下の図を見ると、「0宣言の家」は山グラフのピークが50点に近く、大手住宅メーカー、全国の戸建て住宅と比べて住宅環境性能が優れていることがわかります。

ここでもっとも大事なポイントは、居住者の住まいに対する満足度の高さです。「自分は、大手住宅メーカーより住宅性能の高い健康住宅に住んでいる」という主観が、心の面からも健康寿命に影響を与えていると考えられるのです。病は気からといいますが、私の研究でも「自分は健康」と感じている人は、健康長寿であることが実証されています。

一つ一つの結果が新発見レベル！

第一次・第二次調査の結果を踏まえて、「0宣言の家」が居住者の健康維持に寄与していることがおわかりいただけたと思います。では、「『0宣言の家』に住む前と住んだ後の一年で、健康状態はどのように変わったのか？」それが今回の追跡調査の目的です。

たとえば、私自身、大手ハウスメーカーで建てた家を「0宣言の家」にリフォームし、大きな変化を実感しました。それまでの室内の寒さが解消され、風邪を引きにくくなり、ぐっすり眠れるようになったのです。私は夜中のトイレにも起きなくなりました。一番の収穫は、妻の血圧が安定したことです。以前は最高血圧が１６０ｍｍＨｇ以上ありましたが、リフォーム後は１４０ｍｍＨｇ程度まで下がり、薬も必要なくなりました。

当たり前のことですが、ビフォー・データとアフター・データがそろって、初めて”差“がわかります。しかし、これまでこうした研究調査が行われた前例はありません。だからこそ貴重であり、意義があると感じていました。そして、その結果の一つ一つが新発見と呼べるだけの価値があったことを、次ページからじっくりお伝えします。

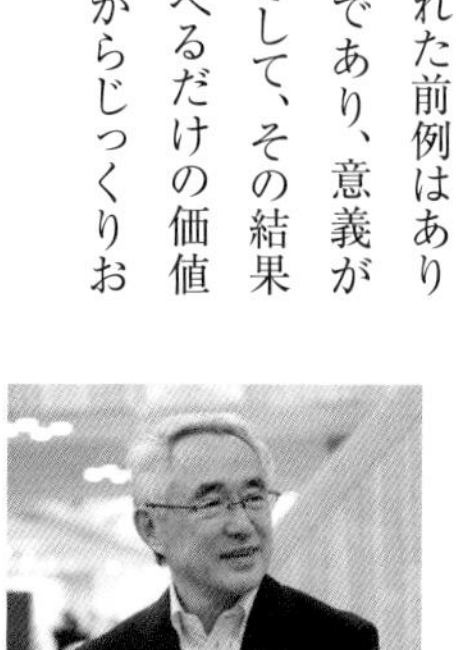

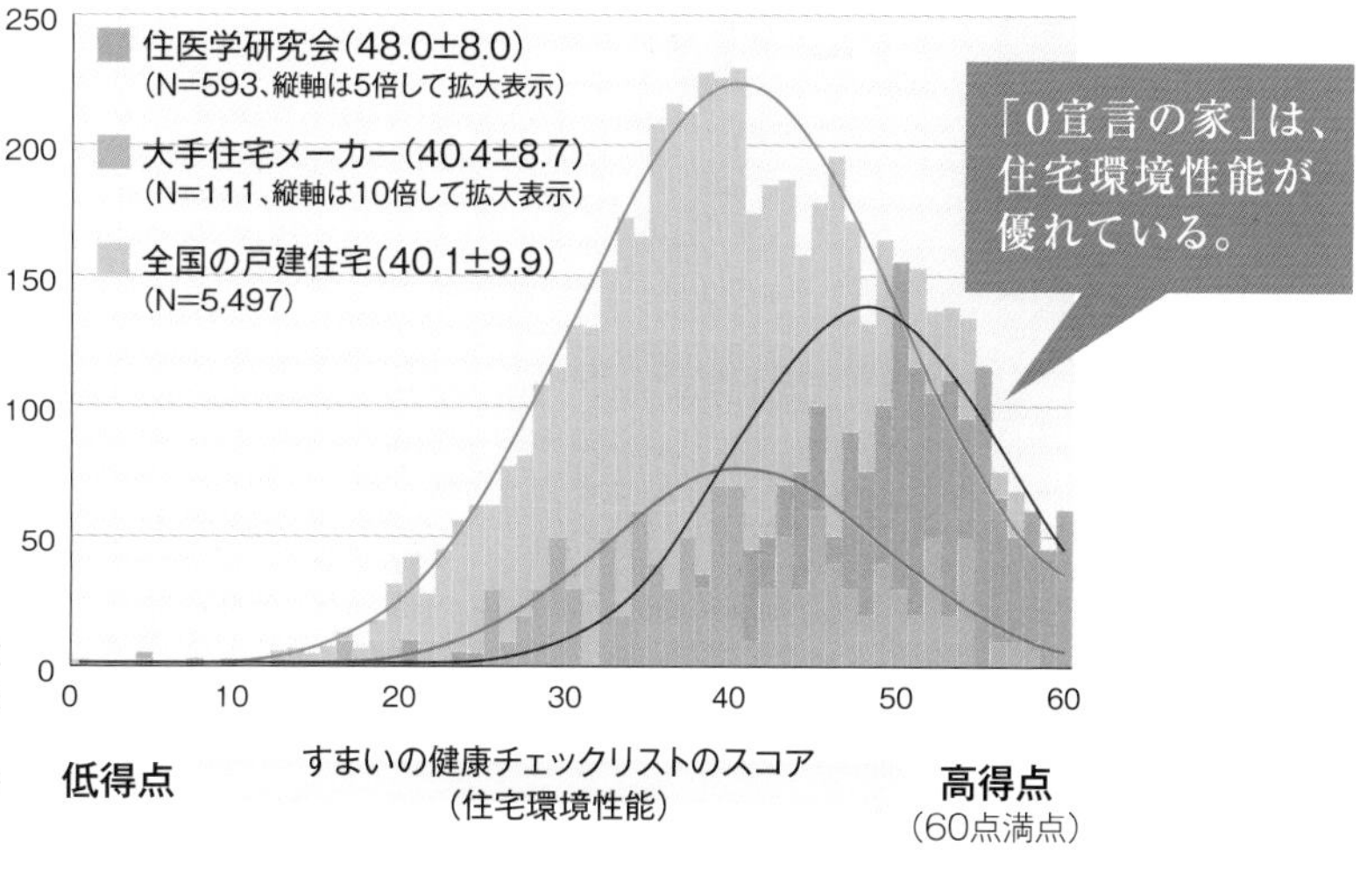

調査対象者：住医学研究会は、2019年に慶應義塾大学・伊香賀俊治教授と東京都立大学・星旦二名誉教授とで健康住宅に転居する事前事後の協働研究調査を102人を対象として実施しました。
その概要を次ページからご紹介します。解析は、慶應義塾大学大学院修士課程・浅倉弘尭様にお願いしました。その概要を示します。

主観評価　住まいの主観評価が前後比較で大幅改善

今回の調査では、「0宣言の家」に住み替える前後の評価をしていただきました。その結果が右のグラフです。2つの山を比較すると、「0宣言の家」に引っ越したことで、住まいの主観評価が20点近くも大幅に向上したことがわかります。

得点の差が示すもの。それは、「0宣言の家」は、以前の家に比べて明らかに部屋の暑さ、寒さがなくなり、カビや化学物質のにおいが減少し、騒音が少なくなったということです。言い換えれば、「快適」と感じる住まいの条件が、居住者自身によってはっきり見えてきたのです。この図が本調査における最も意義ある成果の一つと言えます。

現在、日本には約6200万戸の住宅がありますが、そのほとんどが十分な断熱・気密性を備えておらず、90%以上が室温18℃以下で冬季に寒い家が多くなっています。寒い家で体を冷やし、体温が下がると人間は免疫力が落ち、身体の機能が低下します。健康で長生きするためには暖かい家に住むことが重要というのは、世界の常識なのです。

実際に私も参加した別の追跡調査では、冬の室温が2℃上がると健康寿命が4歳延びるという事実が明らかになっています。

新常識　快適な住まいの条件がはっきり見えてきた！

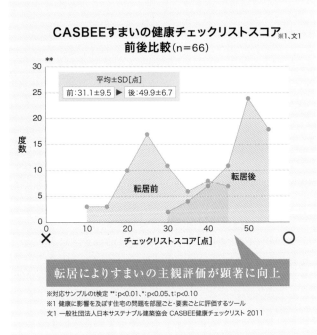

CASBEEすまいの健康チェックリストスコア※1、文1 前後比較（n=66）

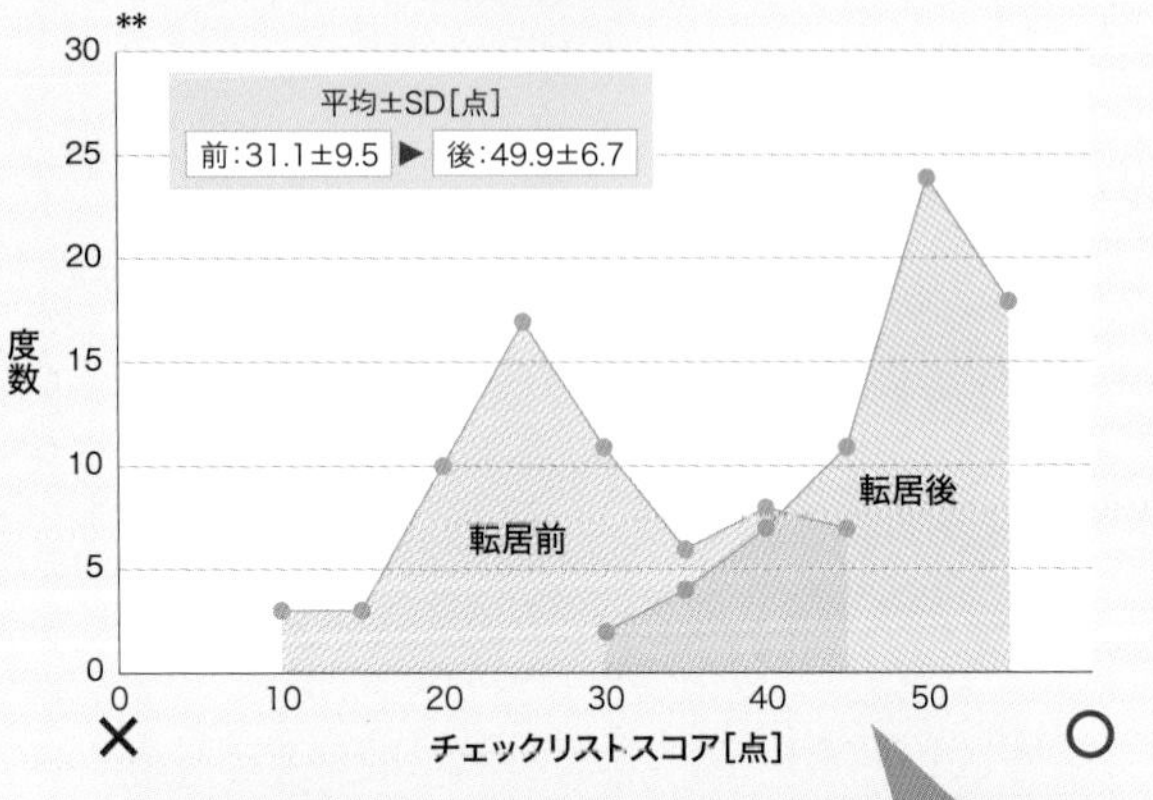

転居によりすまいの主観評価が顕著に向上

※対応サンプルのt検定 **：p<0.01、*：p<0.05、t：p<0.10
※1 健康に影響を及ぼす住宅の問題を部屋ごと・要素ごとに評価するツール
文1 一般社団法人日本サステナブル建築協会 CASBEE健康チェックリスト 2011

睡眠状態　住み替えによって睡眠状態も改善した

転居前、転居後の睡眠状態の変化について調査したところ、これも顕著に改善していることがわかりました。

睡眠を把握・評価する方法としては、国内外の疫病研究に使用されるピッツバーグ睡眠質問票（PSQI）を採用。居住者本人が自分自身の過去1カ月間の睡眠と睡眠障害について、18の質問に答える形で行われました。回答は7つの要素（睡眠の質、睡眠時間、入眠時間、睡眠効率、睡眠困難、睡眠薬の使用、日中の眠気）に分類され、得点が高いほど眠りが困難になっていると判定されます。

右の図を見ますと、転居前に比べて転居後の得点が低くなっている＝眠りが改善されていることが確認できます。

改善の大きな理由の一つとして考えられるのは、人体に害のある材料を全て排除していること。壁材に使われている天然漆喰は、室内の有害物質を吸着・分解する性質があり、室内の空気をクリーンにすることがわかっています。また、夏は湿気を吸い込み、冬は逆に水分を出して湿度を常に安定させます。さらに、優れた断熱効果で室温も一定に保たれている。それらが仕掛けになって、深い睡眠が得られると推察されます。

新常識　薬を飲まなくても家の性能で眠りは改善する！

PSQI質問票※1、文1 得点の前後比較（n=78）

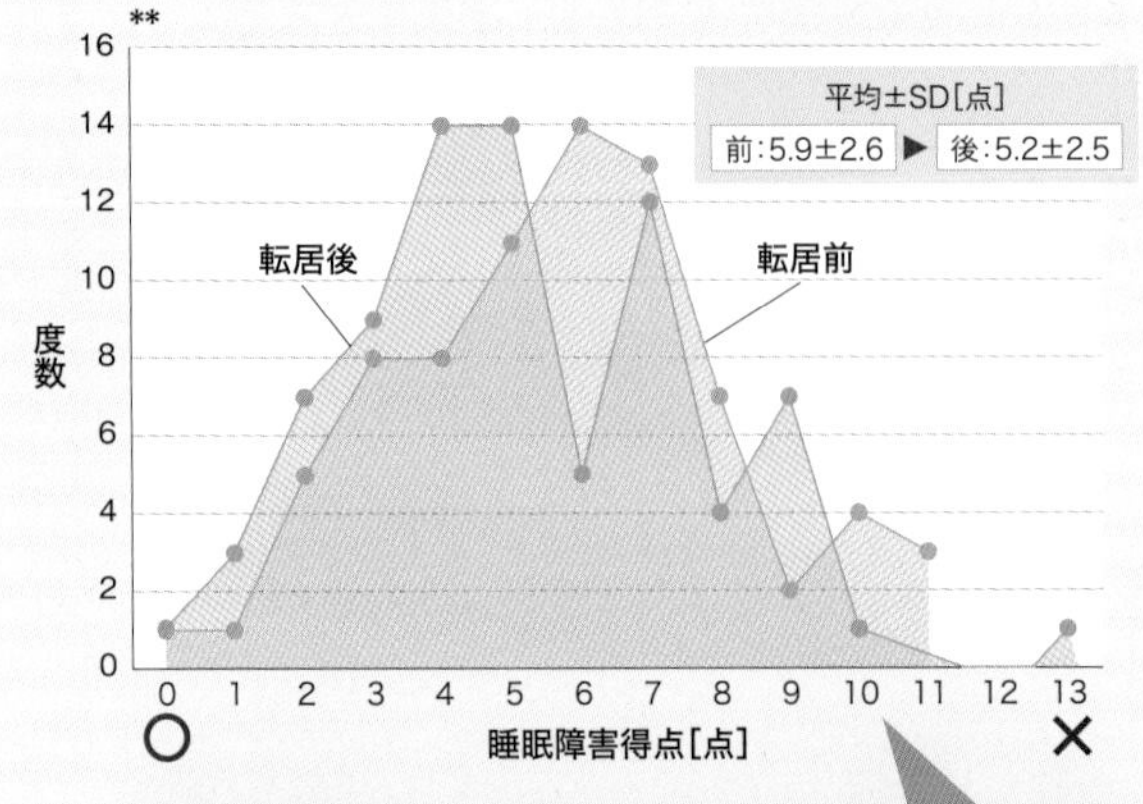

睡眠状態が顕著に改善

※対応サンプルのt検定 **：p<0.01、*：p<0.05、t：p<0.10
※1 さまざまな睡眠障害の評価に有用なツール
文1 土井由利子ら、ピッツバーグ睡眠質問票の日本語版の作成、精神科治療、vol13、pp.755-763、1998

鼻・目の症状

元々、自覚のあった鼻・目の症状が改善

以前の家にいる時から自覚していた鼻・目の症状も、「0宣言の家」に引っ越したあとに大きく改善されていることが判明しました。

調査対象者のうち53%以上の人が引っ越す前に感じていた「くしゃみ」の症状は40%以下になり、「目のかゆみ」は約50%から約28%まで減少。また、「鼻づまり」は約43%から約30%に、「鼻のかゆみ」「涙目」については、自覚症状のあった人の割合が半分以下に減っています。調査した6項目のうち、「水っぱな」を除く5項目に症状の改善が見られたのです。

鼻・目の症状は、アレルギーが原因であることが疑われます。そして、アレルギーは住まいの温度や湿度、空気の質と大きく関係しているといわれています。『0宣言』の「暖かい家」に住み替えたことにより、結露がなくなり、カビ、ダニがいなくなって、症状も改善したと考えられます。

また、壁にビニールクロスを張る際に使われる接着剤や、床材などの合板に使われる有機溶剤から発生する化学物質もアレルギーの原因といわれています。「0宣言の家」は有機溶剤を全く使っていません。そのことも症状の顕著な改善に結びついたと考えていいでしょう。

新常識

50〜100年前の家づくりがアレルギーに効く

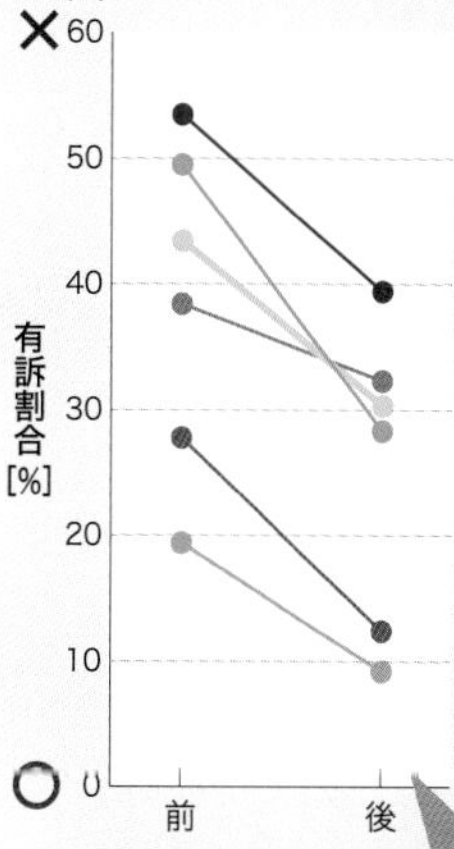

			前[%]	後[%]
くしゃみ	*	(n=99)	53.5	39.4
目のかゆみ	**	(n=99)	49.5	28.3
鼻づまり	*	(n=99)	43.4	30.3
水っぱな	n.s.	(n=99)	38.4	32.3
鼻のかゆみ	**	(n=97)	27.8	12.4
涙目	*	(n=98)	19.4	9.2

※McNemar検定 **:p<0.01、*:p<0.05、t:p<0.10

体感・体験

住み替え後の一年で体調がよくなった！

「肩こり」や「腰痛」「頭痛」「身体のだるさ」「食欲不振」といった不定愁訴について、できるだけ多くの項目を上げて調査した結果が右のグラフです。

自覚症状が改善したと顕著に数字であらわれたのは、「かゆみ」「発疹」「関節痛」の3項目。「かゆみ」と「発疹」に関しては、先ほどのアレルギーを原因とする症状とも関連していると考えられます。

「関節痛」が改善したメカニズムをすぐに解明することは難しいのですが、①深く眠れている、②十分な睡眠によって日中の疲れが取れている、この2つのポイントが背景にあるのではないかと推察します。室内の空気がクリーンで、温湿度が調整され、睡眠が妨げられない「0宣言の家」のメリットが活かされていると思われます。

ここで重要なのは、症状が改善するほど、「主観的健康感」（自分で判断する自分の健康のこと）が上がることです。自分の健康状態について、肯定的に思う人と否定的に思う人とでは、その後の生存日数に明らかな違いがあるという研究成果が報告されています。体調がよくなる家に暮らすことが、健康寿命を延ばす一つのポイントになると言えるでしょう。

新常識

体調が上向くと、健康感が上がり、健康寿命もUP

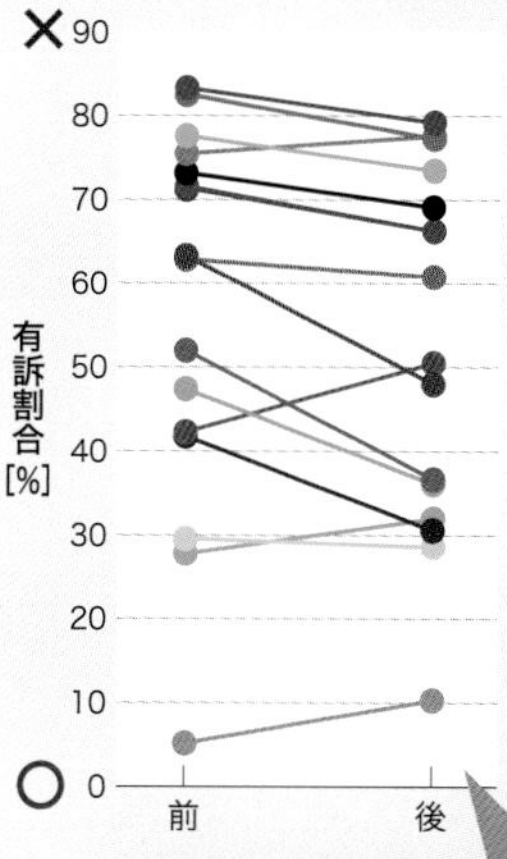

			前[%]	後[%]
体がだるい	n.s.	(n=96)	83.3	79.2
肩こり	n.s.	(n=97)	82.5	77.3
鼻づまり	n.s.	(n=98)	77.6	73.5
風邪をひく	n.s.	(n=98)	75.5	77.6
腰痛	n.s.	(n=97)	73.2	69.1
せき・たん	n.s.	(n=95)	71.6	66.3
頭痛	n.s.	(n=98)	71.4	66.3
かゆみ	**	(n=98)	63.3	48.0
手足の冷え	n.s.	(n=97)	62.9	60.8
関節痛	*	(n=98)	52.0	36.7
食欲不振	t	(n=97)	47.4	36.1
切り傷/ケガ	n.s.	(n=97)	42.3	50.5
発疹	*	(n=98)	41.8	30.6
つまづき/転倒	n.s.	(n=98)	29.6	28.6
聞こえにくい	n.s.	(n=97)	27.8	32.0
骨折/ねんざ	n.s.	(n=97)	5.2	10.3

※McNemar検定 **:p<0.01、*:p<0.05、t:p<0.10

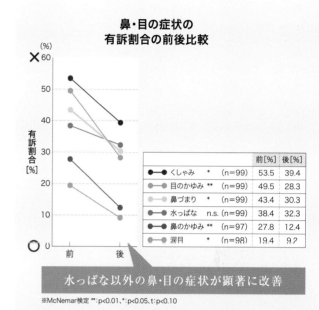

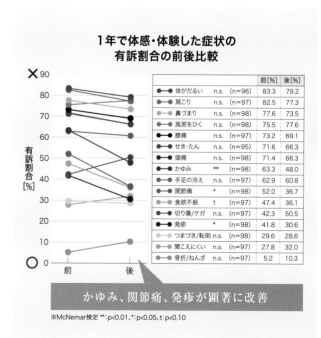

室温

室温較差が2℃改善。家中、暖かくなった

「0宣言の家」に住み替えた方々の健康を改善する大きな要因となった「暖かさ」について、前後比較した結果をご報告します。

転居後は、居間の床上150センチの室温が19℃あり、転居前の住宅と比べて1.1℃上昇。また、居間の床上10センチの室温（18℃）との差は1℃で、温度差も緩和されました。脱衣所の床上150センチの室温（17℃）と居間（19℃）の温度差も2℃と緩和され、転居前と比べて温熱環境が改善されたことが確認できました。

結果的に、居間、寝室、脱衣所、全ての測定点で室温が顕著に上昇し、「家全体が暖かくなった」ことが明らかになりました。家中どこでも暖かい理由は、「クアトロ断熱」によって、内部の壁面温度のムラが少ないことにあります。この図が、もっとも大事な科学的エビデンスです。

今回、暖房の使用割合の前後比較を行ったところ、寝室でガスストーブや石油ファンヒーターを使っている人の割合が、住み替え前の13・3%から住み替え後の3.1%へ大きく減少。居間での床暖房を使用している人の割合も、21・4%から12・2%と、半数程度まで減少したことを併せてご報告します。

新常識

「暖かい家」が寒さの悪影響から居住者を守る

期間中平均室温の前後比較

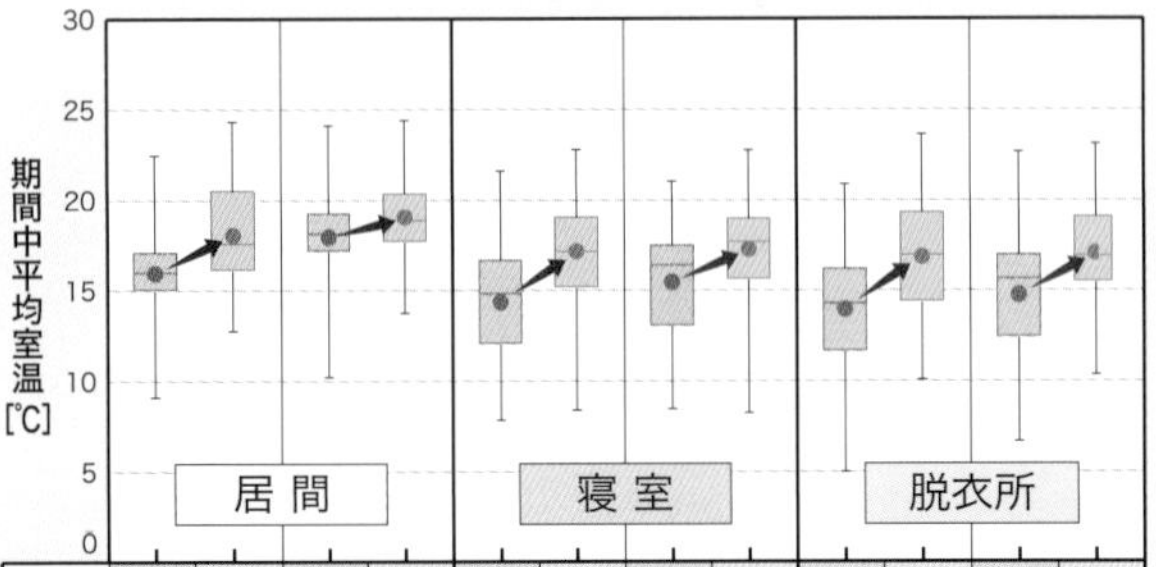

	居間				寝室				脱衣所			
平均室温[℃]	15.9	18.0	17.9	19.0	14.3	17.1	15.4	17.2	13.9	16.8	14.7	17.0
前後	前	後	前	後	前	後	前	後	前	後	前	後
床からの高さ	10㎝		150㎝		10㎝		150㎝		10㎝		150㎝	
	**(n=37)		*(n=38)		**(n=40)		*(n=38)		**(n=37)		**(n=38)	

居間、寝室、脱衣所の全ての測定点で
室温が顕著に上昇

※対応サンプルのt検定 **:p<0.01、*:p<0.05、t:p<0.10

相対湿度

ジメジメした空気が快適な湿度に改善

今回の調査ではまず、転居前の家の湿度の高さが明らかになりました。居間、寝室、脱衣所の測定点のうち、居間の床上150センチを除いた全ての場所で60%以上の数値を測定。カビは湿度が60%を超えると徐々に活動を始め、湿度が上がるにつれて繁殖スピードは速くなるといわれます。この数値から、気付いた時にはカビが増えている状況だったと推測します。

逆に言えば、湿度60%以下の場所では、カビの活動はストップするということ。「0宣言の家」に転居した後は全ての測定箇所で60%を下回っており、適正な湿度の範囲内で保たれていることが判明しました。

健康に過ごすための理想的な湿度は、一年を通して50%程度に保たれていること。身体を冷やさない室温は18℃以上という、WHO（世界保健機関）の目安があります。

今回、居住者のみなさんに居間の室温と湿度を時間ごとに測定していただいたところ、夜から朝方にかけての温度低下が抑えられ、朝の冷え込みが緩和されていることがわかりました。

また、湿度の変動が一日を通して少なく、50%前後で安定していることも明らかになりました。

新常識

適正な温湿度が保たれた家は病気を遠ざける

期間中平均相対湿度の前後比較

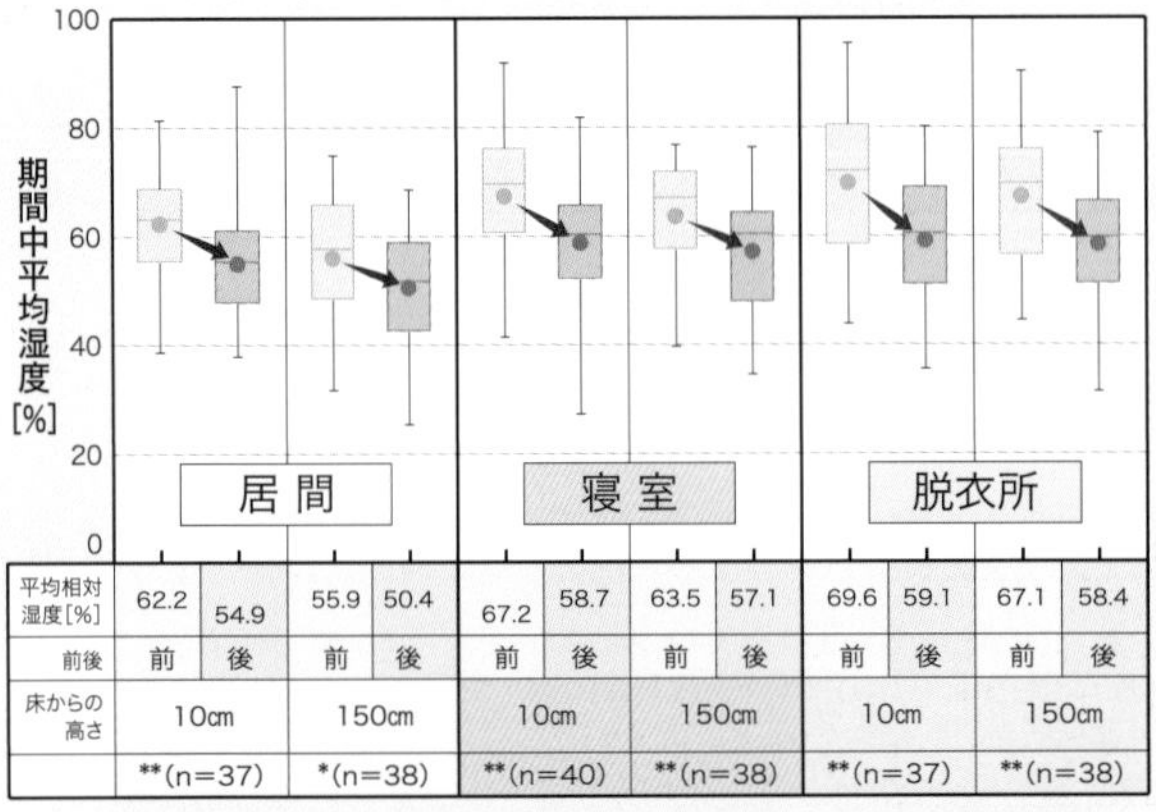

	居間				寝室				脱衣所			
平均相対湿度[%]	62.2	54.9	55.9	50.4	67.2	58.7	63.5	57.1	69.6	59.1	67.1	58.4
前後	前	後	前	後	前	後	前	後	前	後	前	後
床からの高さ	10㎝		150㎝		10㎝		150㎝		10㎝		150㎝	
	**(n=37)		*(n=38)		**(n=40)		**(n=38)		**(n=37)		**(n=38)	

居間、寝室、脱衣所の全ての測定点で
高めだった相対湿度が顕著に低下

※対応サンプルのt検定 **:p<0.01、*:p<0.05、t:p<0.10

壮年・老年期

45歳以上の血圧が転居後に改善した！

今回の調査では、全対象者に毎朝、起床時の血圧を測っていただき、その平均値を44歳までの中年期と、45歳以上の壮年・老年期に分けてグラフ化しました。

全体的には75人の対象者のうち、45人の平均血圧が低下するという結果がでました。ただし、45歳以下の方々の血圧は、転居前の115・6mmHgに対して転居後は117・5mmHgと、ほぼ変化はありませんでした。一方、45歳以上の方々は123・9mmHgから121・5mmHgに改善しました。

転居前の家は断熱性能が十分ではなかったことが明確になるとともに、転居後はヒートショックになりにくい家に住むことになったと言えるでしょう。実際に、転居前は冬季の最低室温が18℃に届いていない住宅が約半数を占めていたのに対し、「0宣言の家」は居間の室温が19℃に高まり、温熱環境の改善が確認されています。

このように、一定規模のある体系的で緻密な追跡調査研究成果は、日本では初めての快挙ではないかと考えられます。健康長寿に生活できる住宅環境が整ったという点で、建築学的だけでなく、医学的にも大きな意義がありました。

新常識

「暖かい家」は医療費の削減も可能にする！

起床時平均収縮期血圧の前後比較（年齢別）

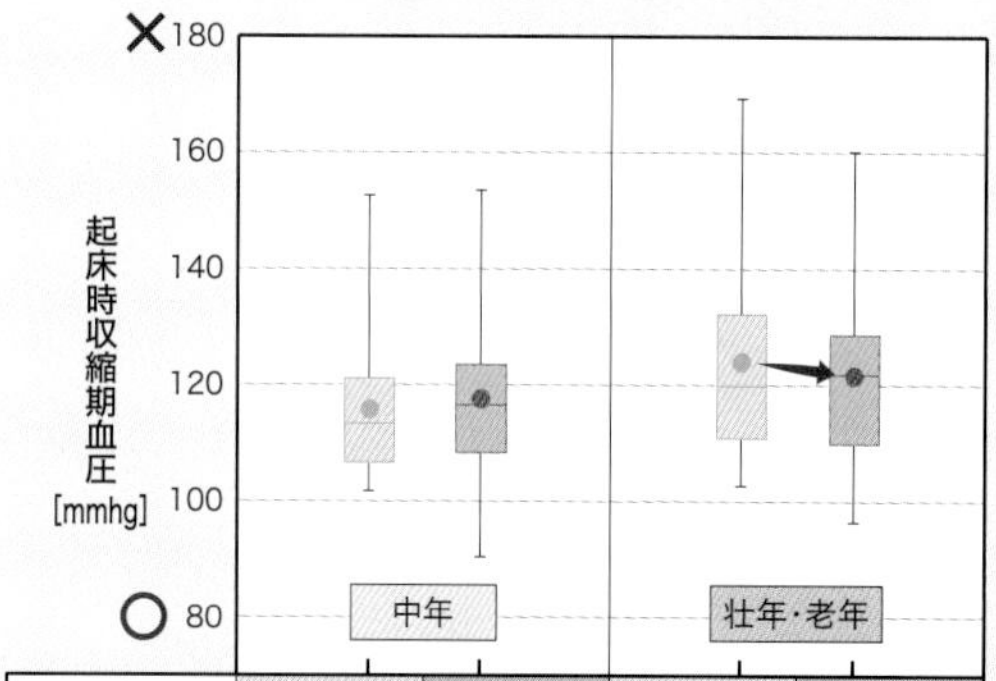

平均血圧[mmHg]	115.6	117.5	123.9	121.5
前後	前	後	前	後
年齢	～44歳		45歳～	
	n.s.(n=39)		t(n=36)	

壮年・老年（45歳以上）において、血圧が低下する傾向を確認

「0宣言の家」は、住む人を健康にする！

これまでの予防医療の考え方は、病気を早期に発見して早期に処置する「重症化防止」が主流でした。しかしながら、医療費・介護費の負担が年々増加し続ける今日の状況は、その方法では不十分だったことを示唆しています。そんな中、注目されているのが「ゼロ次予防」＝健康的な環境を提供し、病気の原因をつくらず、病気を遠ざける取り組みです。

私たちの健康は、国の平和、住居、教育、社会保障、人間関係、食料、所得など、さまざまな要素の影響を受けています。中でも、WHO（世界保健機関）は「平和」に次いで2番目に重要なのが「住居」としています。それほど「健康」と「住居」は密接な関係にあるのです。

では、病気を引き起こさない家を建てることはできるのか？ ここまで述べてきたように、「0宣言の家」は、病気を遠ざける「ゼロ次予防住宅」であることが科学的に明らかになりました。

大きな要因としてはまず、「0宣言の家」にお住まいの皆さんが家族の健康を大切に思うという家族力を発揮されたこと。そして、化学物質を含まない自然素材と、断熱施工による調温・調湿機能が健康に好影響を与えたことが挙げられます。

もう一つの成果は、「0宣言の家」の居住者は肥満が少なく、運動頻度が高いという傾向を確認できたことです。適切な温湿度が屋内外での身体活動を促していると推測できます。

また、多くのお施主様が住まいへの満足度やQOL（生活の質）の高さに幸せを感じていることから、「0宣言の家」は心の面からも健康長寿に影響を与えていると考えられます。家族それぞれが「夢を持ち、生き生きと前向きに生きること」が健康長寿の共通の秘訣です。その基盤が「0宣言の家」にはあると、私は確信しています。

Profile

星 旦二（ほし・たんじ）**氏**

1950年、福島県生まれ。東京都立大学名誉教授。福島県立医科大学を卒業し、東京大学で医学博士に。東京都衛生局、厚生省国立公衆衛生院、厚生省大臣官房医系技官併任を経て現職。英国ロンドン大学大学院5カ月間留学。公衆衛生のエキスパートとして、全国地方自治体などと共同し、寿命とさまざまなファクターとの関連を大規模調査するなど「健康長寿」に関する研究と主張を続ける。著書に『これからの保健医療福祉行政論』（日本看護協会出版会）、『ピンピンコロリの法則』（ワニブックスPLUS新書）など。

住医学研究会 顧問
とまこまい脳神経外科／岩見沢脳神経外科／大川原脳神経外科病院／
町立別海病院小児脳神経外科部長・小児リハビリテーション科部長
髙橋 義男

ストレスを緩和するには家族が心を通じ合わせること

時代の変化に伴い、すべての病気は程度の差こそあれ、ストレスが関与していることは明らかです。
「ストレスを緩和させるには、家庭内の信頼関係の復活が欠かせない。
そのためには、体がリラックスできる住環境が大切」と語る髙橋医師に、そのしくみをお話しいただくとともに、
ご自身の取り組みについて伺います。

親の孤立を防げば子どもの能力は伸びる

「不可能を可能にする」が私の信条です。私のところにやってくる子どもたちは、多くが治療適応外で、「手の施しようがない」とほかの医師ならあきらめる重症の子しかいません。チャンスがあれば助けたいと、外科手術などの治療に挑戦してきました。それで助かる命も増えましたが、そのままでは生きているだけで終わってしまいます。「子どもの能力を伸ばす」という本来の治療がされていないからです。

だったら自分でやるしかないと、医師としての仕事のほかに、『ほっかいどうタンポポ』『にわとりクラブ』など障がい児の積極的な活動を支援するNPO法人を立ち上げました。障がいのある子に社会適応能力をつけさせ、自立して生活できるように、長期的に行動を支援するための組織です。私は理事長として子どもたちの成長を見守っています。

そのほかに、地域の中で発達障がいの子どもの生活や学習面を鍛え、同時に親も子育てを再認識し、新たな家族をつくり上げる場所として、子どもたちの学習塾、児童デイ『にわとりファミリー』をつくりました。

スムーズに学校生活ができない子どもは、親側に要因のある場合もあります。たとえば、親の子育てに対する意識の低さや、家庭環境、経済事情などが

「木の家」には治療的効果がある

挙げられ、親の支援も同時にしていかなければ、子どもの発達の時期を逃してしまう恐れがあるのです。そのため、家庭訪問をしたり、子ども園、学校、医療関係機関など第三者を入れたケース会議、相談会などを行ったりして、親の気持ちを聞き、どのように対応できるか検討し、実践に移すということをしています。子どもはもちろんのこと、親の孤立を防ぐことも地域の役割の一つです。

リラックスできる環境で信頼関係を取り戻そう

さて、今回のテーマである「ストレス」とは、外部からのさまざまな刺激によって、心や身体に負荷がかかっている状態のことです。なかでも、家で同じ時間を長く共有する人、主に家族との人間関係がうまくいかないと、ストレスになる場合があります。日常生活でも状況や物事が思い通りにいかないことに対するイライラ、怒り、不安などが身体の反応としてあらわれるのが「ストレス関連障がい」という病気です。これをベースに適応障がいや身体表現性障がい（身体症状症）などの現象や反応、精神障がいが起こることが考えられます。

たとえば、子どもたちは乳幼児期に親、保護者から適切な愛情や世話を受けられずに育つと、その後、庇護・安心感の不足から自己肯定感がなくなり、愛着障がいがベースになったストレス関連障がいや適応障がいに至る場合があります。

愛着障がいとは、人との関係において適度な距離感がつかめず、極端な不信感を抱いたり、反対に、誰かれ関係なくベタベタ甘えたりする傾向のことです。ストレス関連障害になると、頭痛をはじめ、手足の一部が動かなくなったり、発達障がいに陥り、衝動的になったり、注意力の低下、多動、感情が不安定になったりします。

そのような症状に対して一番大事なのは、医療に任せきりにするのではなく、家族、あるいは周辺の身近な保護者的役割の人が、社会適応障がいになってしまった人と心を通じ合わせることです。腫れ物に触るような接し方は避け、まずは本人の話に耳を傾ける。相手の言うことを理解する姿勢を示し、継続的に人間同士の信頼関係をつくることが大切なのです。投薬は活動力や思考力を低下させ、病態の解決には不適です。

まず戦略を立てる。その大きな方法の一つが、住環境の整備です。たとえば、自然素材を使った「木の家」は、家に入った瞬間から「気持ちいい」と感じるでしょう。そういうリラックスできる感覚が大事だと思います。目には見えなくても「空気が違う」「木のいい匂いしかしない」といったリラクゼーション効果がストレス緩和になるのです。

あとは個人の症状にもよりますが、お互い様という人間関係や信頼という環境が整っていれば、心が揺れ動いたとしても、切れたりせず、ストレスを回避できるようになるはずです。顔つきが変わってきたり、笑顔が出てきたりすればこっちのもの。リラックスできる生活空間で、その人が持っている能力を存分に伸ばしてあげればいいのです。

身体に負荷をかけ、能力を磨く環境をつくる

子どもたちの自発的な力を働かせ、可能性を引き出すには、いろいろな形で身体に負荷をかけ、常に能力を磨く環境がないといけないと思います。

たとえば、便利だから、楽だからと、エアコンなどの機械に頼っていたら、一時的には気持ちがよくても、もともとある能力を失っていくことがあります。本当の快適は、ある程度の負荷がかかっても、身体機能が維持できることです。長い目で見ると、不便さがプラスになることは多々あると思います。

住宅も、できるだけ自然素材を使えば”家“から多くのものを経験するでしょう。「自然」は美しい言葉に聞こえますが、決して楽なことばかりではありません。苦しさを伴うこともあります。でも、自然に対して適応する能力を人間は必ず持っている。その力を発揮することで、人は初めて「快適さ」を感じるのではないでしょうか。

そして、自然環境で努力することが人間の性には合っている。そういう当たり前のことを健康な人も思い出してほしいですね。自分の環境は自分次第で、いかようにも整えることができるはずです。

とまこまい脳神経外科
〒053-0811
北海道苫小牧市光洋町1-12-20
☎0144-75-5111
http://tomanouge.jp/

Profile
髙橋 義男（たかはし・よしお）氏
1949年、北海道生まれ。札幌医科大学卒業後、中村記念病院に勤務。札医大、北海道立小児総合保健センター勤務などを経て、2005年、中央集約的治療よりも地域展開型医療が重要と、とまこまい脳神経外科・岩見沢脳神経外科・大川原脳神経外科病院、町立別海病院に小児脳神経外科部長として就任。障がい児の支援団体「にわとりクラブ」、「ほっかいどうタンポポ」などの理事長も務めている。自身がモデルとなった漫画『義男の空』（エアーダイブ）は全12巻発売中。

住医学研究会事務局長
日下部 隆久

健康のことを
本気で考えた家づくり

家づくりの価値観は人それぞれ。時代背景や年代によっても変わっていきます。

今は、国が後押ししていることもあり、『省エネ住宅』『健康住宅』というキーワードをよく目にするでしょう。

しかし、実際に家づくりがおよぼす健康・環境への影響については、それほど関心が高くないのが現状です。

特に若い世代に「自分にとって家とは何か」を考えてみてほしいと語る日下部氏に、
健康のことを本気で考えた家づくりについて伺いました。

現実思考のY世代は家の買い方も現実的⁉

若者世代の代表、Y世代（28歳～42歳）といえば、動画コンテンツを倍速で視聴するなど、タイムパフォーマンス（タイパ）を重視する傾向があるといわれています。食べ物にしても、「簡単に早く食べられること＝すぐに実現すること」が優先で、おいしさや素材の追求は二の次。配達料金が余計にかかっても、フードデリバリーサービスを頼むことも多い。そんな現実思考を持つ人たちにとって、大事なのはコスパよりタイパです。

この感覚は、実は住宅にも及んでいます。「半年～1年かけて、注文住宅で家をつくる」という発想自体が、まずありません。「結婚して家族が増えた」「子どもが生まれた」「まわりの友人がマイホームを買った」というタイミングで、「自分も家が欲しい」と思ったら、住宅展示場や建売住宅を見学。間取りやキッチンのデザインが気に入り、今住んでいるアパートの賃貸料より安ければ、「じゃあ、契約。すぐに引っ越し」というケースが年々増えているのです。

さらに、「家は家族と住む箱」であって、「家で健康になろう」という意識もありません。シックハウスについて知識があれば、この家にどんな材質が使われているか、健康へのどんな工夫が

タイパで家を買う Y世代の30年後

施されているかといった質問もされるかもしれませんが、営業マンから「この家は、国が認めた資材や工法を使っていますから、安心ですよ」という言葉が返ってきたら、それで納得してしまうでしょう。

しかし、人生のなかでも大きな買い物である家を、そんなふうに簡単に決めてしまって本当にいいのでしょうか?

簡単に家を買う人の共通点 将来かかるコストは見ない

もちろん「健康がいかに大切か」を考えるのは、もっとずっと後のことかもしれません。あるいは、ある日突然、自分や家族が病気になった時に考えることもあるでしょう。

たとえば、お子さんに喘息などアレルギー性の疾患があると分かり、医師に「家の中のダニ・カビが原因です」と言われたとしたら、初めて「住環境をどうにかしたい」と思うかもしれません。

しかし、すぐに改善することは難しいでしょう。なぜなら、住宅ローンが残っている以上、右から左に家を買い替え、簡単に引っ越すことなどできないからです。リフォームする際も、それなりのコストと期間が必要です。

家はまた、健康の問題だけにとどまりません。安く手に入れた家ほど、性能が低く、壊れやすい資材が使われているのは、ある意味当然です。

調湿性のない高気密・高断熱の工法を採用し、使う資材はビニールクロスやボンドなど、揮発性有機化合物を含んだ工業化製品ばかり。これらは室内に寒暖差や内部結露を発生させ、家の劣化を早めます。

さらに、24時間換気システムや除湿・加湿器など、たくさんの機械を導入していた場合、機械の劣化に合わせて買い換える必要も出てきます。家を購入して30年後、定年を迎える頃になって、「自分はこんな住宅に住んでいたのか……」と、後から後悔しても遅いのです。

タイパを優先し、世の中の流れに身を任せて簡単に家を買う人の共通点は、「将来かかるコストを見ない」ところにあります。家を買うという目的に対して、無駄な時間を過ごしたくないと、営業マンの情報を鵜呑みにし、都合よく解釈した結果、将来、自分や家族が病気になったときのコスト、家をメンテナンス・リフォームするコストが見えなくなってしまうのです。

でも、少なくとも何千万円かする住宅で、そんな思いは誰一人、してほしくありません。

あなたにとって、〝家〟とは何ですか?

そこで、これからマイホームを買おうと計画している方に、改めてうかがいたいのが、「あなたにとって家はどういうものですか?」ということです。家の広さや住宅ローンの安さだけを気にするのではなく、「この家で何をしたいのか?」を考えてみていただきたいのです。

すると、「隣人に気を使わず、子どもを伸び伸び育てたい」「光と風を楽しみながら開放的な生活がしたい」「自然素材に囲まれて三代先まで快適に暮らしたい」「自分に万が一のことがあった時でも、家族に資産を残したい」「歳をとってから住まいの心配をしたくない」など、いろいろな願いや将来の希望が出てくると思います。

「なぜ家を持つのか?」という原点に戻ることで、家に対する価値観にも大きな変化が出てくるのではないでしょうか。

こうした願望を叶える一つの答えが、自然素材でつくられた『健康住宅』です。住医学研究会が考える健康住宅とは、「永く・安心して・健康で・快適に暮らせる家」。もっと言えば、この家に住んで、健康になってもらわないと困るのです。

そのために極力使用しないと決めているのが、健康に害を及ぼす建材、長持ちしない建材です。その逆をいく天然無垢材とクアトロ断熱による調湿効果で温度・湿度が一定に保たれた家は、木の香りがして空気も清々しく、居住者の健康寿命はもちろん、家の寿命も延ばしてくれます。

自分にとってどんな家が適しているのか、魅力を感じるのかは、もちろん人それぞれ。でも、まずはいろいろなタイプの家をじっくり吟味してみてください。時間をかけて選んだ家は、それだけ思い入れも深く、結果的に満足度や充実度も高くなるはずです。

Profile

日下部 隆久（くさかべ・たかひさ） 氏

大手ハウスメーカー、分譲マンション開発業者、賃貸アパート事業、地域工務店、資材販売会社、建築コンサルなどに従事し、住宅業界に携わって30年。健康住宅との出会いにより、住環境と健康の密接な関係を知り、現在は住医学研究会事務局として「0宣言の家」を手掛ける全国の会員工務店に対する支援やノウハウ、資材の供給を担う。幼少時に家のリフォームで使われた工業化建材に起因したと考えられる重度のアトピー性皮膚炎に悩まされた経験を持つ。

住医学研究会の活動内容

医師や大学教授とのさまざまな研究結果を元に、合板や集成材、木工ボンドなどの長持ちしない建材や、健康に悪い建材を排除した家づくりを行い、住むだけで健康になる、医師が認めた本物の健康住宅の普及活動を行っています。安心、快適で末永く暮らせる、心から愛着が持てる健康的な住まいを一人でも多くの方に知っていただくために、私たちは日夜邁進してゆきます。

住医学研究会
〒163-0637 東京都新宿区西新宿1-25-1 新宿センタービル37階
☎0120-201-239 https://jyuigaku.com
住医学研究会 検索

1
フォーラム・イベントの運営

「住まいと健康」をテーマにしたさまざまなフォーラムやイベント、各種講演会の運営をしています。東京都立大学の名誉教授であり、医学博士の星旦二氏を迎えて、自ら大手ハウスメーカーに施工をお願いし、後悔した体験談のほか、調査研究により得た健康に関するデータや結果をもとにわかりやすく説明。健康のことを本気で考えた家づくりについて「0宣言の家」も含めて、どういった家づくりと生活環境が健康増進へつながるのかお伝えしています。

顧問 星 旦二 氏

事務局長 日下部 隆久 氏

2
会報誌の発行

「住まい」と「健康」は切っても切り離せない関係です。「住まい」は居住者にとって、心身ともに休まる安寧の場所であり、人生の中で最も長い時間を過ごす場所です。そんな場所だからこそ、まさか住んでいて「病気になる!」なんて誰も思いません。住医学研究会では、「本物の健康住宅」の普及活動を行うために、毎月1回「住医学ジャーナル」を発行しています。医師会や大学教授との協働研究の結果や、「0宣言の家」のお宅訪問、講演会、フォーラム・イベント情報など、毎号最新の情報をお届けしています。

3
「0宣言の家」家づくり相談・アドバイスと会員工務店ご紹介

家づくりの悩みを抱えている多くの方々に、失敗しない家づくり・本物の健康住宅の造り方などについて、個別相談会やミニセミナーを全国で開催しています。さまざまな疑問や不安を解決するだけでなく、第三者の視点から相談者に合った最善のアドバイスをしています。また、「0宣言の家」の建築、健康断熱リフォーム等をご希望の方には、全国の優良会員工務店をご紹介しています。資金計画からプランニング、ご契約、完成、お引渡し、お住まいになってからもアドバイスやサポートを継続していきます。第三者目線でのアドバイスはときに厳しいこともありますが、後悔のない本当に良い家づくりを実現していただくため、私たちも真摯に向き合っています。

4
住まいと健康、家族に関する調査

住医学研究会が推奨する「0宣言の家」。そこに住む人の健康との関係性を明らかにする調査に取り組んでいます。「住まいと健康・家族に関する調査」「新築前後の住環境と健康の調査」は、「0宣言の家」のお施主様にアンケート調査や、入居前、入居後の健康状態の変化、血圧測定などにご協力いただき、「住宅」を取り巻く望ましい環境が生活習慣につながり、「家族の成長」と「健康寿命」にどのように影響を及ぼすのかを調査しています。

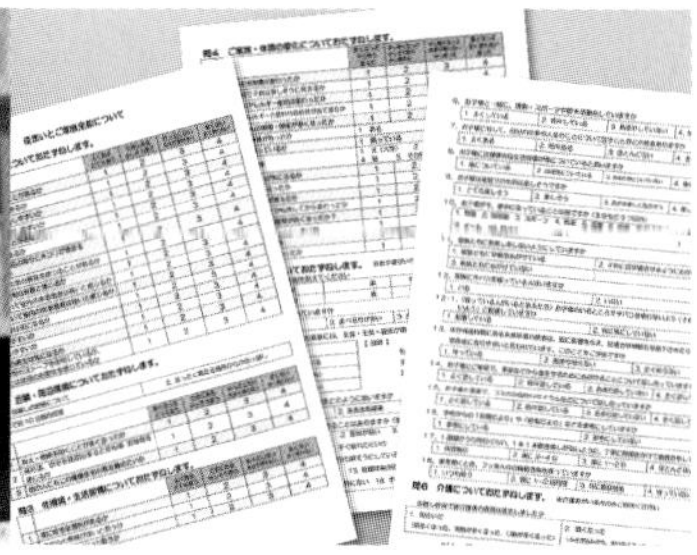

慶應義塾大学 伊香賀 俊治 氏

5
症例の紹介

HPや住医学ジャーナル、フォーラムなどで「住まいと健康」について報告するために、「0宣言の家」のお施主様訪問を行っています。入居してから数カ月で、「アレルギー症状が緩和した」「糖尿病や心疾患、脳血管疾患等が改善した」「高血圧と高脂血症の悩みから解放された」「10年ほど飲んでいた慢性じんましんの薬の量が減った」「アトピー性皮膚炎、じんましんの皮膚のかゆみがなくなった」など、居住環境による健康へのさまざまな影響をお聞きしています。

6

住医学研究会の活動に賛同する医師たち

医療法人 万仁堂
三浦歯科醫院

三浦 正利 院長

〒988-0382
宮城県気仙沼市本吉町津谷明戸24-2
☎0226-42-2418
https://www.manjindo.com

高畠歯科クリニック

安日 純 理事長

〒999-2178
山形県東置賜郡高畠町
上平柳2099-2
☎0238-58-0814
https://www.takahatasika.com/

にしさこレディースクリニック

西迫 潤 院長

〒252-0103
神奈川県相模原市緑区原宿南2-39-7
☎042-782-4135
http://www.nishisako-cl.jp/

SSクリニック

柴田 真一 院長

〒460-0012
愛知県名古屋市中区千代田3-14-14
パルティール鶴舞2階
☎052-332-7870
https://www.hifu-ss.com

おおひら歯科クリニック

金城 敬 院長

〒901-2114
沖縄県浦添市安波茶1-27-8
☎098-875-0648
https://oohirashika.jp/

日本根本療法協会 理事
杉田歯科医院

杉田 穂高 院長

〒216-0033
神奈川県川崎市宮前区宮崎2-12-1
宮崎台プラザ
☎044-854-8241
http://causaltherapy.org

医療法人社団観聖医心会
芦屋漢方研究所・吉田内科クリニック

吉田 光範 院長

〒659-0068
兵庫県芦屋市業平町5-2
芦屋ハウス6階
☎0797-38-7210
https://www.yoshida-naika-cl.com/

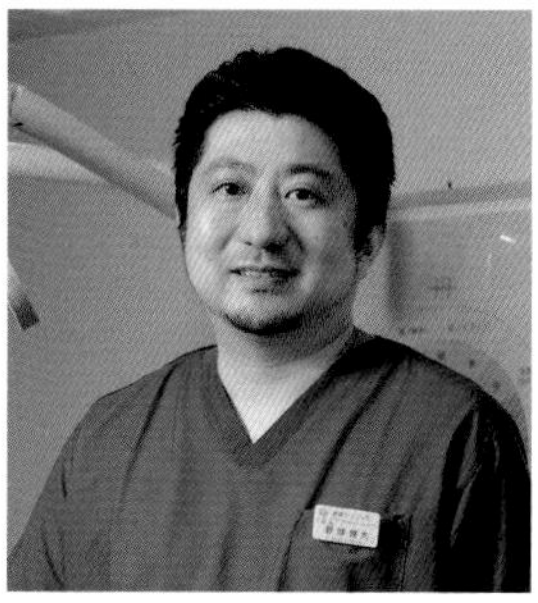

野城クリニック

野城 健太 院長

〒600-8212
京都府京都市下京区東洞院通
七条下ル塩小路町524-4
パデシオン京都駅前Ⅱ番館1階
☎075-354-8112
https://www.noshiro-dc.com/

統合医療センター
福田内科クリニック

福田 克彦 副院長

〒690-0015
島根県松江市上乃木9-4-25
☎0852-27-1200
http://www.tougouiryou-fukudaclinic.com

医療社団法人 南生会
生田歯科医院

生田 図南 理事長

〒863-1215
熊本県天草市河浦町白木河内220-1
☎0969-77-0039
https://www.ikuta-dc.com

医療法人 廣仁会
直原ウィメンズクリニック

直原 廣明 院長

〒560-0084
大阪府豊中市新千里南町2-11-1
☎06-6871-0314
https://www.jikihara.net/

医療法人社団徳風会
こもれびの診療所

加藤 直哉 院長

〒116-0003
東京都荒川区南千住5-21-7-2階
☎03-6806-5457
https://komorebi-shinryojo.com/

「住まい」は生涯の中で多くの時間を過ごす場所です。
人々の生活習慣や環境とも密接に関係し、住む人の健康に大きな影響を与えると考えられます。
そのような動向のなか、「0宣言の家」と「住まう人の健康」との関係性を明らかにする調査に取り組む
住医学研究会の活動に私たちも賛同しています。

医療法人 桑江クリニック
桑江 秀樹 院長
〒559-0012
大阪府大阪市住之江区東加賀屋3-12-18
ラヴィリンス202
☎06-6684-6607
http://www.kuwae-clinic.com

医療法人社団一来会
吉川医院
佐藤 俊介 院長
〒870-0049
大分県大分市中島中央1-2-38
☎097-532-2770

須﨑動物病院
須﨑 恭彦 院長
〒103 0833
東京都八王子市めじろ台1-8-25
アゴラビルG101
☎042-629-3424
http://www.susaki.com/

医療法人 悠水会
佐藤歯科クリニック
佐藤 恭子 院長
〒369-0114
埼玉県鴻巣市筑波1-4-1
☎048-549-0190
http://satou-dental-clinic.com/

アーニスト歯科クリニック
村田 健 院長
〒683-0845
鳥取県米子市旗ケ崎6-19-37
☎0859-48-1184
https://www.earnest-dc.com

柏瀬眼科
柏瀬 光寿 理事長
〒326-0052
栃木県足利市相生町386-1
☎0284-41-6447
https://kashiwase.com/

統合医療 クリニック徳
高橋 徳 院長
〒460-0008
愛知県名古屋市中区栄2-10-19
名古屋商工会議所ビル11階
☎052-221-8881
https://www.clinic-toku.com

すこやか未来
木林 京子 所長
☎090-1333-7402
https://sukoyakamirai.com/
診療のお問い合わせ
https://lin.ee/QpMHYBU

ヨネダ歯科医院
米田光孝 院長
〒658-0052
兵庫県神戸市東灘区住吉東町4-4-10
☎078-841-6871
https://yoneda-shika.com/

三恵歯科医院
森 一弘 院長
〒210-0006
神奈川県川崎市川崎区砂子2-6-2
三恵ビル4F
☎044-222-1418
http://sankeidc.com

医療法人 髙橋クリニック
髙橋 努 理事長
〒561-0832
大阪府豊中市庄内西町1-1-6
☎06-6334-1941
https://takahashiclinic.net

いやさかリゾートクリニック
関根 沙耶花 院長
〒373-0057
群馬県太田市本町30-14
☎0276-56-9585
https://www.sekinesayaka.com

脳障がいのK様娘さんを髙橋医師が再び訪問

これまで本誌に4度登場し「0宣言の家」に移ってから脳障がいのある娘さんに起こったうれしい変化について語ってくださったK様。

前回は北海道で小児脳神経外科医、小児リハビリテーション医として活躍する髙橋義男医師がK様宅を訪問。

再訪した今回は、娘さんの行動変容を促す働きかけを行いました。

そこでK様を驚かせた娘さんの行動とは?

髙橋 義男氏

長年にわたり、脳に障がいを負った全国の子どもたちを救い続けてきた髙橋医師。K様の取材に対しても本誌に度々コメントを寄せてくださった

今日はスイッチを入れにきました!

髙橋先生(以下、先生):ご無沙汰しています。その後、娘さんはいかがですか?

K様奥様(以下、奥様):前回はいろいろアドバイスをいただきありがとうございました。その中で「字を書くといい」というお話があり、ノートに名前を書く練習だけは続けています。病気をした直後、8歳当時は文字を書いたこともあったので、挑戦してみたくて。まだ1人でペンは持てませんが、私が上から支えて一緒に書いています。

先生:そうですか。お母さんもがんばりましたね。これからは期限を決めて、宿題みたいにやっていきましょう。前にもお話ししたように、娘さんはおおよその状況をわかっているはずです。ただ、どうすればご両親を喜ばせることができるのかわからなくて、動けないだけ。一度スイッチが入れば、できることが一気に増えて人生が楽しくなっていきます。では、診察のつもりで聞いていきますね。言葉数は増えてきましたか?

奥様:言葉はなかなか出ないです。「おはよう」「おやすみ」「そろそろご飯にしようか」と話しかけると、しばらく間があって、「あー」「うー」と発することがあります。状況は理解していると感じていますので、それが"答え"だと思いたいです。

先生:朝は決まった時間に起きますか?

K様ご主人(以下、ご主人):だいたい5時頃、お腹がすいて起きるようです。それで、僕らの布団をはがしたり、枕を取ったりして、こちらが起こされています。

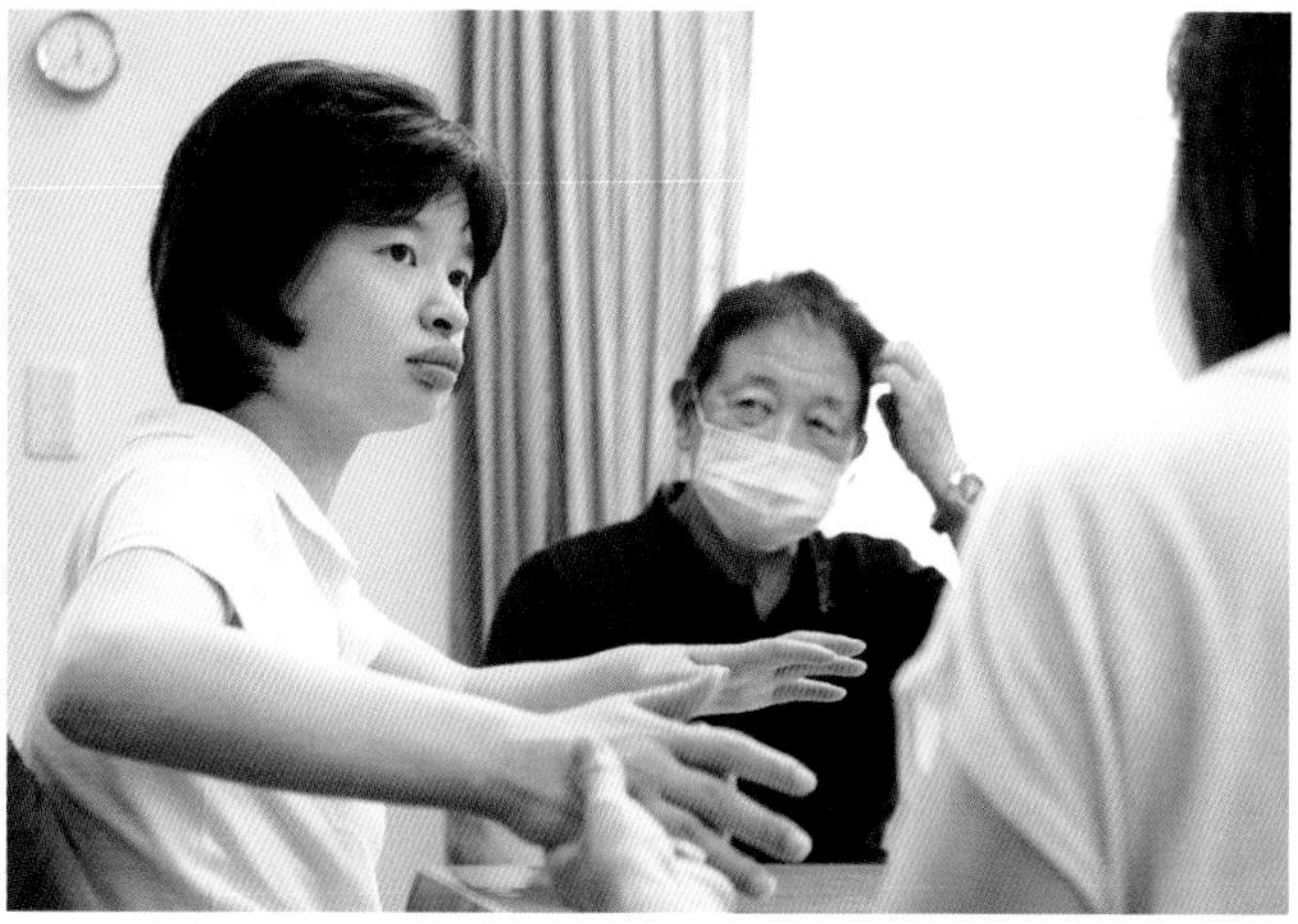

「今日は穏やかな顔をしています」とご両親が言うように、落ち着いた表情の娘さん。髙橋医師の訪問にも緊張した様子はなく、自分から医師を触るなどのしぐさが見られた

先生:そこは前と変わらないですね。今より生活が充実してきたら、朝起きるのはだんだん遅くなってくると思います。あと一歩、ここでスイッチが入ると、もっと自分を表現できるようになっていきます。そのスイッチは、実は、自分で入れられるんです。娘さんの顔を見ると落ち着いているし、緊張もしていないようだから、ちょっとやってみましょう。(娘さんに話しかけながら)先生のところに来る子どもたちには、だいたい鼻の頭にスイッチがあって、こうやってギュッと押すと、自動的にスイッチが入るんだ。自分で鼻のところに手を持っていける? 急にはやれないかな? 僕らが帰ったらやりはじめるかもしれない。

奥様:先生に鼻を触られるのは嫌じゃないみたいですね。嫌がるときは、私たちでも手を払われることがありますから(笑)。今、娘のほうから先生の腕を触りましたが、これも珍しい行動です。もともとシャイで、家族以外に積極的にコミュニケーションを取ることはほぼないので。

先生:それはいい傾向です。朝、顔を洗った後、今のようにスイッチを入れたらシャキッとリセットして動けるんだよ。そうやって、できるようになった子が今までたくさんいるから大丈夫。わかった?

ご主人:そうなんですか⁉ 前例があると親としても心のよりどころになります。

最終的にスイッチを入れるのはご両親です

先生:今回の宿題は、スイッチを入れて、なるべく規則正しく生活できるようにすること。それから、娘さんの仕事を決めること。ただ、最終的にスイッチを入れるのはご両親の役目です。それができれば劇的に変わります。

ご主人:とおっしゃいますと?

先生:言い方が悪くて申し訳ないけど、ご両親に対し娘さんは高をくくっているんです。何でもやってくれる、何もしなくても最後は許してくれると知っているんですね。だから、自分は今のままでいいんだと。実際に、そういうケースはよく見られます。

奥様:私たちが手を差し伸べすぎているんでしょうか?

先生:そういうわけじゃありません。何でも「いいよ」じゃなく、「良いこと、悪いこと」をはっきりさせることが大事です。ダメなことはなぜダメなのか、理由を言う。例えば「お腹がすいたからって、朝の5時に起こすな。私たちも疲れているから、あと1時間は寝ないと体がもたない。ご飯も作れなくなるよ」とかね。本人は大体わかっていますから、親の気持ちで、できるまで何回でも同じことを言ってください。僕の経験では、最初はバトルになるかもしれないけど、徐々に自分で調整するようになります。

2022年3月(本誌11号掲載)
髙橋医師と初対面。「娘さんの能力はまだまだ伸びる」との診断は、K様にとってうれしい衝撃だった

2019年9月(本誌10号掲載)
それまであまり関心のなかった文字に興味を持ちはじめ、新聞をのぞくなど、自発性が出てきた

2017年6月(本誌8号掲載)
抗けいれん剤の量が減ってきて、体調が落ち着き、いつもつらそうだった表情に笑顔が生まれた頃

娘さんはわかってる。ご両親の話をちゃんと理解していますよ

髙橋義男氏

奥様：私たちが「ああしてほしい」「こうしてほしい」と伝えればいいんですね。そういう意味では、トイレが1人でできるといいですね。用を足した後、自分で下着を上げることはできるんですが、今は1人で下ろすことができないので、介助が必要なんです。それで、トイレに行きたくなると、私か主人、どちらかの手を引っ張ってトイレに連れて行きます。

ご主人：本当に、それが1人でできると、僕らも娘から目を離せる時間が増えて、体がだいぶ楽になります。

先生：「トイレは1人で行って」と強く言っていいと思いますよ。失敗したときのことを考えると、ご両親にとっては勇気がいると思いますが、チャレンジさせてみてはどうですか？　「お父さんたちが死んじゃったら、誰もやってくれないよ」と言うのもいいです。失敗は成功のもとです。失敗したら次はこうやってみようと助言してください。

ご主人：実際問題、切実な話です。私たちもずっと元気ではいられません。だんだん歳をとってきて、いつまで娘の面倒を見られるのかなと思うことがあります。

先生：だから一緒にがんばるしかないです。でも、きっとスイッチは入ります。僕の患者さんは、必ずと言っていいほど、親がスイッチを入れたら変わりました。

できなかったことがある日突然、できるように

先生：基本的には、ある日突然、できるようになると思ってください。もちろん完璧にはできませんが、ひとつの役割に対して5割ぐらいはできるようになります。

奥様：今できているのは、ウォーキングマシンで約1時間歩くことでしょうか。時間を決めて、シューズを履かせたら、自然とマシンに向かっています。

ご主人：「これは自分の仕事だ」と、覚悟を決めてマシンに行く感じはあります。

先生：そうした役割の数を増やしていくことですね。1日の時間割を決めて、「今は○○をする時間だよ」と毎日声をかけてください。初めはできなくていいんです。そのうちに「自分で何とかしないとダメだ」と切り変わるときがきます。今だって、お母さんの手を引いてトイレも行けるんだし、意思表示はある程度できていますから、惜しいですね。

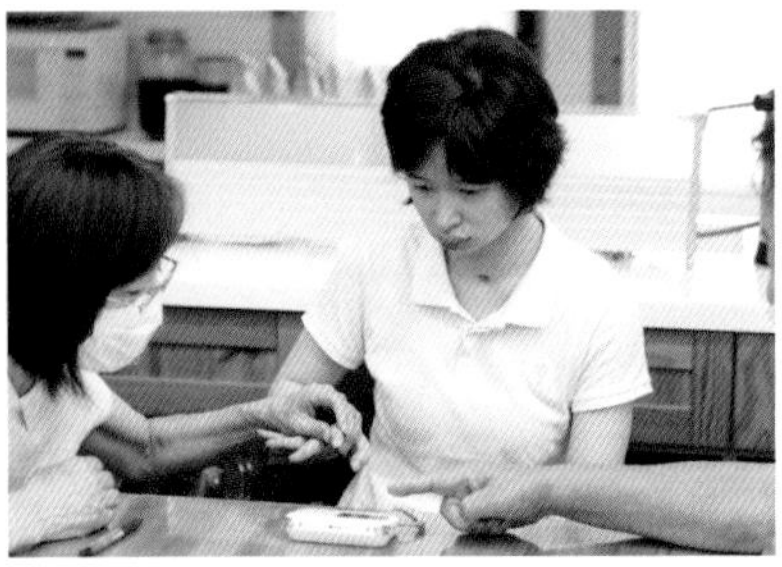

ご両親と一緒に取材用レコーダーのスイッチを入れようと試みる。「コツさえ覚えれば、できることが一気に広がりますね」と奥様

おやつは奥様の手づくりが多いそう。庭で育てたハーブやベリーが彩りを添える。食事は必ず自分で。子どもの頃からの習慣でお箸も使いこなす

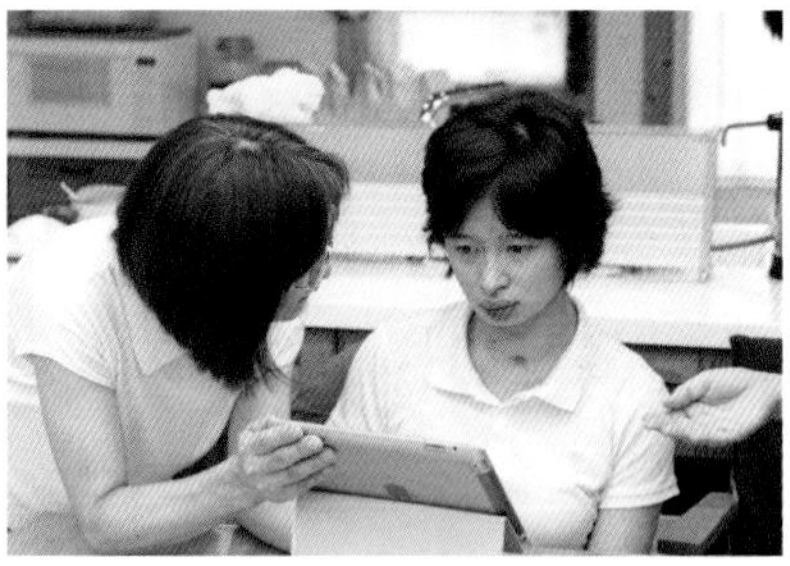

タブレットに映し出された今回の撮影写真をのぞき込む娘さん。「すごくいい顔してます！」と、ご両親にも笑顔があふれた

K様ご家族のこれまで

娘さんが脳炎にかかる

医師からは「寝たきりのまま、人工呼吸器は外せない、コミュニケーションをとることも期待できない」と告げられる。

半年後にリハビリ病院に転院。人工呼吸器は外せたが、8カ月間ずっと寝ている状態だったため、足の筋力が弱り、歩行が困難になる。

自宅療養が始まる

脳障がいのリハビリ療法プログラム「ドーマン法」を知り、セミナーを受けて自宅で実践する。1カ月ほどで自分の足で歩けるようになる。また、食生活、運動などのほか、住環境の重要性も学んだ（発作を起こさないようにするには、呼吸を整えることが大事。そのため、住環境を整えることが必要である）が、賃貸住宅ではできる限度もあった。

自宅療養を始めて10年間、年に2、3度はてんかん発作の重積で入院する。奥様は泊まり込みの看病となり、ご主人と息子さんも家事を分担して協力。いつ発作が起こるかわからず、気が休まらない日々を送る。

マイホームを検討

「0宣言」の家のモデルハウスで、素材の違いを実感。担当者の説明などを聞き、「0宣言の家」を建てる思いが固まる。

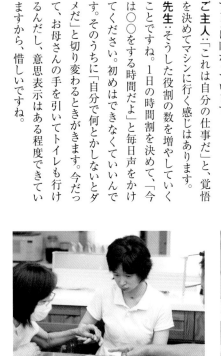

奥様：その惜しいところを超えられないというか、そこが一番歯がゆいです。

先生：そういうときは、ご両親以外の外部刺激を入れるのもいいです。今日の機会もひとつの外部刺激です。

奥様：そう言われれば、私の友人も外部刺激かもしれません。娘が楽しめそうなところをいろいろ調べてくれて、3人で1泊旅行に行くこともあります。ハンモックが何種類もあるカフェに行ったときは、娘もハンモックに寝転がってリラックスしていました。アップダウンのある2キロほどの散策コースを、森林浴をしながら一緒に歩いたこともあります。私たちは娘の体調を心配するあまり、慎重になったりしがちですが、第三者に背中を押されて、娘を外に連れ出すことができました。あとは、この子の弟の存在が大きいです。今は家を出ていますが、たまに帰ってくるとよほどうれしいのか、抱きついてニコニコして。普段、私たちには見せないようないい顔をしています（笑）。

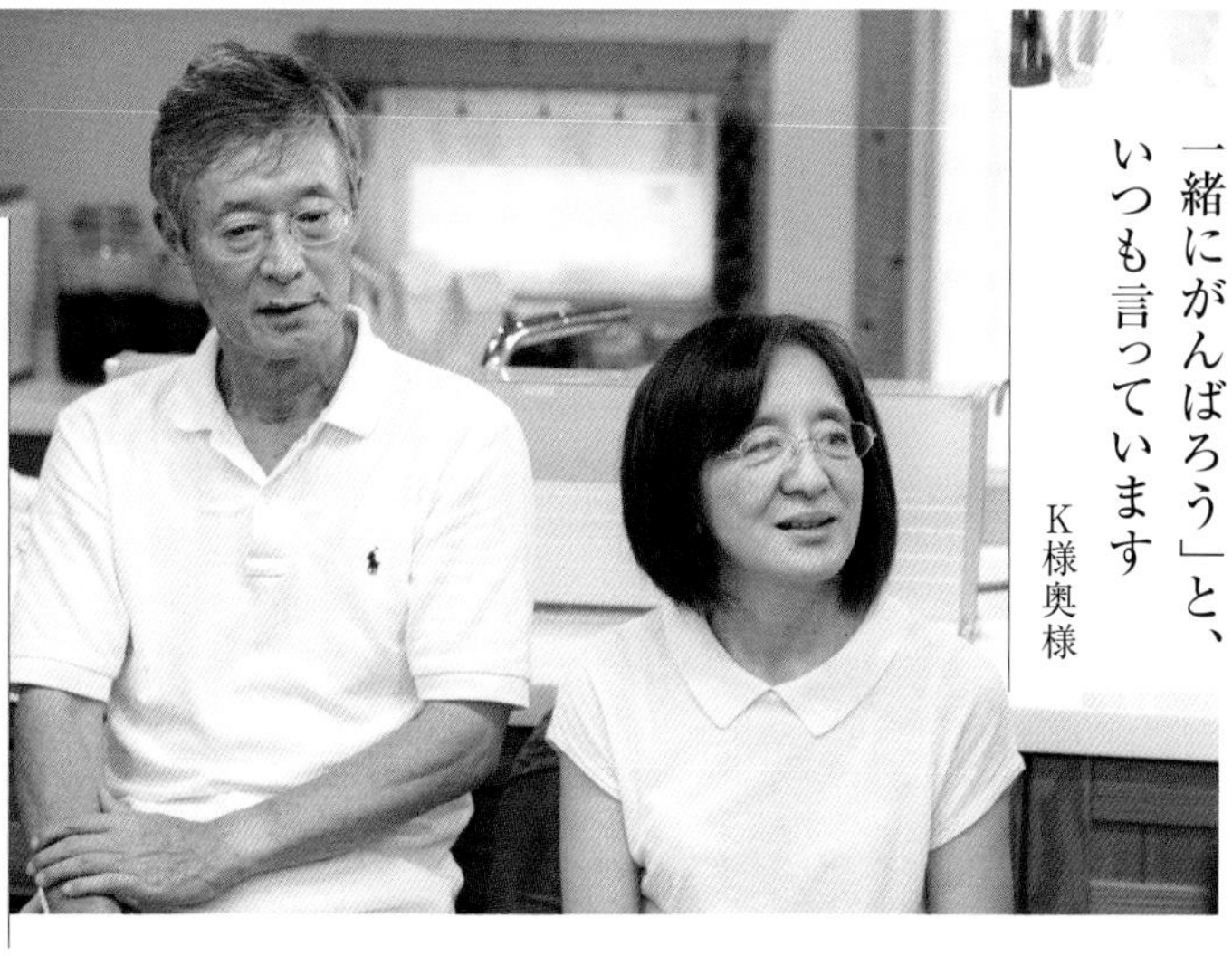

娘には「応援するから一緒にがんばろう」と、いつも言っています

K様奥様

体調が安定しているだけにもっと変化してほしいというもどかしさはあります

K様ご主人

ご主人：それができるのも、「0宣言の家」のおかげかもしれません。この家に越してから体調が安定し、一度も入院することなくここまで順調にこられましたから。

先生　木は生きていますからね。特に娘さんのような敏感な感覚を持っている子は、リラックスできて過ごしやすいんでしょう。世間一般でも「木の家はいい」と言うけど、自然と共生している感じだと思いますよ。そういう環境を利用して、いろんなことをやっていく。快適な空間でスイッチを入れることが大事です。僕も時々おじゃまして、娘さんにスイッチを入れますから。これからも一緒にやっていきましょう。

ご主人・奥様：今日はどうもありがとうございました！

Profile
髙橋 義男氏

1949年、北海道生まれ。札幌医科大学卒業後、中村記念病院に勤務。札医大、北海道立小児総合保健センター勤務などを経て、2005年、中央集約的治療よりも地域展開型医療が重要と、とまこまい脳神経外科・岩見沢脳神経外科・大川原脳神経外科病院、町立別海病院に小児脳神経外科部長として就任。障がい児の支援団体「にわとりクラブ」、「ほっかいどうタンポポ」などの理事長も務めている。自身がモデルとなった漫画『義男の空』（エアーダイブ）は全12巻発売中。

最後に行われた記念撮影では、娘さんが自ら鼻の頭にあるスイッチを押していた。その瞬間、そこにいた全員から拍手が上がった！

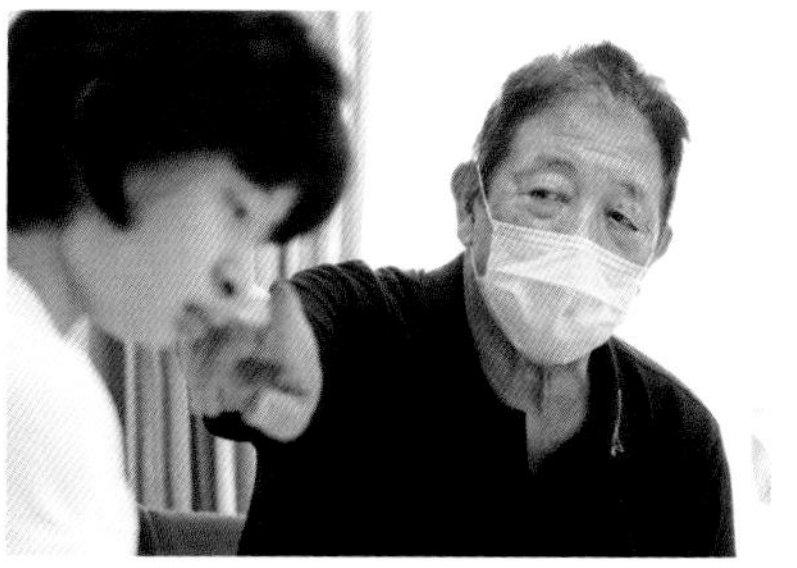

「ここをギュッと押すとスイッチが入るんだよ」と言いながら、娘さんの鼻を押す髙橋医師。嫌がるそぶりはなく、状況を受け止める娘さん

マイホーム完成直後
引っ越してほどなく、娘さんの表情が穏やかになり、微笑むようになる。トイレの意思表示もできるようになった。

マイホーム完成1年後
引っ越し以来、大きなてんかんの発作は起きていない。1人で階段の上り下りができるようになった。

マイホーム完成3年後
てんかんの発作を抑える薬がほぼゼロまで減少。軽いけいれんはあるものの、突然バタッと倒れるのではなく、自分から床に寝転ぶようになり、格段に危険が減った。1人で数時間の留守番ができるようにもなった。ご主人や奥様は緊張のほぐれる時間が増えてきた。マイホーム完成5年後になると、家族旅行ができるまでに体調が安定。

マイホーム完成7年後
マイホームが完成して7年。軽いけいれんはあるものの、厳しい夏の暑さも「0宣言の家」の室内環境が作用してか、大きく体調を崩すことなく乗り切ったという。この頃から、ご家族以外（医師や取材スタッフなど）に自分からタッチ、手を引っ張るなどのコミュニケーションが見られるようになる。

テスラ POWERWALL プレミアム認定販売施工会社として認定されました

株式会社 SI ソーラー

Valid 2023

TESLA

POWERWALL

CERTIFIED INSTALLER

PREMIUM INSTALLER 2023

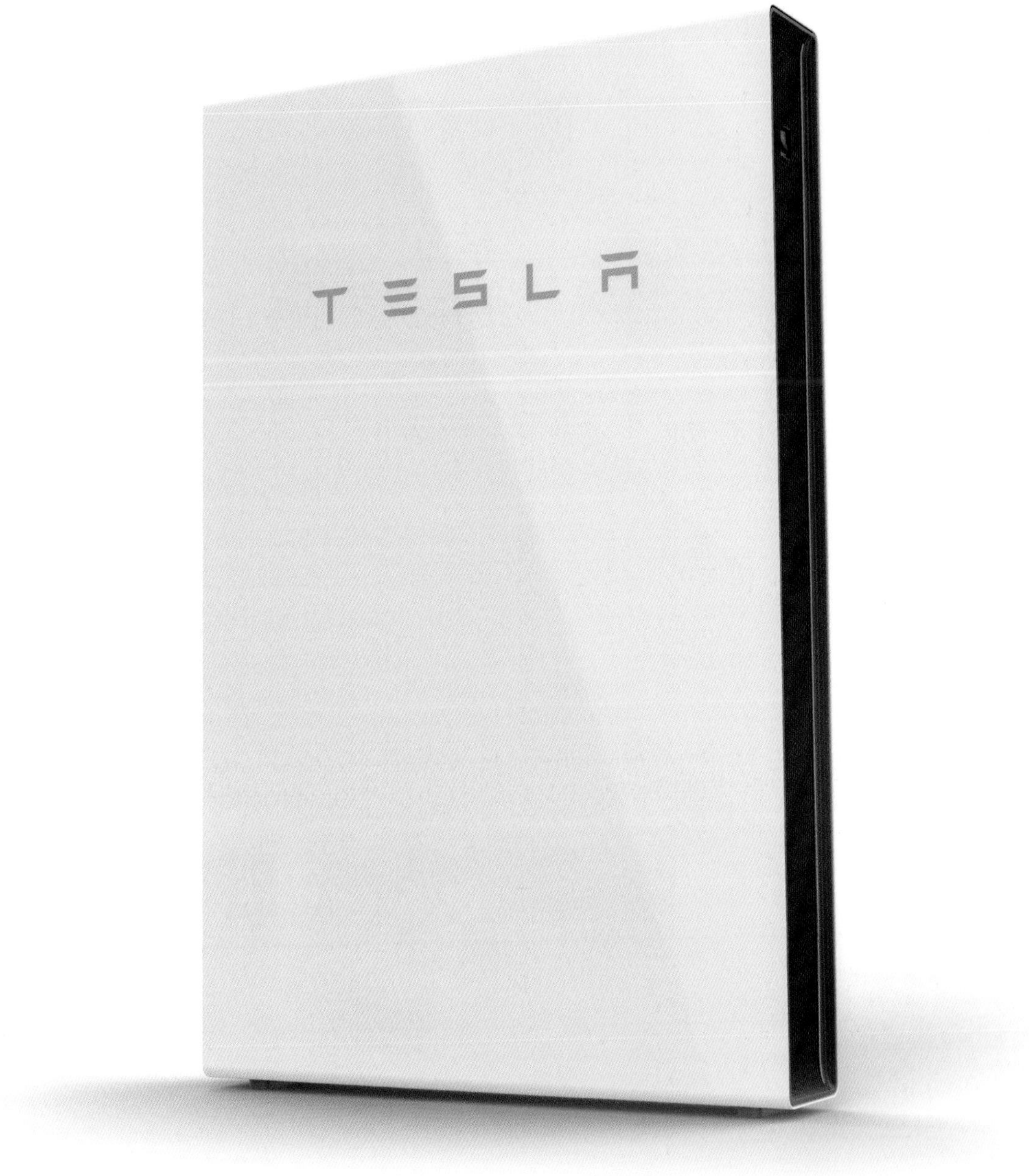

PREMIUM INSTALLER 2023

卓越したカスタマーエクスペリエンスの提供

卓越した施工品質

広範囲に及ぶ製品知識

SISOLAR

本製品に対するお問い合わせはこちら
https://tesla.sisolar.co.jp/

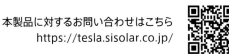

Doctor's File

全国で活躍する
ベテラン医師が語る
住まいと健康

「住まい」と「健康」は切っても切れない因果関係にあることが
医学的見地からも分かりはじめています。
体と心の健康にはストレスの少ない環境が欠かせません。
これまで治療を受けるだけだったクリニックの空間にも、
近年さまざまな工夫が施されています。
住医学研究会の活動に賛同する
全国で活躍する3人のベテラン医師たちに、
それぞれのクリニック独自のこだわりを伺いました。

静岡県立静岡がんセンター
山口 建 名誉総長

病気と住まいの関わりを知り、一日一日を大切に生きる

Doctor's File.1
Yamaguchi Ken
P30

岡崎ゆうあいクリニック
小林 正学 院長

医師が患者になってわかった心と身体、環境の密接な関係

Doctor's File.2
Kobayashi Masanori
P32

回生医院リハビリ整形外科
望月 由 院長

人にやさしく寄り添いながら体にやさしい医療を提供したい

Doctor's File.3
Mochizuki Yu
P36

Doctor's File. 1

病気と住まいの関わりを知り、一日一日を大切に生きる

静岡県立静岡がんセンター
山口 建 名誉総長

がん予防のためにはゲノムを守る生活を

多くの医師、研究者によるがん研究によって、がんは〝ゲノム〟の病気であることが分かってきました。ゲノムとは、ヒトの体をつくるためのいわば設計図のようなもので、何らかの要因でゲノムに傷が付くことが、がん発病の原因になっているのです。ひるがえって、ゲノムに傷を付けない、ゲノムを守る努力をすることが、一番のがん予防対策になります。

原因として第一に挙げられるのは、やはり生活習慣です。タバコ、お酒、塩分の摂り過ぎ、食べ過ぎには注意しましょう。食品のカビもゲノムを傷付ける原因の一つです。

原因の2番目は、建物の壁材、天井材に含まれるアスベスト（石綿）などの発がん物質。最近だと、大阪の印刷会社の印刷機の洗浄剤（油）に発がん物質が入っていることが分かり、大きな問題になりました。また、パンの材料や漢方薬に使われていたウマノスズクサ科の植物に含有される成分（アリストロキア酸）が、腎臓がんの原因になっていたことも判明しました。

3番目は感染症です。ピロリ菌などの細菌、ウイルス、寄生虫によってゲノムが傷付き、胃がん、肝がん、子宮がんを発症することが明らかになっています。4番目には、放射線、紫外線の浴び過ぎなどが挙げられます。

住居と病気の関係をあえて挙げるとすれば、建材に含まれる化学物質や感染症、アレルギー対策でしょう。まだエビデンスはありませんが、できるだけ自然素材を使った家を建てた方がゲノムを守るためには安心かもしれません。

感染症やアレルギーによる健康被害という観点では、家の中のホコリ、ダニ、カビが、ぜんそく、慢性気管支炎、皮膚炎といったアレルギーを起こす重要な原因であることは間違いありません。私の父も医師でしたが、慢性気管支炎を患っていたこともあり、実家は床を板張りにし、清掃がよく行き届くようにしていました。

同じく健康対策として、室内の温度を一定に保つことも大切です。寒暖差が大きいと、高齢者は特に心筋梗塞、脳卒中を起こす危険があります。しかし、閉め切った部屋では空気循環が悪くなる。つまり換気対策が重要になります。冬に暖炉を使う際など、換気が十分できていないと、煙やすすの影響で肺がんの原因になる可能性もあり、注意が必要です。

自宅での暮らし方や看取りなど、病気に悩む患者さん年間1万件以上の「よろず相談」に対応してきました

山口 建（やまぐち・けん）名誉総長

慶應義塾大学医学部卒。国立がんセンター研究所勤務（1999年に副所長）を経て、2002年、新設された静岡がんセンター初代総長に就任。公職として宮内庁御用掛を併任。2000年には高松宮妃癌（がん）研究基金学術賞を受賞。現在、静岡がんセンター名誉総長兼理事、慶應義塾大学客員教授を務める。厚生労働省がん対策推進協議会会長、内閣府ゲノム医療協議会構成員などを歴任。

心の健康を維持する「七曜訓」のすすめ

よく講演などで提唱し、私自身も実践しているのは「心の栄養七曜訓」です。七曜訓とは、1週間の曜日名にちなんだ活動を生活に取り入れ、心を健康にしようというものです。

「日」は明るさの象徴。日光を浴びる時間をつくり体調を整えよう。
「月」は美しさ。さまざまなものに触れ、感動しよう。
「火」は文明を生んだ火。火を見て古と対話し、心に安らぎを。
「水」は生命の母。きれいな水を飲み、心と体に潤いを与えよう。
「木」は木や草花。身近な自然の美しさを味わい、五感を働かせよう。
「金」はお金。心のゆとりを保つためにはお金を増やす工夫も大切。
「土」は大地。裸足で土を踏みしめて歩いてみよう。

中でも、「木」で造った家で自然の温もりを感じながら暮らすことは、やはり心の健康にとって大切だと思います。コンクリートの四角い部屋の中で生活する人も多い世の中ですが、おそらくは自然に逆らったことをしているのでしょうね。木材を多用した自然で健康的な住居を配置し、人生を過ごしてほしい。そして、健康寿命が尽きた後は、たとえ自力で出掛けることはできずとも、家の中に「自立できる居場所をつくる」という考え方がこれからは必要だと思います。

これまで多くのがん患者さんと接し、1年間で約1000人の患者さんを看取ってきたからこそ分かったのは、「死の間際までトイレぐらいは1人で行きたい」という強い思い。それを叶えるための「自立のための3歩の住まい（※）」も設計しました。人生100年時代はすでに到来しています。新しい住宅について考える時、将来、健康状態ではなくなった自分や伴侶のことまで想定し、いつでも自立可能な部屋に改良できる準備をしておくことも大切ではないでしょうか。

静岡県立静岡がんセンター
〒411-8777 静岡県駿東郡長泉町下長窪1007
☎055-989-5222

※「自立のための3歩の住まい」はP54～55参照

Doctor's File.2

医師が患者になってわかった心と身体、環境の密接な関係

岡崎ゆうあいクリニック
小林 正学 院長

症状が改善しやすいのは考え方が変容した人

地域のかかりつけ医として、内科、皮膚科、泌尿器科など、幅広い疾患に対応しながら、難治性の病気や症状に対して先進的な治療法（自費診療）も行っています。

たとえば、高圧水素酸素治療があります。これは、ドーム型のカプセル内を水深9mと同じ1.9気圧の高気圧環境にし、高濃度の酸素50％と水素4％を同時に吸い続けるというものです。このカプセルに一定時間入ることで、血液中の酸素濃度が通常の6.5倍になり、がんの患者さん、コロナ後遺症の倦怠感や慢性疲労症候群で苦しんでいる患者さんなどに対して、大きな効果を上げています。

先進的な治療も大事ですが、症状が改善する患者さんには、ある共通の特徴があると感じています。それは、病気を契機に、これまでの生活習慣を振り返ったり、自分の人生を振り返ったりして、「病気は自分への大切なメッセージだった」と気付き、生き方、考え方がガラリと変わり、前向きに病気や自分自身と向き合えるようになる方です。そういう患者さんの場合、さまざまな治療が効きやすくなるというのが治療する側の実感です。

その反対で、医者に治してもらおうという従来の考え方を持つ患者さんは多いですが、難病の根源的な治療のためには、意識を自分に向けることも必要だと考えています。病気がよくなるために、〝主〟となるのはあくまで患者さんの心のあり方であって、治療はその心をサポートする〝従の役割〟ではないかと、ここ数年思うようになりました。

私は、必要と感じた方に対しては、プロのカウンセラーにバトンタッチして、病気につながる過去のトラウマを一緒に探すお手伝いなどもしています。

自身のがん体験から生み出された「感性医療」

そういう思いに至ったのは、自分自身が甲状腺がんになったことがきっかけです。がんを見つけたのは2019年、当時、勤務していたがん免疫療法専門クリニックに超音波の機械が運ばれてきました。その動作確認のため、たまたま自分の甲状腺に機械を当てたところ、がんに侵されていることがわかったのです。

そのときにはすでにリンパ節への

私自身のがん体験をもとに
心にアプローチする
クリニックを開業しました

小林 正学(こばやし・まさのり)**院長**

1975年青森県生まれ。2002年富山医科薬科大学医学部卒業、名古屋市立大学外科入局。同付属病院、名古屋市立西部医療センター城北病院等を経て、2010年セレンクリニック名古屋院長。2019年、自らがんと向き合った闘病経験から心を重視した医療を目指す。2022年、岡崎ゆうあいクリニックを開院。

ナチュラルカラーで統一され、癒やしの音楽と香りが流れる待合室。528ヘルツの音楽は、自律神経を鎮め、心身共にリラックスできる

転移がみられ、深刻な状況でした。主治医からは「手術時間は12時間、2～3割の確率で声が出なくなる。がんが取り切れないこともある」と言われていました。幸いにして手術は成功し、声も失うことはありませんでしたが、本来の自分を取り戻すには思いのほか時間がかかりました。

　がんが見つかってからというもの、私は自分が助かりたい一心で、いいと言われる治療を受けるため、

幸せに満ちた
自分の人生を
取り戻す応援をしたい

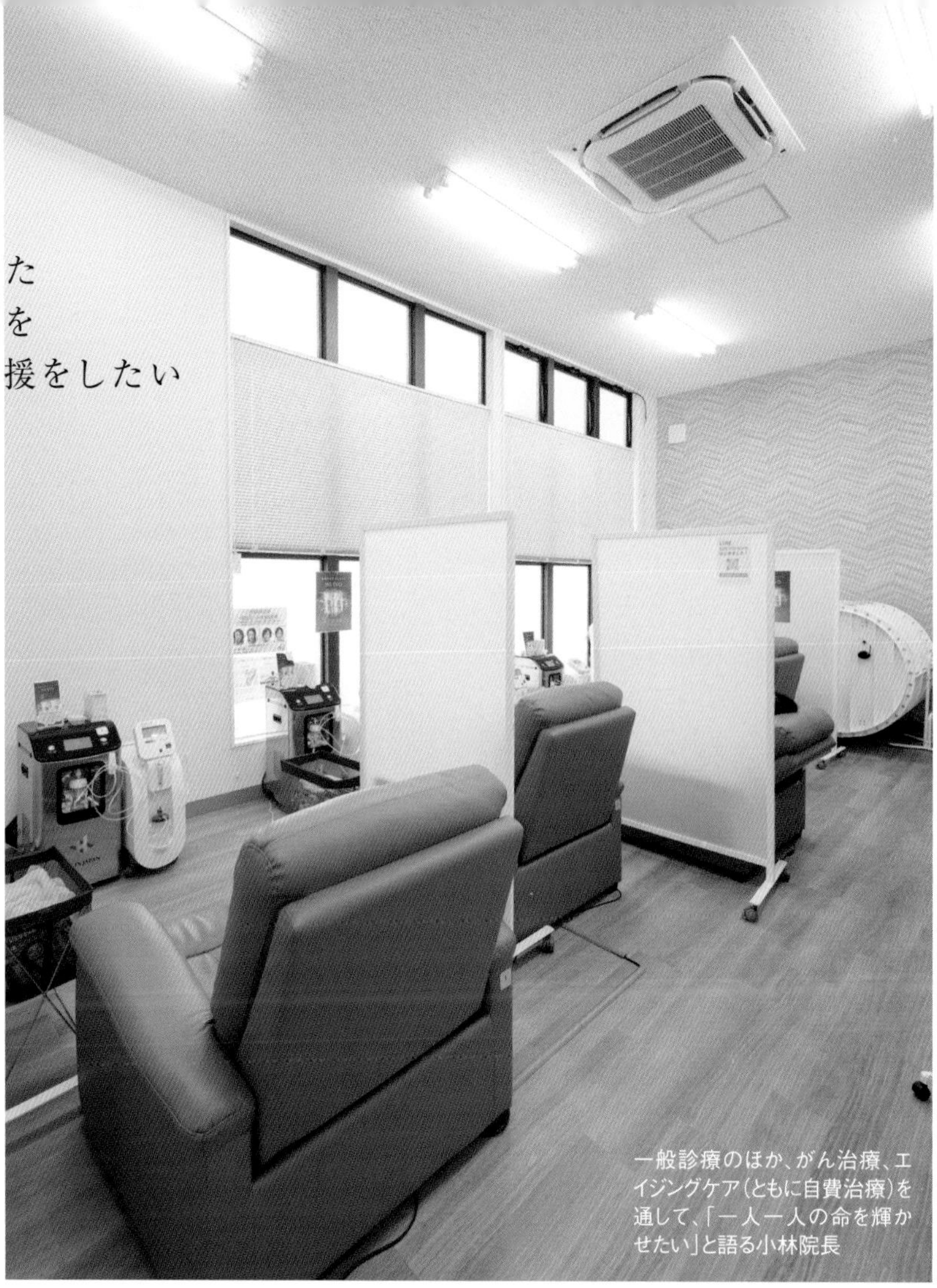

一般診療のほか、がん治療、エイジングケア（ともに自費治療）を通して、「一人一人の命を輝かせたい」と語る小林院長

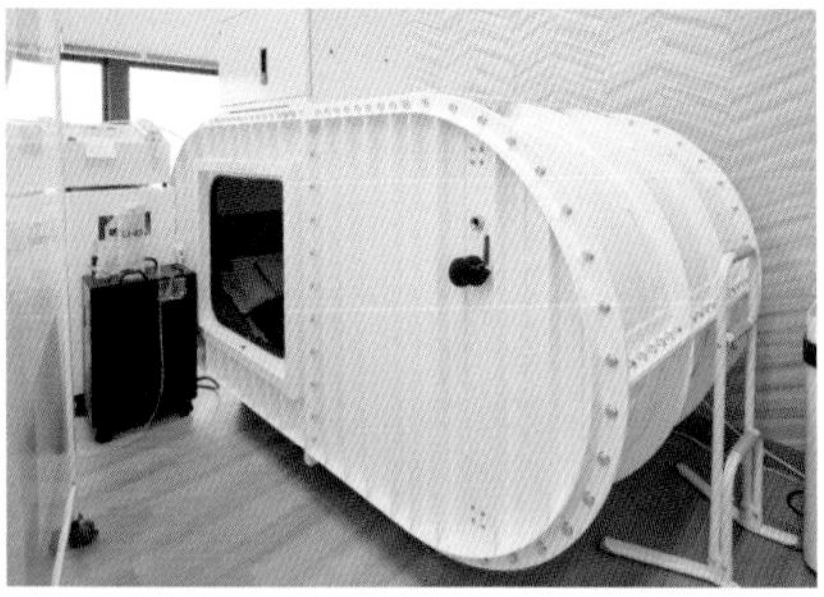

高圧環境で水素と酸素を同時に吸入し、難治性の病気の改善やアンチエイジングで注目される最新治療機器

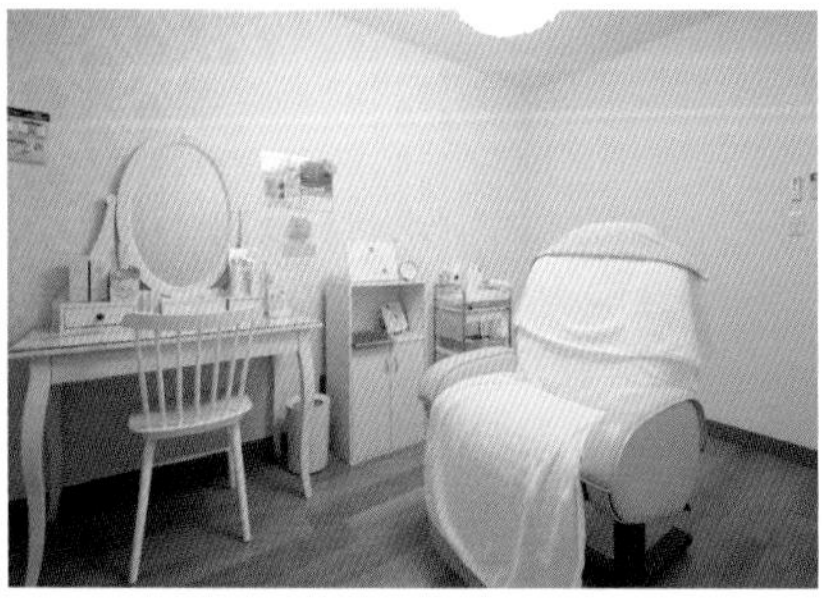

顔のリフトアップ治療を行う診察室。表情筋にアプローチし、シワ・タルミの改善、顔面マヒの治療に使われる

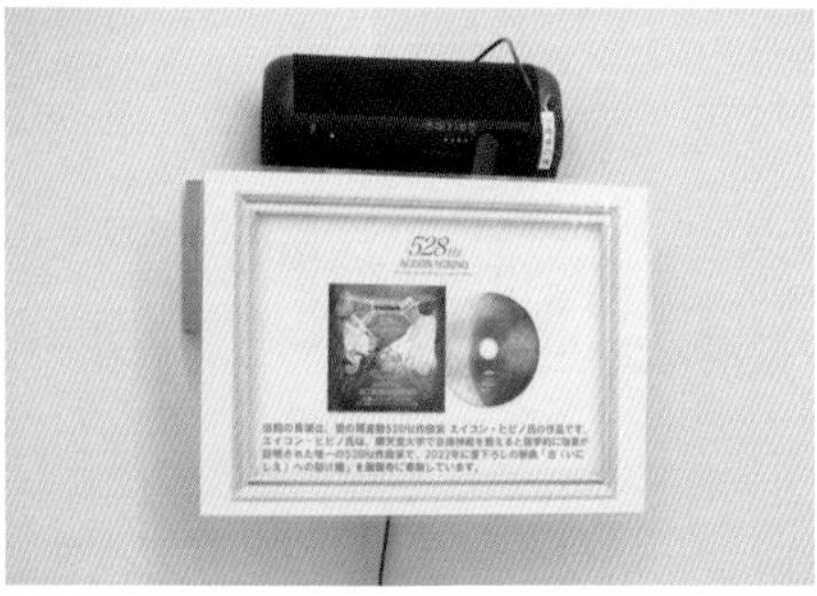

待合室では、「愛の周波数」とも呼ばれる528ヘルツの作曲家エイコン・ヒビノ氏の音楽が絶えず流れている

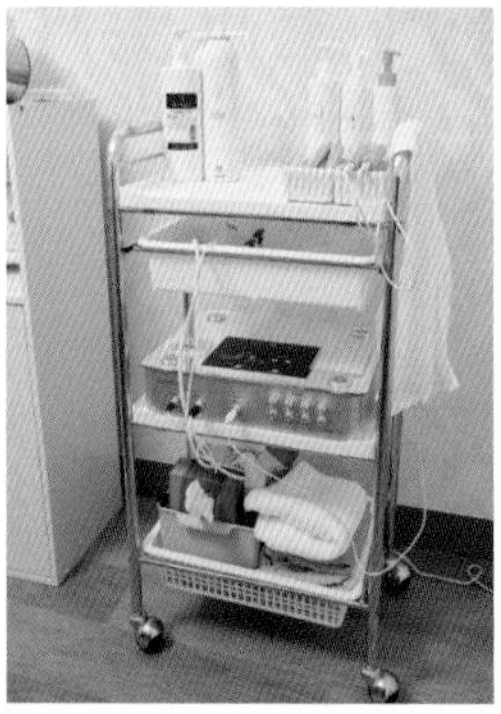

肌の再生を促し、美肌・育毛作用が期待される治療も行う。ヒト由来の幹細胞培養上澄み液を使用

病気や老化を引き起こすとされる体内の悪玉活性酸素を除去する「水素吸入療法」等も導入

標高1000mの気圧と地上の気圧を繰り返すことにより免疫を強化する、調圧水素治療機

全国各地を飛び回りました。専門分野である免疫療法はもちろんのこと、遺伝子治療、放射線、温熱療法、漢方、気功、退行催眠……。ところが、安心感を覚えるのは治療を受けたときだけ。またすぐ不安になって、「ほかにもっといい治療法があるはずだ」と奔走する。しかし、それは私の目が自分の内側ではなく、治療法にのみ向いていたからです。

　心からの癒やしが得られたのは、心の学びをしてからでした。私は岡部明美さんの「LPL養成講座」に2021年と2023年の2回参加して、自分自身を見つめ直してきました。そこで、今の病気の苦しみは過去のトラウマや、幼少期の体験など、一見、病気とは接点のないストレスと関連していたことがわかったのです。ひと言でいえば、病気を治すためには「本当の自分を知る」ことがとても大切だと理解できたんですね。それを自分が行う医療にも生かしたいと考えました。

　ところが、心の問題は目に見えないだけに、納得することが難しい。そこで、当クリニックでは、自律神経と脳波をリアルタイムで測る

（上）医師と交友のあるアーティストによるチョークアートも。（左上・左下）場の医療も大切にする小林院長が、自ら描いたエネルギーの宿ったアートが待合室に飾られている

クリニックに来るだけで癒やされる、心身が穏やかになる患者さんが1人でも多くなってほしい

機械を用い、数値や波形を見ながら、この患者さんはどんな出来事に心が囚われているか、一緒に探求しています。セッション中に自律神経が反応したり、脳波の中でもイライラ、緊張の波長（β波）が大きくなったりするという人には、データを見せながら「もしかしたら、○○の出来事が心の囚われになっているかもしれませんね」と伝えると、大きな気づきが得られることがあります。

　私は人間の「感性」を大切にした医療を『感性医療』と名付け、本当の自分を知ることによって、たとえ病気であっても、自分らしく生きられ、命が輝くお手伝いをしたいと願っています。

ただ病気を治すだけでなく幸せに生き切るお手伝いを

　環境もまた、病気と密接な関係があると私は考えています。住環境でいえば、できるだけ自然に近い、ご自分の体質に合った素材、深呼吸しやすい空間をつくることがとても大事だと思います。

　当クリニックでいえば、待合室で待っている間も含めて健康になっていただけるよう、自律神経を整える528ヘルツの音楽（ヒーリングミュージック）を流しています。また、自律神経を整えるアロマを調合し、香りでリラックスしてもらう、さらに五感に響くアートを飾るなど、視覚、聴覚、嗅覚に訴える空間づくりを心掛けています。

　そして、ここで働くスタッフのエネルギーも重要だと感じています。一人一人が心穏やかに患者さんと接することができれば、患者さんも癒やされ、クリニックそのものがいい空間になるはずです。

　理想は、「来るだけで元気になるクリニック」。あそこに行くとホッとする、先生の顔を見ただけで安心すると言ってくださる患者さんを1人でも多く増やし、幸せに生き切るお手伝いをしていくことを使命とし、これからも地域の医療に尽くしていきたいと思っています。すべての患者さんに考え方の変容が起こり、病気が治癒すれば、これほど喜ばしいことはありません。

岡崎ゆうあいクリニック
〒444-0932
愛知県岡崎市筒針町字池田104-1
☎0564-64-1722
https://okazaki-yuai-clinic.com/

Doctor's File.3

人にやさしく寄り添いながら体にやさしい医療を提供したい

回生医院リハビリ整形外科
望月 由 院長

父から受け継いだ医院で肩関節の専門医として尽力

私の父がこの地に「回生医院」を開院したのは50年以上前。地域に根ざしながらの診療を続けてきました。しかし、父が体調を崩し、私もそれまで勤務していた県立広島病院で定年を迎えたことを機に、この医院を受け継ぐことにしたのです。

私の専門分野は、肩関節外科とスポーツ医学です。肩の病気というと、多くは加齢やケガが原因となって痛みを引き起こすことが多いのですが、腕が上がらなくなると、着替えなどの日常の何気ない動作にも支障を来すことになり、痛みが強くて夜に眠れないなど、患者さんのＱＯＬ（生活の質）を下げてしまいます。

治療では、安静にしたり薬で痛みを和らげたりした後、肩を動かして筋肉を鍛える運動療法を行うのがまず基本になります。それでも改善しなければ手術を行うことになりますが、今は手術も進歩しています。たとえば、変形性肩関節症では、新たな人工関節を使った置換手術が公的医療保険の適用となり、従来の人工関節が使えなかった患者さんも対象にすることができるようになりました。

肩の病気を防ぐために大切な普段からの運動や心掛け

肩の病気で多いのが、五十肩といわれる「肩関節周囲炎」と、肩関節につながる腱が重なり板状になった腱板が損傷される「腱板損傷」です。肩関節周囲炎は、はっきりした原因がないのにある日突然、昼夜を問わず肩に痛みを感じるようになり、痛みが和らいでくると腕が上がらないなど、肩周りの動きが悪くなります。運動や仕事で肩に負担が加わって起きやすい腱板損傷と見分けがつきにくいことも多く、発症から1〜2カ月経っても痛みがある場合には、X線検査や磁気共鳴画像（ＭＲＩ）検査をおすすめします。治療は、まず投薬や注射で痛みを軽減させて安静を保ち、徐々にリハビリに移行します。腱板損傷もまずは同様の保存的治療を行い、症状が改善しない場合は手術を選択することもあります。

こうした肩の病気を防ぐには、体幹を鍛えることも意識し、全身のバランスがとれた運動を心掛けて、肩関節周りへの負担を減らすことが大切でしょう。例えば、つま先やかかとで立ちながら家事を行うことを日常的に継続するように心掛けるだけでも効果的だと思います。

「0宣言」仕様の医院で
ひとりひとりに合った
テーラーメイドのリハビリを

望月由（もちづき・ゆう）院長

広島大学医学部卒業後、1984年に県立広島病院整形外科。広島大学病院整形外科准教授などを経て、2008年から県立広島病院整形外科主任部長を務め、同院副院長も兼任。日本整形外科学会認定整形外科専門医。日本肩関節学会名誉理事。日本体育協会スポーツドクター。専門は肩関節外科、スポーツ医学。日本整形外科学会専門医や広島東洋カープチームドクター（肩関節部門）も務める。

患者さんに向き合いながら
適切なリハビリで回復に導く

当院の診療方針は、「人にやさしく寄り添いながら体にやさしい医療を提供すること」です。特に、リハビリテーションにおいては、患者さんひとりひとりに合った〝テーラーメイドのリハビリ〟が望ましいと考えています。

例えば、野球などのスポーツをする方が肩の痛みを抱えて来院された場合、まずは体全体のバランスを診ることから始めます。歩き方をチェックして体全体を見てから肩などの部分を診ていきますが、これだと診療時間が長くなるのでなかなか他の病院では行われていないのではないでしょうか。そうして体幹や体全体のバランスを診た後、日常生活での心掛けや運動など、その人専用の回復プログラムを組むようにしています。「0宣言の家」仕様をベースに建てた医院内には各種治療器を用意し、患者さんの回復をサポートしています。ケガを繰り返さないように、決して焦らず、時間をかけてしっかり治すためのお手伝いを、肩関節の専門医として医療スタッフとともに患者さんに寄り添いながら続けていきたいと思っています。

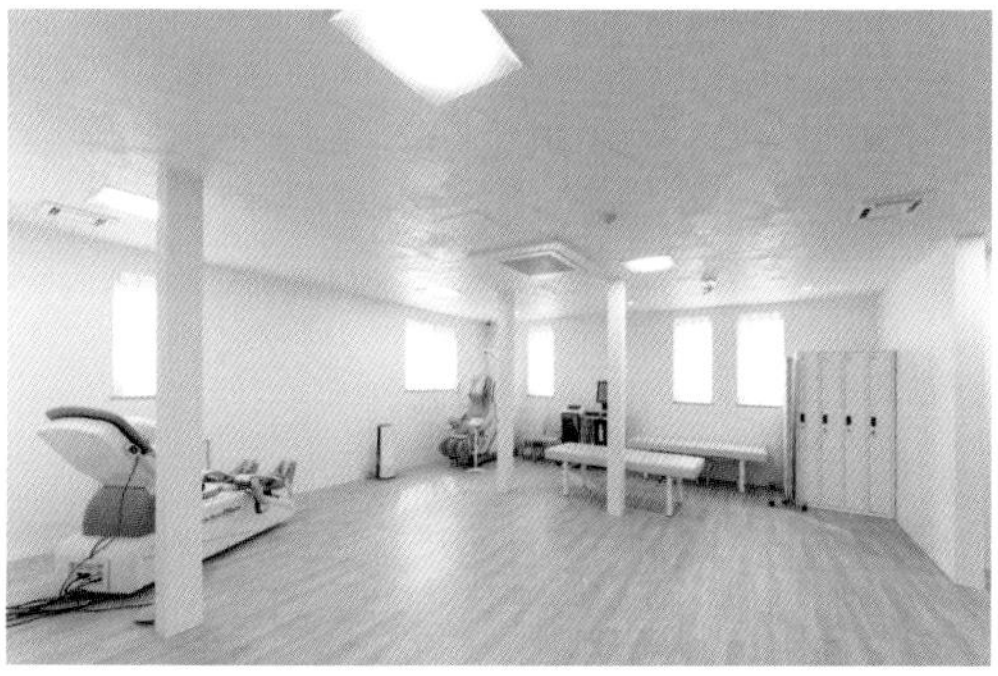

2階のリハビリルーム。壁や天井を漆喰仕上げにし、床に木目の長尺シートを採用するなど、できるだけ「0宣言」仕様を追求

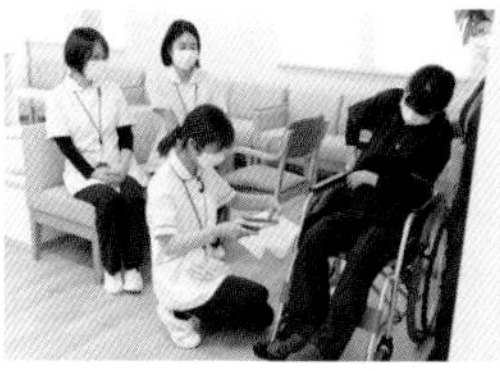

回生医院リハビリ整形外科

〒732-0052 広島県広島市東区光町1-9-16

☎082-261-2400

「0宣言」で建てる
クリニック

回生医院リハビリ整形外科
広島県広島市

スタッフや患者さんの体にやさしい医院を

望月 由 院長

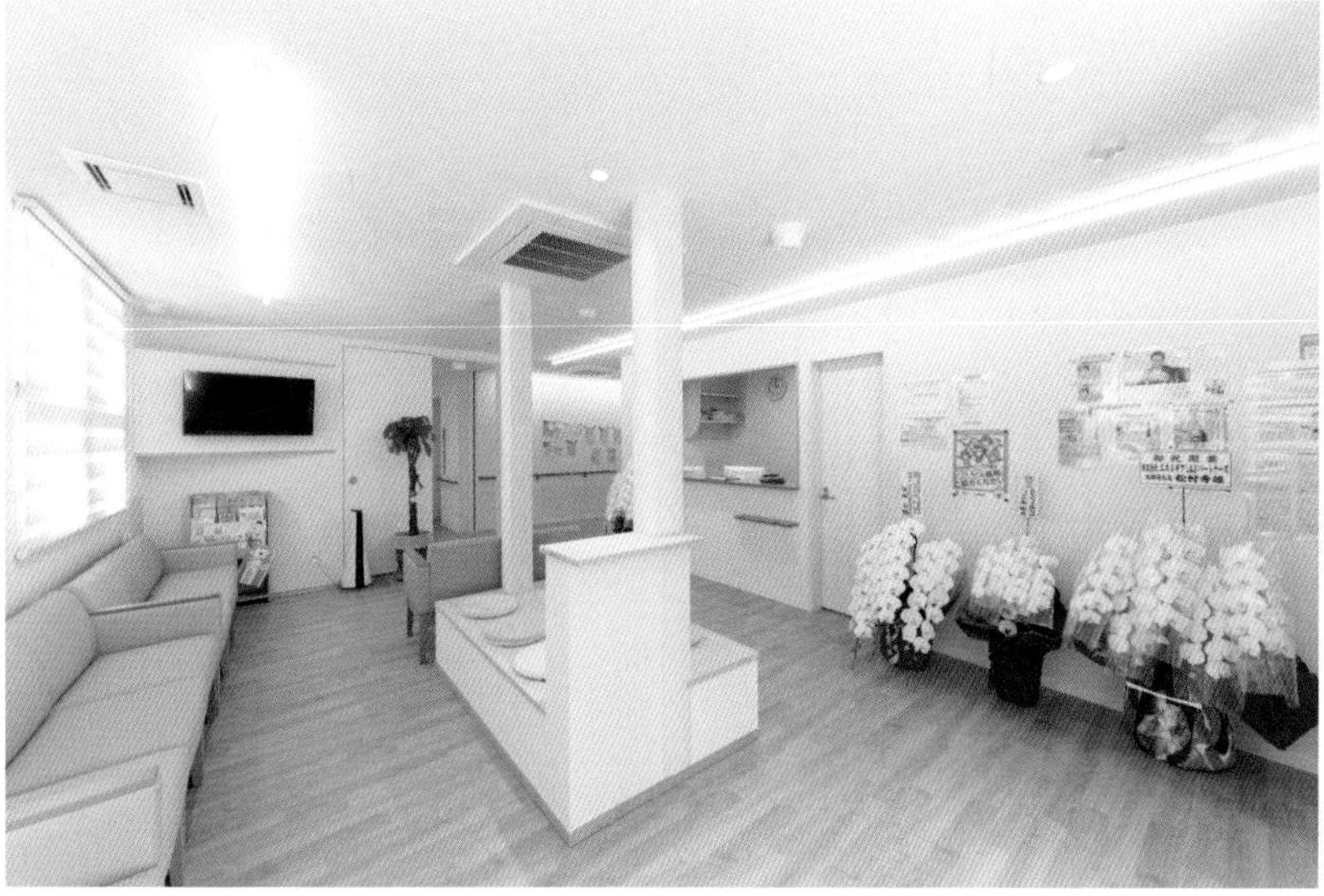

中央にベンチを配置し、受付側には天井付近に間接照明も入れて優しい第一印象を与えてくれる待合室。ベンチの天板には柔らかさが特徴のヒノキを使い、目に付きやすい2本の柱も漆喰塗りで仕上げている

まるで蔵の中のような心地よさに満ちた医院に

JR広島駅の北側、オフィスビルや店舗が建ち並ぶ一角にあるのが、「回生医院リハビリ整形外科」。肩関節の専門医である望月由院長が先代のお父様から受け継いだ4階建て鉄筋コンクリート造の医院は築50年を超え、外壁の一部が劣化して剥がれ落ちるほど老朽化していた。敷地内には望月院長の実家である3階建ての住宅があったため、医院を建て替えるにあたっては1階を診療や治療を行うクリニックに、2階をリハビリルームとし、3階を自宅とすることにした。

建て替えを依頼したのは住医学研究会。望月院長の奥様が約15年も前に澤田升男氏のセミナーに参加したのがきっかけだった。「0宣言の家」に魅了され、「いずれ医院の建て替えや自宅の建築を行うときには0宣言仕様で」と考えていたという。そして今から数年前に初めてご夫妻でセミナーに参加。それまでは、医院を建てるなら鉄筋コンクリート造が当たり前だと思っていた望月院長だったが、「実際に家を見学してみて、壁が漆喰塗りでまるで蔵の中のような心地よさで生活できるのがいいなと思ったし、シックハウスにもなりにくいとのことで、医療施設として非常に良いのではないかと思いました」と、「0宣言」仕様で医院を建て替えることを決断した。

住医学研究会では病院やクリニックを数多く施工しているが、今回の建設地は準防火地域ということもあって新しく木造建築を行うのが難しかった上、医療施設ならではの規制もあって建築確認申請が下りるまでが大変だったという。「住宅と違って防火シャッターをいくつも付けなければならなかったり、エレベーターももう少し大きいものを付けたかったけれどなかなか難しかったり」と、設計プランが決まるまでには実に1年以上もの時間を要し、苦労もかなりのものだったようだ。それでも、「ここで働くスタッフや患者さんの体にやさしい医院を」と、できるだけ「0宣言」仕様を追求。壁や天井は漆喰で仕上げ、床には木目の長尺シートを採用して、誰もが安らぎと心地よさを感じられるクリニックを実現した。

「ある意味先進的な要素もありますが、広島ではなかなか医院をこうした建て方で建てたケースは少ないのではないかと思います。空気感の良さや壁が汚れにくい、ホコリが溜まりにくいなど、「0宣言」仕様の良さをこれから実感できると思うと本当に楽しみ」と望月院長は期待を込める。

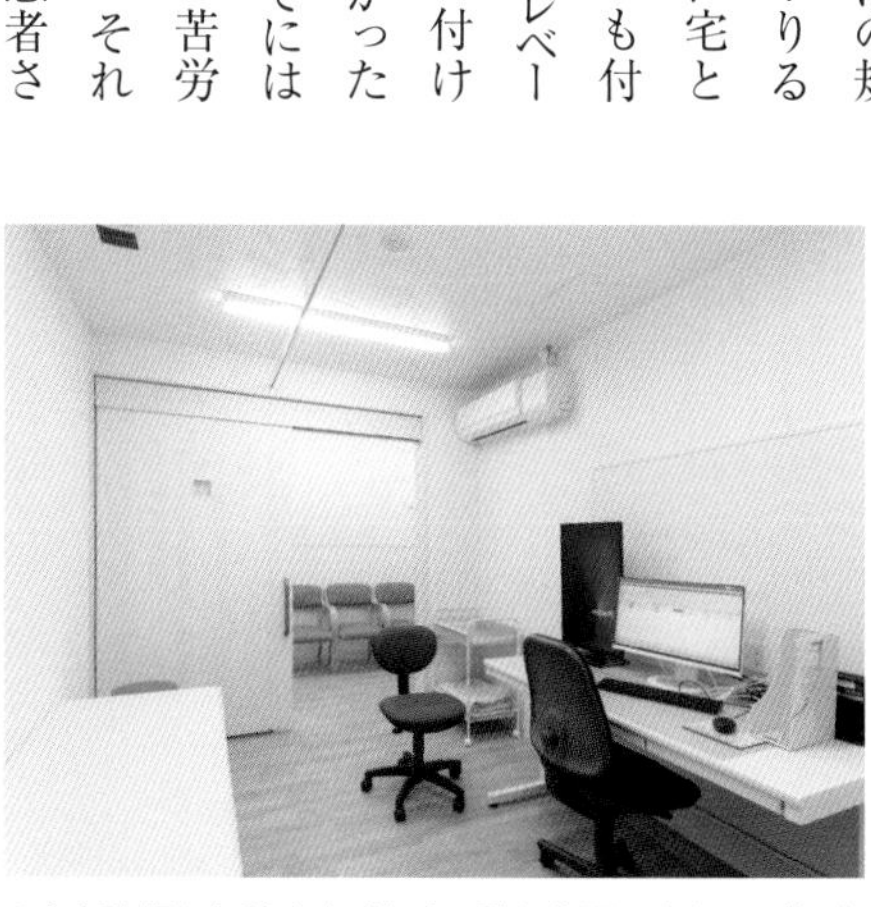

2室を確保した診察室。漆喰の壁と木調の床という「0宣言」仕様で、患者さんにも落ち着きを与える空間を構成

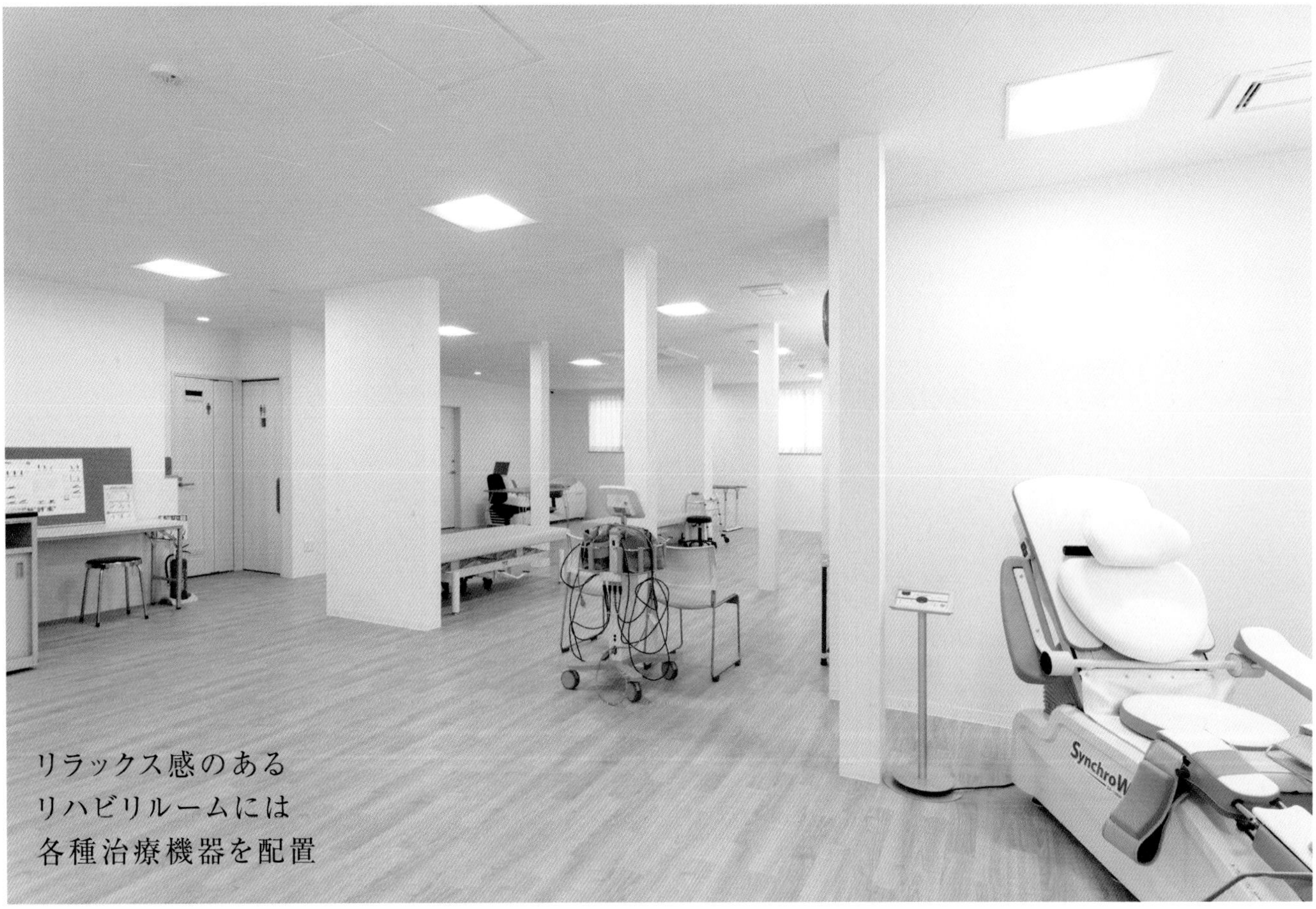
リラックス感のある
リハビリルームには
各種治療機器を配置

床が木目のため、見た目にも温もりが感じられ、リラックスできるリハビリルームには各種治療機器を配置。手前は、広島では珍しい「シンクロウェイブ」という運動療法機器。腕が上がらないなどの症状がある場合、関節の硬さをこの機器で測定し、寝ているだけで背骨を中心とした全身の関節を動かして改善させる効果がある

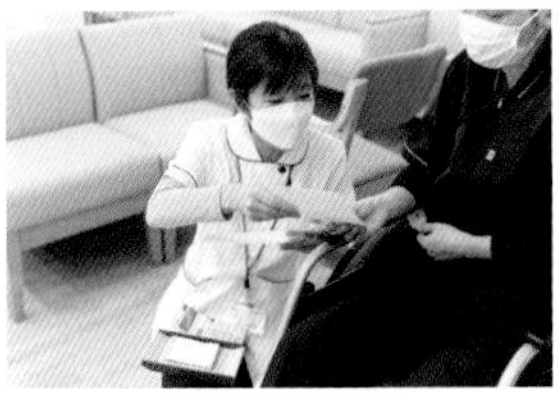

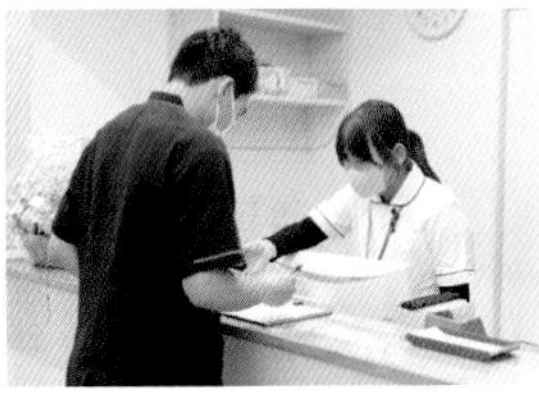

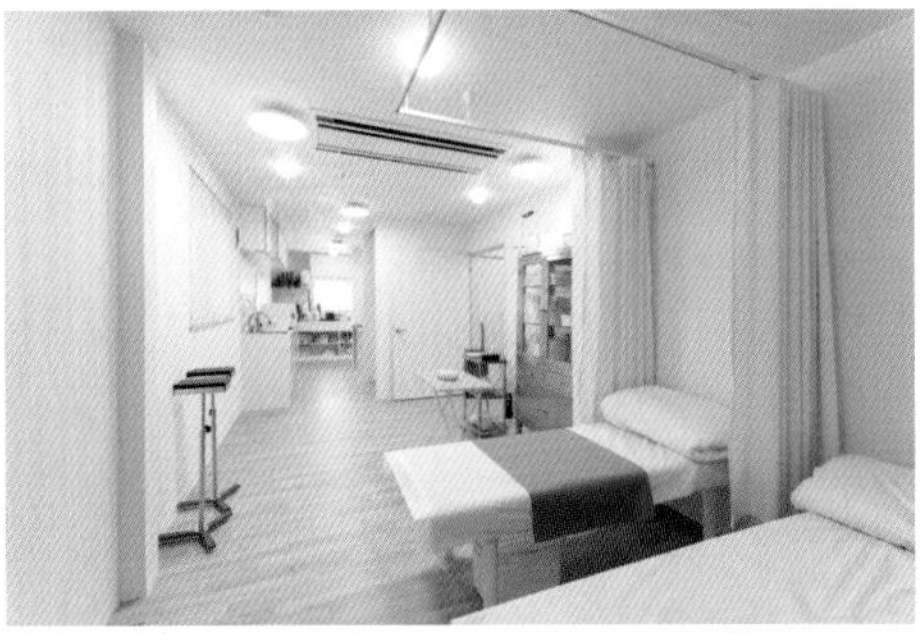

診察を終えた後、さまざまな処置を行うための処置室。奥は薬品庫やカルテを収める収納棚があるバックヤード

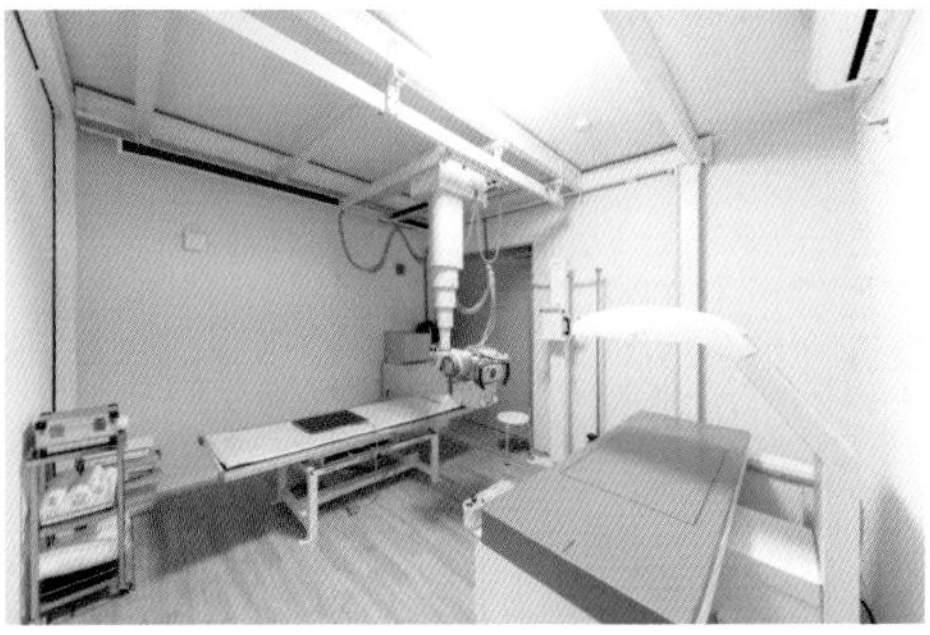

壁内部に鉛を入れた漆喰塗りの壁が珍しいレントゲン室。奥がX線検査装置で、手前は骨密度を測定する装置

「0宣言」仕様の医療施設
快適空間でリハビリを

外構は長年敷地内にあった石灯籠などをそのまま据え置きながら構成することで、かつての医院の名残が感じられる佇まいになっている。

1階は、中に入るとまずは広々とした待合室が展開されている。床は「0宣言」仕様の住宅だと無垢材を張るところだが、医療施設ということもあって全面に木目の長尺シートを採用した。奥には診察室2室と、ベッドを備えた処置室、レントゲン室を配置している。ここで驚かされるのが、レントゲン室までも天井と壁を漆喰塗りにしていることだ。「壁の中に鉛を入れてもらって漆喰塗りで仕上げてもらいました。ここも苦労していただいたところです」と望月院長。

2階は広さが感じられるリハビリルーム。水圧刺激による血行改善やリラクゼーションをもたらし、肩こりや腰痛などの症状を緩和するウォーターベッド、筋肉痛や緊張の改善を行う低周波治療器などさまざまな治療機器が設置され、患部へのアプローチを図るフロアになっている。ここでのリハビリは、まずひとりひとりの生活のバックグラウンドについてヒアリングし、体の状態を把握する。症状の

親しみやすい対応で 患者ひとりひとりに 笑顔で向き合う

望月院長を囲むスタッフたち。開院を前にしたこの日、スムーズに対応できるようスタッフ役と患者役に分かれてシミュレーションを実施

DATA

敷地面積	436.95㎡(132.18坪)
延床面積	496.67㎡(150.24坪)
工期	12カ月
構造	木造在来軸組パネル工法
断熱	[クアトロ断熱] 内断熱(充填):セルローズファイバー 外断熱:ネオポール 遮熱塗り壁材:セレクト・リフレックス 調湿効果内壁:スペイン漆喰
屋根材	ガルバリウム鋼板
外装材	遮熱塗り壁材(セレクト・リフレックス)
床材	ヒノキ(無節)
内装材	スペイン漆喰
施工	住医学研究会

2階のトイレは男女で分け、男性用の方はスペース確保の都合上、ドアを折れ戸にしている

1階の多目的トイレ。天井は最大限吸湿できるよう、凹凸を付けて表面積の大きいスタッコ仕上げに

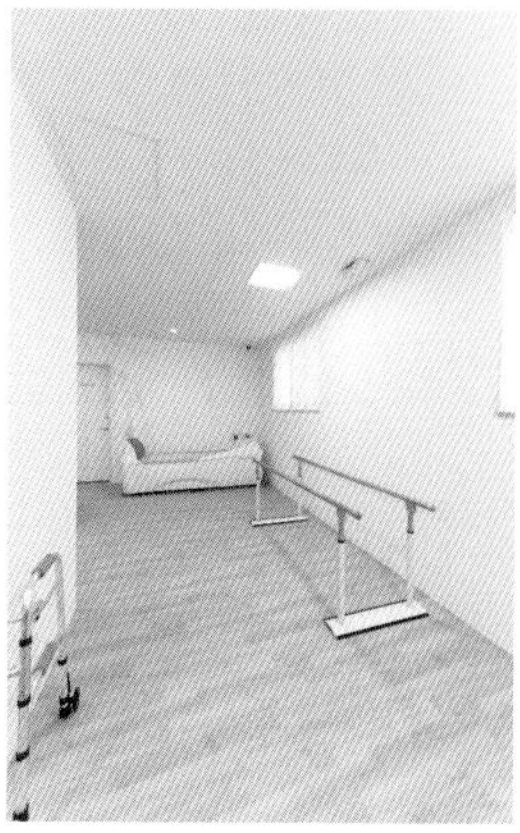

リハビリルームの奥には、歩行練習に使われる平行棒を設置。身長に合わせて高さが変えられる

回生医院リハビリ整形外科

〒732-0052 広島県広島市東区光町1-9-16
☎082-261-2400

緩和に向けて、30種類以上のトレーニングメニューの中から組み合わせるテーラーメイドでその人専用のリハビリプログラムを構築していく。患者さんに向き合うスタッフたちは、親しみやすい対応をしながらアットホームな雰囲気づくりを心掛けているという。また、「健康番組で見た体操が自分に合っているのか」、「友人がやっている運動が自分に合っているのか」などの相談に乗るなどして、ひとりひとりに合ったホームエクササイズも提案してくれる。

「住医学研究会さんが実践されているやさしい家づくりと同じように、私たちも人に寄り添いながら体にやさしい医療を提供していきたい」と語る望月院長。新しくなった医院で、これからも患者さんをやさしく力強くサポートしてくれることだろう。

「0宣言」で建てる 賃貸アパート

越木岩大和住宅株式会社（グリーンライフ兵庫）代表取締役社長　細川鎮裕氏。賃貸住宅の仲介業務中に体調不良を起こし「シックハウス」と判明。その後「0宣言の家」だけを造る工務店を立ち上げた

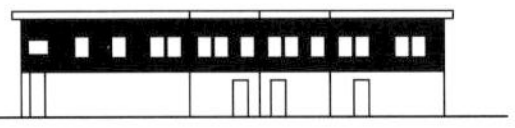

大阪府池田市の閑静な住宅街に越木岩大和住宅株式会社（グリーンライフ兵庫）が手掛けた「0宣言」仕様のアパートが誕生した。

「なぜ賃貸市場には自然素材でつくられた〝健康アパート〟がないのか？」「なぜ賃貸を選ぶ人には、住宅の品質や住み心地の良さを選ぶ権利がないのか？」と疑問を持った同社の細川社長。その思いは、自身が発症したシックハウス症候群によって自宅に住むことができなくなり、100軒近くの賃貸物件を探し回ったが安心して住める物件と巡り合えなかった辛い経験が起点となっていると言う。

「ないのなら、自分たちでつくろう！」と決意して建てた、「0宣言」仕様のアパートは、木材には木、本来の性質を損なわないように45℃の低温で乾燥させた愛工房の「奇跡の杉」を、内装には遠赤外線を放射する天然鉱石をブレンドし、波動測定器で最も高い数値を示す黄金比で配合した、100％純粋漆喰を使用。

暮らしながら使う水にもこだわり、天然鉱石のセラミックボールをフィルターに採用した浄水器を、細川社長がお客様に合わせたタイプを選んで提案。また、電磁波過敏症の方でも安心して住めるように、電気をテラヘルツ変換し、電気質を良いものに変えてくれる分電盤を取り付けるなど、健康的に暮らせる仕様にこだわりぬいた。

そして、防音効果も兼ね備えている内断熱材のセルローズファイバーが、アパートなどの賃貸で多くある騒音問題を軽減してくれるという。近年の電気代の高騰にも、このセルローズファイバーを使った「0宣言の家」独自の高性能なクアトロ断熱が、暑い時期は極力エアコンに頼らず、寒い時期は、一旦暖房で部屋を暖めれば、寝る前に暖房を切っても、朝起きると部屋を暖かく保ってくれるため、冷暖房にかかる電気代の節約につながるという。

さらに、このアパートには唯一無二の特徴がある。それは上から見ると「龍の形」をしていることだ。龍の形は「意識の転換が起こる」といわれており、「この中に入っていると、既成概念を手放し、本来の使命を思い出したり、潜在的な能力に気づいたりすると言われ、健康に幸せに自由で豊かに暮らせる……。そんなふうに誘ってくれるのが龍の形だと思っています」と細川社長は話す。

上から見た外観パース。左を頭とした「龍の形」になっている。古来より形には意味があるとされ、〝形の力〟を取り入れて設計

身体も心も快適に過ごせる 一生住みたくなるアパート

木の香りに包まれたリビングダイニングは、家族が多くの時間を過ごす場所。リビングに設けた階段は、家族が2階に上がる際、必ず顔が見れるというメリットも

職人が漆喰を塗る作業をしていると、天井に龍のような模様が自然と出来上がったという。エネルギーに満ちた清々しい空間が広がっている

A棟

窓からの光が注ぐキッチンは空間を有効活用できるL字型。キッチンを囲うようにカウンターテーブルを設置

LDKに設けた収納は食品を保管するパントリーや、非常用のストック置きとして活用

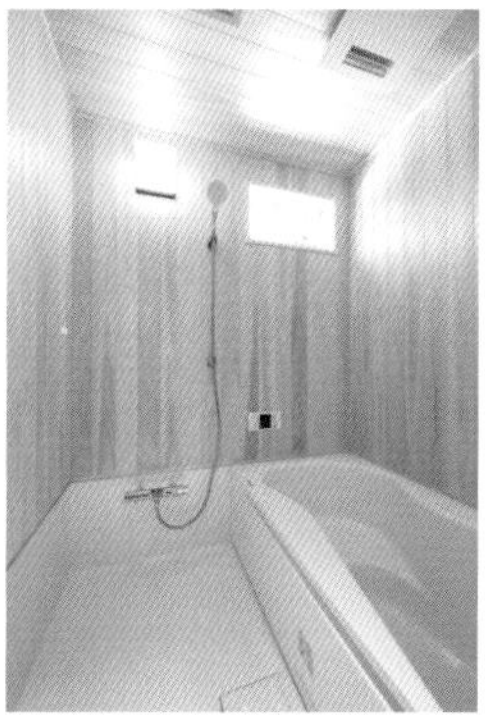

賃貸とは思えない愛工房のヒノキで囲われたぜいたくな浴室は、ずっと入っていたくなる

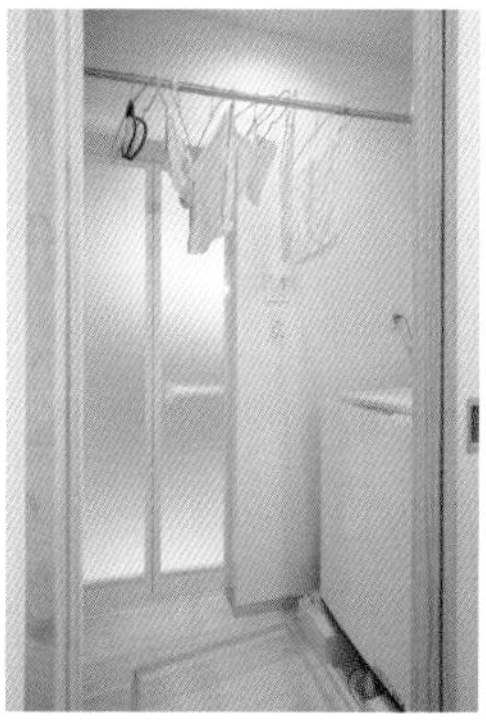

湿気は漆喰の壁が吸収するので、部屋干しでも十分乾く。サーキュレーターがあれば完璧

漆喰の白壁に囲まれた清潔感のあるトイレ。漆喰の消臭効果が体感できる

LDKとつながる洗面室は使いやすい動線に。脱衣室とは分けて設けている

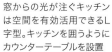

収納を備えた主寝室。奥には書斎としても使える小部屋のスペースを設け、作業しやすいよう、カウンターも配置

子どもの勉強部屋や寝室として使える、3枚引き戸で仕切られた2階の洋室。引き戸を開け放てば大空間としても使うこともでき、家族構成に合わせた自由な使い方ができる

木製のドアが高級感を醸し出す玄関。右側の引き戸はエントランスクロークへと続く

A棟

「0宣言の家」は、住み心地がよくて体調が改善した、精神を安定させる癒やしの効果があるとされる木の香りに包まれた室内で、実際に夫婦喧嘩がなくなった、子どもが集中して勉強するようになったという事例も多いそうだ。

家とは心と体を休めて疲労を回復させる場所。それが本来あるべき家の姿。「私たち住宅のプロは、そのような家をつくることが大切だと思っています。だからこそ、『日本一の住み心地』にも選ばれた『0宣言の家』の品質をそのまま採用して、今後の賃貸物件に革命を起こしたい」と熱い思いを語ってくれた細川社長。

近い将来、少子化で空き家が増え、土地が暴落する可能性がある中、これからは長く住める良質な賃貸が求められる時代になるという。

大量生産で建てた家は、住み心地や健康面に課題があるだけでなく、経年劣化により10～20年でリフォームが必要になる。その一方で、自然素材を使った家はメンテナンスの必要がほとんどないため、住む人は快適で健康的な暮らしが長くできる。

「イニシャルコストはかかりますが、30年スパンで見たら一番安いアパートなんですよ。お客様が一生住みたいと言ってくれるアパートをどんどん増やしていきたいです」と、力強く語ってくれた。

A棟の玄関は龍の口に当たる位置。まるで龍の体内に入っていくような造りになっている

エントランスクローク内の棚は高さの調整が自由にできるのでブーツなどの収納も可能

形がもたらす作用も考慮し造形された外観

B棟

木の香りに満ちた静かで落ち着く空間

外からの日差しが取り込めるよう、スリットの入った玄関ドアを選んでいる

カウンターを備えた洗面室は、スペースに余裕のあるゆったりとした空間で使いやすい

アパートとは思えないほど静かな空気に包まれた空間。木の香りに満ちたリビングダイニングは、気持ちが落ち着き、ゆったりとした時間が過ごせる

D棟

人を招き自慢したくなる快適空間

窓の外はテラスから小庭へとつながる、開放的なリビングダイニング。足触りのいい無垢の床とスペイン漆喰の自然素材に囲まれた室内は快適そのもので、友人を招いて自慢したくなる

書斎スペースには、カウンターと大容量の本棚を設置。窓からの日差しが心地いい

曲線のある建物の白壁に天然木の玄関ドア。これが賃貸とは思えない佇まい

DATA

[敷地面積]498.65㎡(150.84坪)
[延床面積]312.70㎡(94.59坪)
[工期]12カ月

[構造]木造在来軸組パネル工法
[断熱]クアトロ断熱(内断熱〈充填〉:セルローズファイバー/外断熱:ネオポール/遮熱塗り壁材:セレクト・リフレックス/調湿効果内壁:スペイン漆喰)
[屋根材]ガルバリウム鋼板
[外装材]遮熱塗り壁材(セレクト・リフレックス)
[床材]愛工房の杉
[内装材]スペイン漆喰

[施工]越木岩大和住宅 グリーンライフ兵庫 → P146

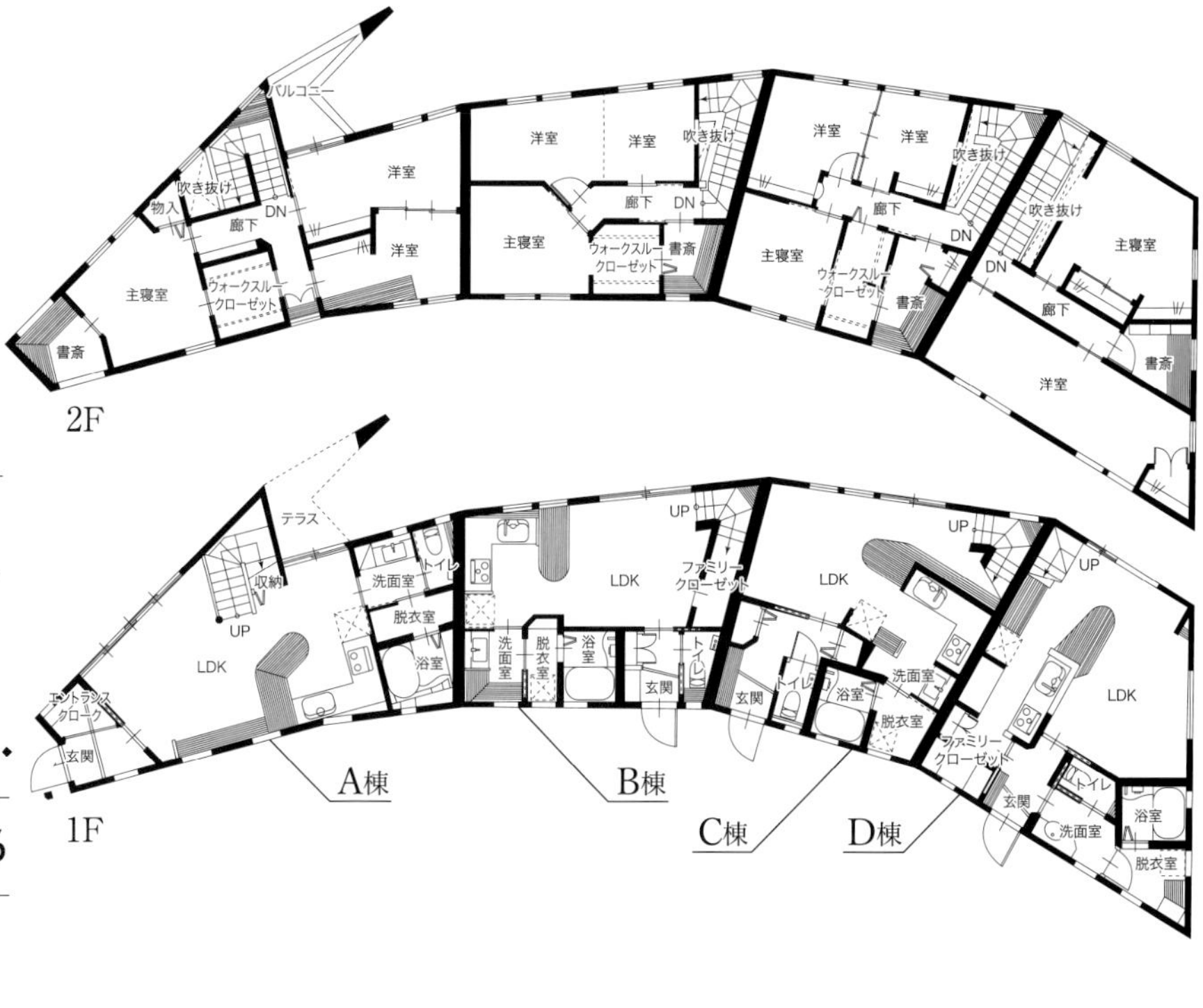

「0宣言」のリフォーム

東京都世田谷区 マスミヤ

自然素材がつくる
くつろぎの空間で
人の縁を結ぶ

Before

自然素材の温もりが感じられる婚活サロンスペース。「お客様もリラックスされるようで、つい長話になり3時間くらいいらっしゃいます」と長谷部様

婚活サロンmasumiya
https://konkatsu-masumiya.jp
代表カウンセラー **長谷部 光弘**氏

経堂の商店街でご両親の営んでいた呉服店を改装。婚活サロン（結婚相談所）兼皮革製品のリフォーム店を運営している

昭和42年、世田谷区経堂の商店街にご両親が呉服店を構えたのが、マスミヤの始まりだそうだ。そして、令和4年にお母様が家業を引退されたのを機に店舗を改装し、長谷部様が婚活サロン兼革製品のリフォーム店としてオープンさせた。

リフォームは、自然素材リフォームを行う株式会社のぞみに相談した。「私自身、不動産業に携わっていた時期があり、自然素材の良さを知っていたし、結婚相談所のイメージからも、無垢の木や漆喰の感じがいいと思いました」と長谷部様。

リフォームでは、入り口をそのまま残し、1階を全面的に変更。婚活サロンと革製品リフォームの受け付けを緩やかに分け、双方のお客様が顔を合わせないように工夫した。また、以前は着物や小物の収納庫だった部屋は、新しい家族の空間に。店舗側からは見えないよう以前の仕切り扉は残し、漆喰を施している。

長谷部様にリフォームの感想を伺うと、「お客様からは木のいい香りがすると言われます。暑さ寒さも以前より快適ですね。近々息子家族が家を建てる予定なので、『0宣言の家』を勧めています。子どもも生まれますし、自然素材がいいと思うんです」と笑顔で話してくれた。

一見壁に見えるが、実は「ケンドン式」と呼ばれる上下の溝に板をはめ込む扉で、簡単に取り外しができる

入り口側と婚活サロンを仕切り、上部に小窓を取り付けた。採光と空気の循環の2つの役割を果たしている

床には奇跡の杉、壁にはスペイン漆喰を採用。飾り棚を設えておしゃれなサロンに。アーチ越しに見える漆喰壁の向こうにも部屋がある。「壁を外してスペースを広げることもできるので、皆さんに喜んでもらえることを考えたい」と長谷部様

思い出を残しながら 未来に続く住まい

サロン入り口の美しいアーチは、婚活サロンの雰囲気にぴったり。お客様にも好評とのこと

縦に並んだ小窓は空間の程よいアクセント。明るい光がサロンに優しく差し込んでくる

外観の白いタイルは、お父様が店舗兼住宅を建てた当時のものをそのまま残すことにした

入り口の位置は以前のまま。入った真正面に革製品リフォームの小さなカウンターがある

Before

Before

Before

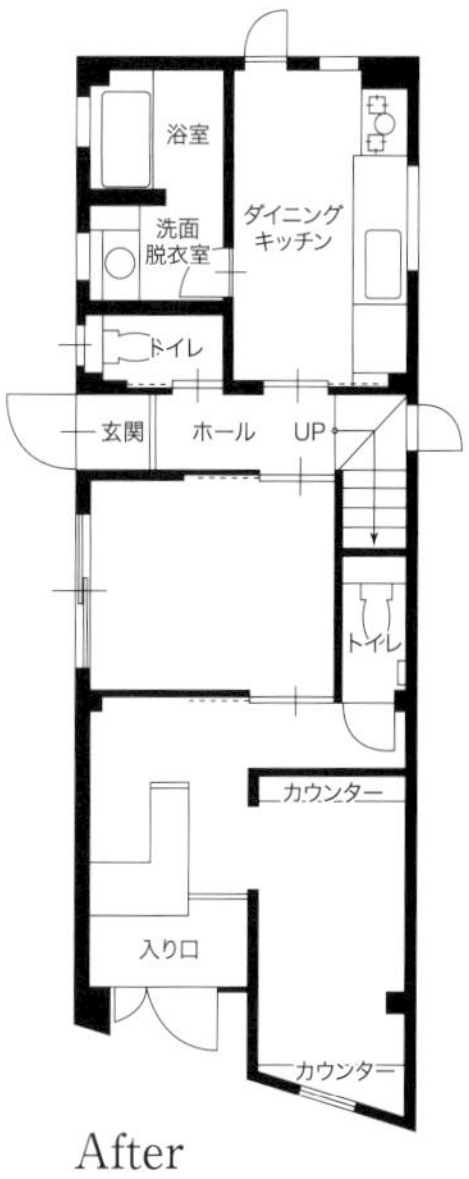

After

革製品の修理工房 マスミヤ

〒156-0052 東京都世田谷区経堂2-27-19
☎03-6413-0457
https://masumiya.tokyo/

DATA

[構造]鉄骨造
[外装材]遮熱塗り壁材(セレクト・リフレックス)
[床材]奇跡の杉　[内装材]スペイン漆喰

[施工]のぞみ → P155

天井にはパイン、床には愛工房の杉を張って温もりに満ちた事務所を実現。薪ストーブコーナーの天井にはレッドシダーを採用

「0宣言」のリフォーム

広島県庄原市 堀田瓦店

曾祖父母が住居兼雑貨店として使っていた建物が空き家のまま築100年を超え、お父様が興した瓦店を受け継いでリフォーム業も手掛けていた堀田通徳さんが、ここを事務所として活用することを考えたのが10年前。老朽化に加え、冬は屋根に積もった雪が目の前の道路に落ちるのを防ぐべくリフォームに取りかかる寸前、奥様が澤田氏の書籍で「0宣言の家」を知り、一旦中止してセミナーに参加した。人に優しい建材を使った家の魅力に惚れ込み、まずは堀田さんが弟さんから頼まれていた自宅のリフォームを0宣言仕様で実施。夏も冬も快適と好評で、これをきっかけに0宣言仕様のリフォームを年に1~2軒手掛けるようになった。その後、家族とともに本業の合間を縫って少しずつ空き家を事務所へとリフォームし、約5年後に完成した。

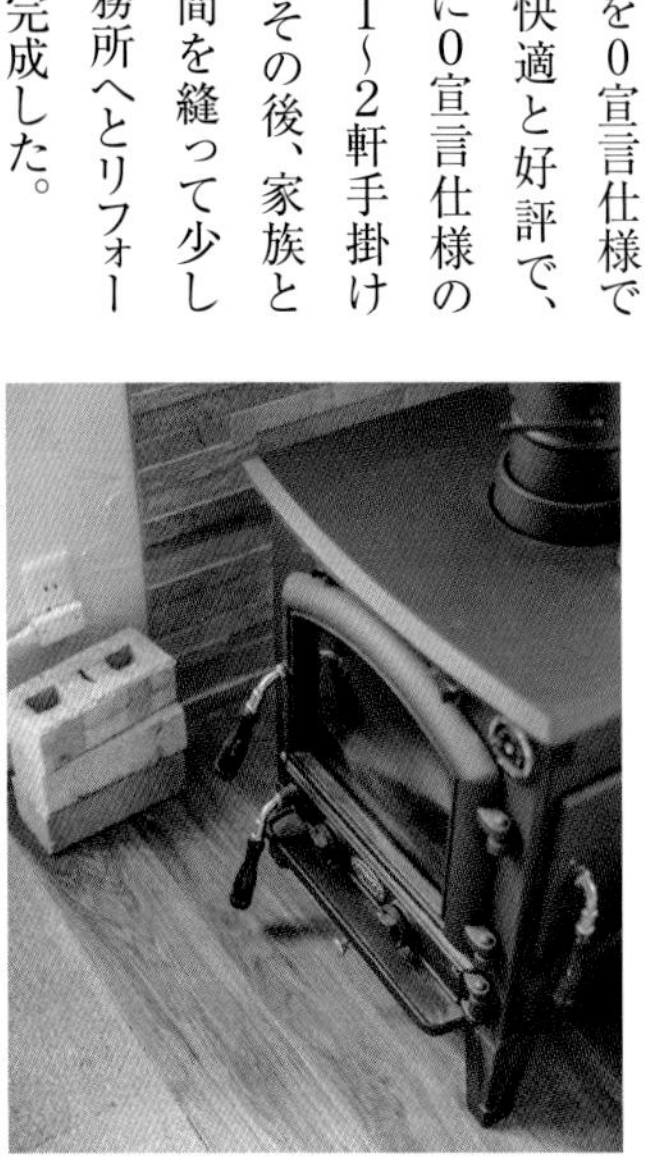

耐熱性が必要な薪ストーブコーナーの床と壁はタイル張り。床には木調のタイルを選び、視覚的にも暖かさを感じさせる

雪が道路に落ちないよう屋根の向きを90度変え、健やかに仕事ができるよう、天井を高くして床とともに板張りにし、温もりと開放感たっぷりの事務所を実現。梁など生かせるものを最大限再利用したのは、曾祖父母に喜んでもらえるだろうと考えたから。寒冷地だが薪ストーブを焚くと1日中暖かく、夏は6帖用エアコン1台で十分快適で、「断熱性の高さを実感しました」という堀田さんは、今後もお客様に勧めていきたいと意気込む。

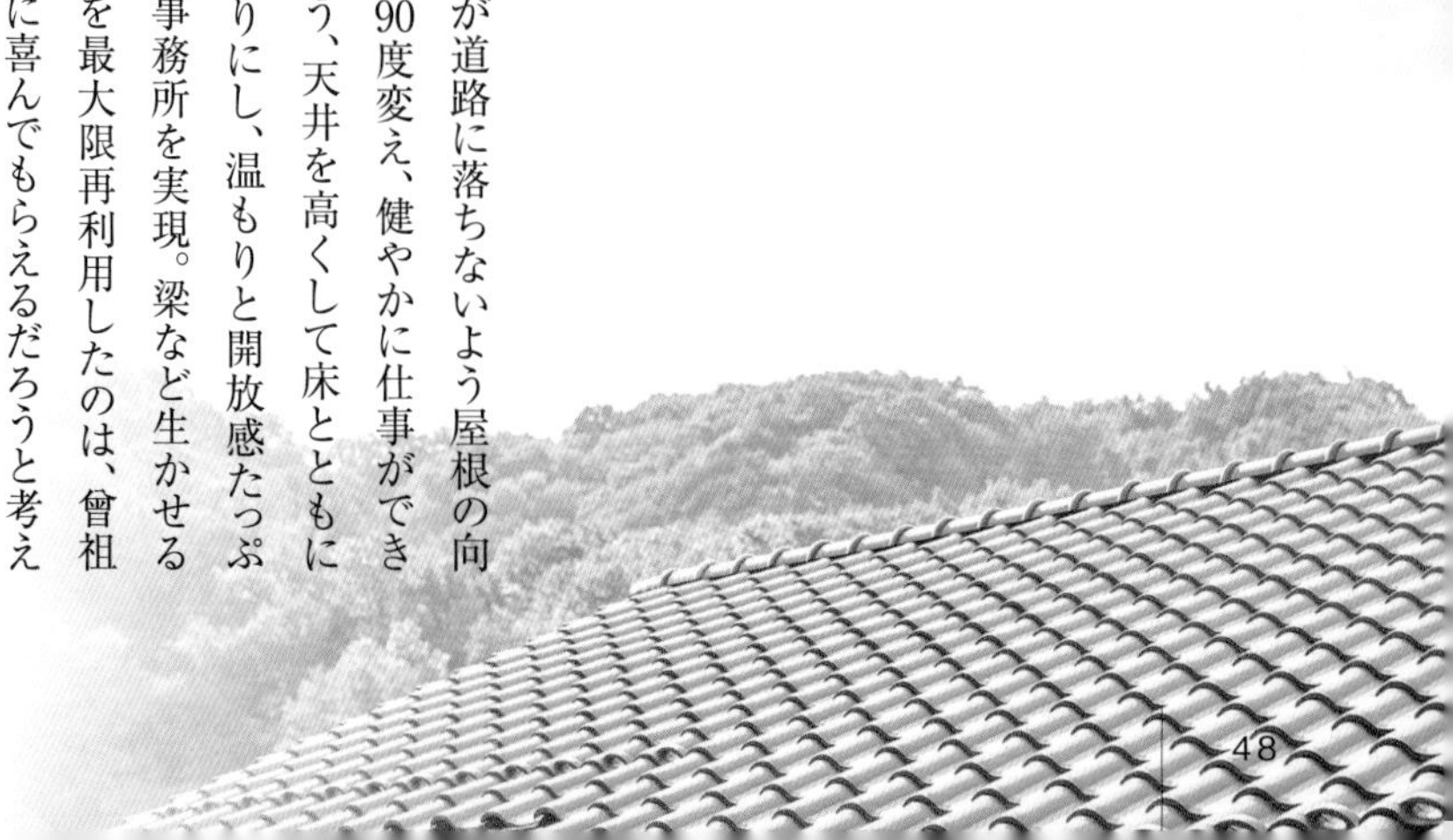

無垢材を使ったオリジナルの書棚で間仕切りした接客コーナーには、アメリカンチェリーの一枚板で造作したテーブルを設置。書棚の上を空けることでエアコンの風が隅々まで行き渡り、室内温度を快適に維持

低かった天井を約70㎝上げて開放感を増し、南西方向に大きく開口して1日中自然光が取り込めるようになった。ローテーブルはブラックウォールナットの一枚板で造作

快適性の大きな要因となる湿度はほぼ60%で一定に。居心地の良い空間で仕事ができることに喜ぶ堀田さん

壁の漆喰は、あえて荒く塗ったり滑らかに塗ったりと、塗り方を変えることで見た目の変化を加えている

体に優しい建材で 全面リフォームした 通年快適なオフィス

Before

背後の山に美しく映える外観。屋根には耐久性の高い石州瓦の洋風デザインが印象的なS瓦、庇部分には同じく石州瓦の平板瓦をあしらった。いずれはウッドデッキも造りたいとのこと

山小屋をイメージさせるデザインの外観は、事務所というよりもカフェのような佇まいを醸し出している

DATA

[構造]木造在来軸組パネル工法
[断熱]クアトロ断熱(内断熱〈充填〉:セルローズファイバー/
外断熱:ネオポール/遮熱塗り壁材:セレクト・リフレックス/調湿効果内壁:スペイン漆喰)
[屋根材]石州瓦(S瓦・平板瓦) [外装材]遮熱塗り壁材(セレクト・リフレックス)
[床材]愛工房の杉、パイン [内装材]スペイン漆喰、パイン、レッドシダー

[施工]堀田瓦店 → P156

Before

After

東京都立大学名誉教授
放送大学客員教授
星 旦二

×

住医学研究会
事務局長
日下部 隆久

長持ちする家は人の寿命も長持ちさせる

住宅と健康長寿の関連性を一言でいえば、「暖かい住宅は、健康寿命を促進する」。

しかし、家の一部が暖かいだけでは、かえって命に危険が及ぶこともあります。

また、省エネ性能の高い住宅が必ずしも人を健康にするとは限りません。

私たちの健康がどれほど住環境に左右されているのか、長生きするためにはどんな住宅を選ぶべきか、
医学博士の星旦二氏にお話を伺いました。

「暖かい家」が病気を予防する

日下部氏（以下、日下部）：星先生には、足かけ10年にわたって、「『0宣言の家』が住む人の健康にどれほど寄与しているか?」を明らかにするための、お施主様への健康調査・分析にご協力いただいています。本日は、先生ご自身の研究テーマでもある「健康長寿」と住宅の関連性について、改めてお話を伺いたいと思います。

星氏（以下、星）：これまでの調査・分析で、「0宣言の家」は1年を通して、また、家中どこにいても温度・湿度の較差がほとんどなく、体に優しい家であることが明らかになっています。その結果、居住者には「高血圧者が少ない」「糖尿病者が少ない」「脂質異常常者が少ない」「肥満者が少ない」「定期的に運動している人が多い」という特徴がありました。また、「『0宣言の家』に住む前と住んだ後の1年で、健康状態がどう変わったか?」という追跡調査を行ったところ、驚くべき結果が出ました。

- 居間・寝室・脱衣室の温度較差が2℃改善した（家中が暖かくなった）
- 暖房器具の使用割合が半分以下になった
- 居間・寝室・脱衣所室のジメジメした空気が快適な湿度に改善した
- 睡眠状態が改善した
- くしゃみ・目のかゆみ・鼻詰まりが改善した
- 血圧の数値が改善した（45歳以上）

※住医学研究会活動レポートP10を参照

私自身、大手ハウスメーカーで建てた家を「0宣言の家」にリフォームし、大きな変化を感じました。それまでの室内の寒さが大幅に解消され、風邪をひきにくくなり、ぐっすり眠れるようになったのです。私は夜中のトイレにも起きなくなりました。一番の収穫は、妻の血圧が安定したことです。以前は最高血圧が160㎜Hg以上ありましたが、リフォーム後は140㎜Hg程度まで下がり、薬も必要なくなりました。

日下部：つまり、家中どこにいても暖かいことが、病気の予防や健康増進に直接、結びつくということですね。

星：裏を返せば、「寒い家、部分的に暖かい家は病気になりやすい」といえるでしょう。特に、体温を下げる家の寒さ（室温18℃以下）は、健康長寿の最大の敵。風邪のみならず、呼吸器疾患、高血圧、心疾患など、さまざまな病気のリスクが高まることが分かっています。また、脱衣室やトイレが寒く、居間などとの温度差が大きいと、血圧の急激な上昇と下降が原因となるヒートショックを起こす確率も上がってしまいます。病気を予防するには、生活習慣の改善（一次予防）、健康診断による早期発見（二次予防）も大切ですが、私はその前段階として、高断熱化など、住環境を整備することによって、病気を本質的に予防する「ゼロ次予防」が重要だと考えています。

日下部：先ほど、先生からもご紹介いただきましたが、「0宣言の家」に住んでいる方のなかには有病者が少ない。これこそが、「ゼロ次予防」効果のひとつかと思います。

星：その通りです。健康で長生きしようと思ったら、家の中で体を冷やさないこと。寒い家から暖かい家に移り住むと、さらに違いを肌で実感できます。わが家も、「0宣言の家」の断熱リフォームをする前、2月の寒い日の寝室温度は6.4℃しかありませんでした。以前から「寒い家だなあ」と感じてはいたものの、実際の温度の低さにはビックリ！　妻の血圧を上げてしまったのも、私が建てた寒い家が原因だったと、深く反省しています。

日下部：もちろん「0宣言の家」だけでなく、寒い家から高断熱・高気密住宅に移った方の多くが、何らかの健康効果を感じていると思います。

星：はい。2009年11月から2010年1月にかけて、転居経験者を対象に、さまざまな種類の疾患について、転居前後における有病状況の変化を問う『全国約1万軒規模のアンケート調査』を実施したところ、住宅の断熱・機密性能の向上により、10の疾患において改善傾向が明らかになりました。

日下部：特に図の上位にあるアレルギー性疾患に関しては、結露減少によるカビ・ダニの発生減などの要因もあるかと思いますが、基本的には「暖かい家」の重要性を再認識することができました。また、寒い家がいかに体に負担をかけているか、よく理解できました。このような症状に悩まれている方には、ぜひ家の断熱化を検討していただきたいですね。

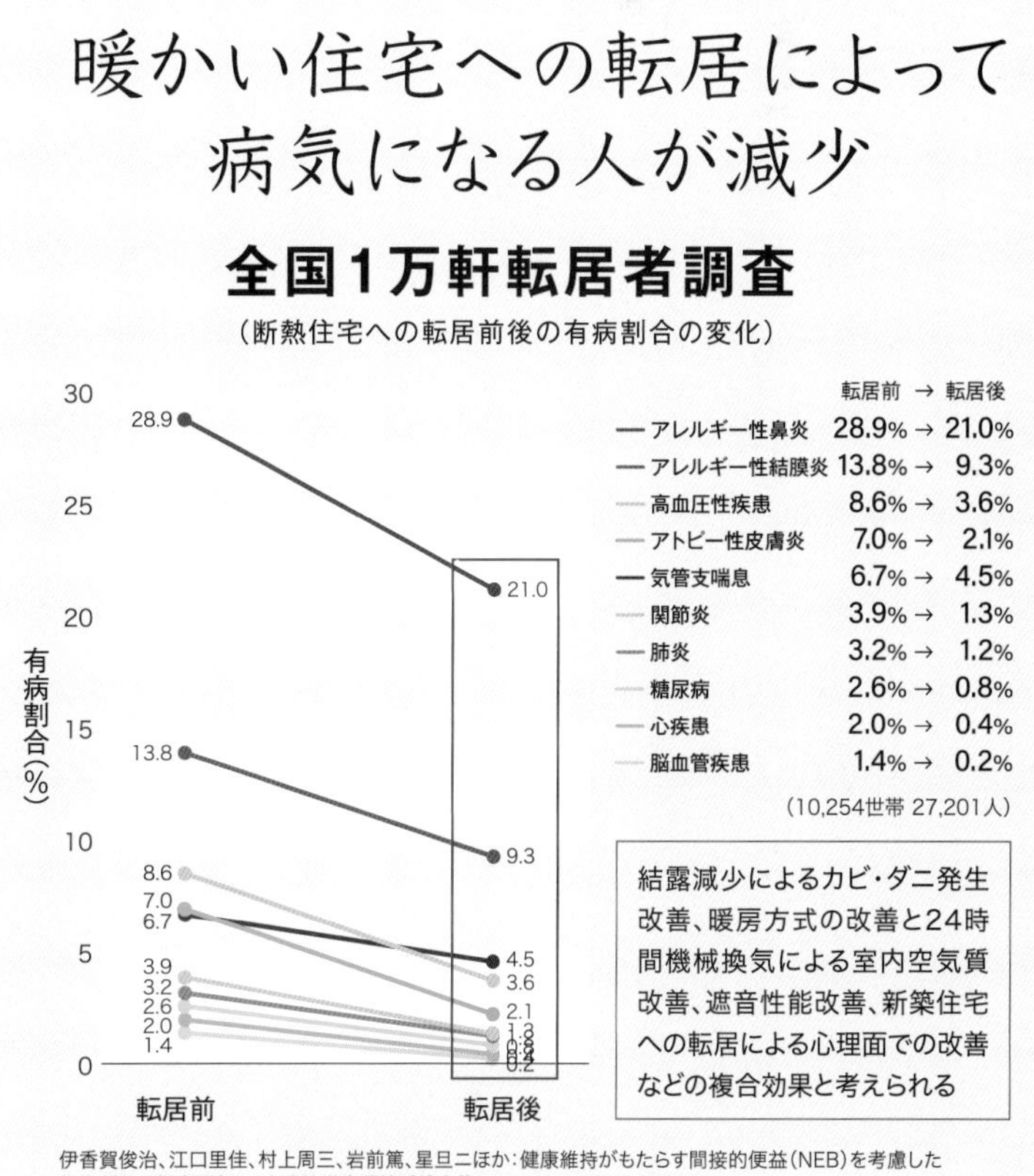

暖かい住宅への転居によって
病気になる人が減少
全国1万軒転居者調査
（断熱住宅への転居前後の有病割合の変化）

疾患	転居前	→	転居後
アレルギー性鼻炎	28.9%	→	21.0%
アレルギー性結膜炎	13.8%	→	9.3%
高血圧性疾患	8.6%	→	3.6%
アトピー性皮膚炎	7.0%	→	2.1%
気管支喘息	6.7%	→	4.5%
関節炎	3.9%	→	1.3%
肺炎	3.2%	→	1.2%
糖尿病	2.6%	→	0.8%
心疾患	2.0%	→	0.4%
脳血管疾患	1.4%	→	0.2%

（10,254世帯 27,201人）
結露減少によるカビ・ダニ発生改善、暖房方式の改善と24時間機械換気による室内空気質改善、遮音性能改善、新築住宅への転居による心理面での改善などの複合効果と考えられる

伊香賀俊治、江口里佳、村上周三、岩前篤、星旦二ほか：健康維持がもたらす間接的便益（NEB）を考慮した住宅断熱の投資評価、日本建築学会環境系論文集、Vol.76, No.666, 2011.8

資産価値の高い家が家族を幸せにする

建材による健康被害、
壊れやすさの問題にも
目を向けてほしいですね

日下部 隆久（くさかべ・たかひさ）**氏**

大手ハウスメーカー、分譲マンション開発業者、賃貸アパート事業、地域工務店、資材販売会社、建築コンサルなどに従事し、住宅業界に携わって30年。健康住宅との出会いにより、住環境と健康の密接な関係を知り、現在は住医学研究会事務局として「0宣言の家」を手掛ける全国の会員工務店に対する支援やノウハウ、資材の供給を担う。幼少時に家のリフォームで使われた工業化建材に起因したと考えられる重度のアトピー性皮膚炎に悩まされた経験を持つ。

計算上健康な家で人は幸せになれるのか？

星：ただ、国全体で見ると、残念ながら日本の住宅の9割は依然として寒い家だという現実があります。2018年、世界保健機関（WHO）が発表した「住宅と健康のガイドライン」に記された「寒さ対策（＝冬季の室内温度18℃以上）」に満たない住宅がほとんどなのです。それに対して、今後どういう対策を取っていったらいいのか、国も検討を始めました。今ある住宅を「1部屋だけでも断熱改修したい」という人たちに向けて、国が補助金を出そうという計画もあります。1部屋だけ室温を上げても限界はありますが、家中寒い家に比べたら、少なくとも健康効果は高まると言っていいでしょう。

日下部：確かに、日本にはもともと断熱の考え方がなく、冬は寒いのが当たり前でした。ところが、ヒートショックが原因で亡くなる方の数が、交通事故死より多い年間2万人に近づき、健康問題を解決するという観点から「家をもっと暖めなければいけない」という流れが出てきたと記憶しています。すでに建っている「寒い住宅」を断熱改修して「暖かい家にする」という考え方には賛成です。しかし、これから建てる戸建て住宅の場合は、国が進める脱炭素社会（カーボンニュートラル）に向け、省エネ住宅の実現を目指していくことになるでしょう。すると、使うエネルギーより創るエネルギーが多い家（ZEH＝ゼッチ）が日本の住宅のスタンダードになっていくかもしれません。つまり、断熱にプラスして、太陽光発電や蓄電池を導入した家が主流になっていくというイメージです。さらに、エネルギーの消費を減らすために南側の窓を小さくし、採光を抑えるという考え方も出てきます。間取りを省エネ基準に合わせると、計算上は人を健康的にし、地球環境問題も解決に向かう家ができあがります。でも、そこには「住む人が快適だと思える環境」がどこまで残されているのか？という疑問も残ります。

星：住み手の自由度がなくなるという意味では、健康とはまた別の問題が出てくるということですね。開放的な窓もない、機械設備に投資しても、数十年後は産業廃棄物になるリスクがあるという中で、自分や家族にとって何がいい環境なのか、分からなくなってしまう人も出てきそうですね。

日下部：もちろん住宅会社であるわれわれがもっとこだわれば、今より環境のいい家はできます。ただ、省エネ基準の適合と国の補助金が直結してしまうと、選択肢は自ずとなくなっていく。さらに、今のままでは「人に害を与える材料」かどうか、「壊れやすい材料」かどうか、という視点が抜けているのではないでしょうか。

湿度とともに大切なのは安定した「湿度」です

星：日下部さんのおっしゃることの答えになっているか分かりませんが、「健康長寿と住環境の関係」を別の視点で見ると、安定した「温度」とともに健康長寿に大切なのは、安定した「湿度」です。実は、湿度が低いと要介護になりやすいというエビデンスがあるのです。これについては慶応義塾大学の伊香賀教授と共同研究を行い、2017年に論文も出しています。簡単に説明すると、家の中の湿度が低い＝空気が乾燥していると、ウイルスに感染しやすく、肺炎を起こしやすいのです。また、高齢になるほど、乾燥した空気の中で食事をすると、食べ物が間違って肺に入り、炎症を起こす誤嚥性肺炎になることも少なくありません。ただし、湿度は高すぎてもいけません。カビは湿度が60％を超えると徐々に活動を始め、湿度が上がるにつれて繁殖スピードが速くなります。壁の内側にも結露が発生し、気付いた時にはカビ・ダニが大量発生していたというのはよくあることです。これが、喘息やアトピーなどアレルギー症状の原因となるのです。結論を言えば、家は暖かい（室温18℃以上）だけでは不十分で、1年を通して家中の湿度が50％程度に保たれていることが理想です。

日下部：確かにそうですね。しかし、結露がひどい家というのは理由があります。たとえば断熱材。多くのハウスメーカーでよく使われているグラスウールは、調湿性が低く、結露水や湿気をため込むため、その重さで下にずれ落ちてしまいます。この時点でカビが発生。カビを餌にするダニが発生し、病気の原因をつくります。また、断熱材がずれ落ちると壁の中にすき間が生まれ、断熱性能も下がります。さらに水分を吸い続けた断熱材は、今度は柱や壁を腐らせ、住宅の寿命を縮める原因となるのです。これと同じ原理で、壁のビニールクロスや床の合板材なども湿気に弱く、カビ・ダニの発生原因をつくります。建材自体も壊れやすく、長持ちしません。これらに共通しているのは、安価で施工しやすいことであり、安い分、デメリットもあることを知っていただきたいと思います。

星：私が最も懸念するのも、日下部さんと同じく、その建物がどれだけ長持ちするか、ということです。「日本の住宅は長持ちしない」「30年で建て替えるのが当たり前」といわれて久しいのですが、30年で壊れてしまったら、住宅ローンが終わったと同時に、その家は「資産価値ゼロ」になってしまう。それでは誰も幸せになりません。私が考える「健康住宅」の基本コンセプトは、自分たちが健康で長生きすることも大事だけれども、自分の子どもや孫が元気で長生きする基盤づくりができる住宅であるということ。ちなみに、北欧では、住宅は４００年もつそうです。住宅ローンもなく、家を代々継承できることが、北欧の人たちにとっては豊かに生きられる最大のメリットなのだと思います。

日下部：それは、まさに僕らが考える家づくりのコンセプトと同じです。そして、何よりそれが、地球温暖化防止対策にもつながると思います。

星：毎月の住宅ローンがたとえ5、6万円だったとしても、「この家で家族の健康を守れるのか」「子どもに資産価値ゼロの家を残していいのか」という観点から、家を選んでほしいと思いますね。そのためにも、国の補助金というニュースだけでなく、住宅に関するさまざまな情報に関心を持っていただくのが、最終的には大きなメリットにつながると思います。

日下部：先生のおっしゃるように、50年後、１００年後、孫子の代までずっと使っていただける家を、これからは「本当の健康住宅」と呼びたいですね。住医学研究会としても、その姿勢を忘れず、引き続き情報を提供してまいります。本日は、どうもありがとうございました。

もっとも大事なのは、家がどれだけ長持ちするかということです

星 旦二（ほし・たんじ）氏

1950年、福島県生まれ。東京都立大学名誉教授。福島県立医科大学を卒業し、東京大学で医学博士に。東京都衛生局、厚生省国立公衆衛生院、厚生省大臣官房医系技官併任を経て現職。英国ロンドン大学大学院5カ月間留学。公衆衛生のエキスパートとして、全国地方自治体などと共同し、寿命とさまざまなファクターとの関連を大規模調査するなど「健康長寿」に関する研究と主張を続ける。著書に『これからの保健医療福祉行政論』（日本看護協会出版会）、『ピンピンコロリの法則』（ワニブックスPLUS新書）など。

人生１００年時代の超高齢化社会を見据えた
自立のための３歩の住まい

ファルマモデルルーム

人生１００年時代における「終の棲家のあるべき姿」の一つの答えは、高齢者ができる限り自立して暮らせる「住環境の整備」です。その取り組みとして、静岡県によってコンソーシアムが結成され、「自立のための３歩の住まい」を設計しました。最先端機器、ロボット、人工知能を駆使して自立を支援し、日常生活の質を上げるさまざまな工夫について、設計に携わった山口、山本両氏に伺いました。

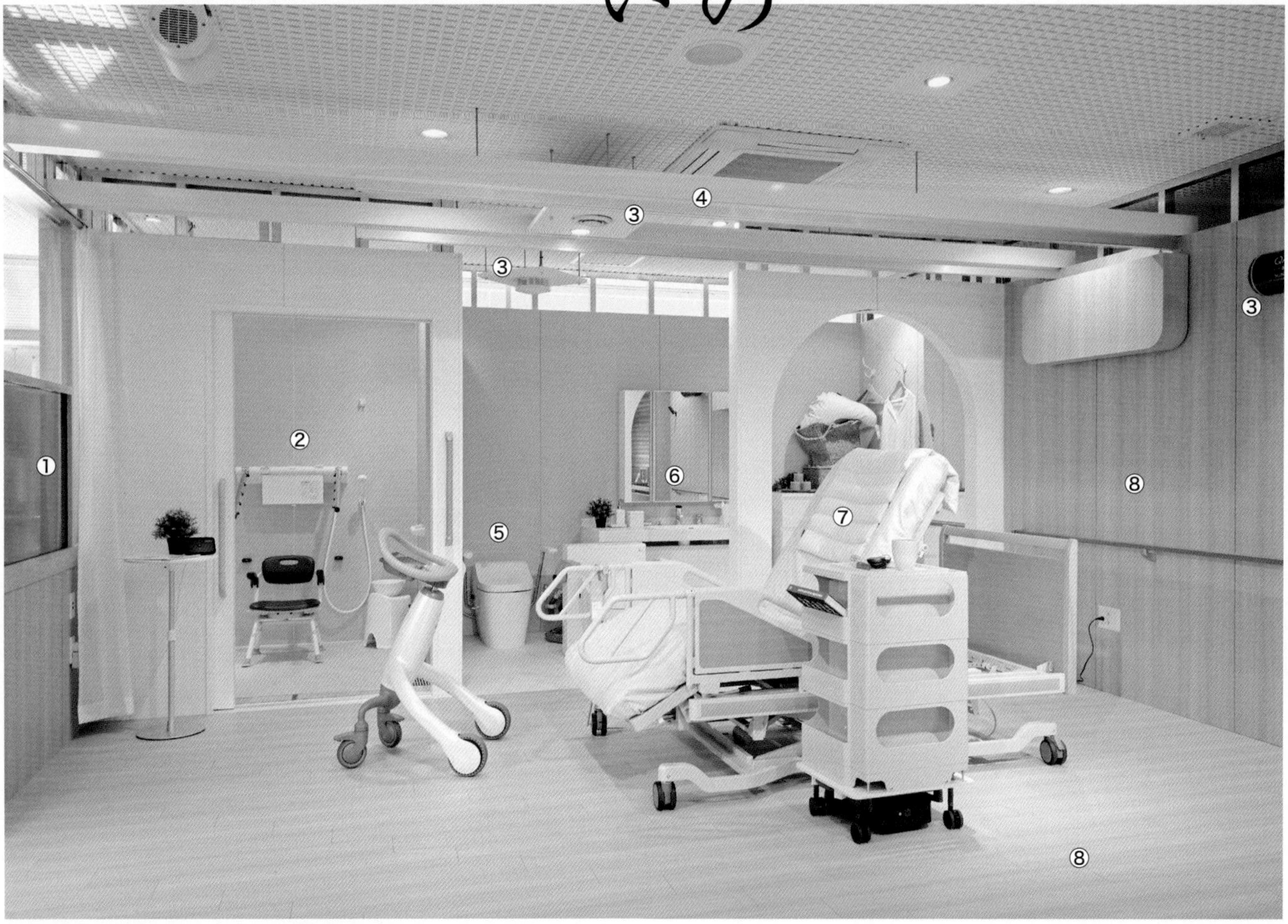

健康寿命が尽きても、ベッドを中心に自立した生活が送れるよう、部屋と住まいの機能を考えたコンセプトモデルルーム。広さはほぼ16帖だが、これまでの住宅とはまったく異なる間取りになっている

モデルルームを案内するファルマバレーセンター長の植田勝智氏。昨年、秋篠宮家の佳子内親王殿下が同所を視察された

①透明ディスプレイ

テレビは放送映像の受像装置からコミュニケーションの窓へ。オンラインで家族との対話、遠隔医療にも利用

②温浴シャワー

高機能アームとノズルで、ミストシャワーならではの快適感があり、温浴効果も十分。着座で安全も確保

③除菌脱臭空気清浄

気になる臭いをさりげなく消臭できるナノイー発生機と光触媒脱臭除菌システムを設置

④生活補助天井レール

天井走行レールを使って医療・介護に必要な道具箱を運ぶ。ここに移動リフトを装備することも可能

⑤見守りトイレ

お掃除などの負担を減らし、トイレの使用状況を家族がアプリで見守ることができる安心設計

⑥クリーン洗面台

洗面台には、手を触れずに水と明かりを操作できるタッチレス機能を装備

⑦立ち上がり補助ベッド

ベッドは寝る場、休む場から暮らしの場へ。立ち上がりを支援する可動機能を備えた最新ベッド

⑧感染症対策床・壁素材

抗ウイルス・抗菌・消臭・抗アレルギー機能を備えた床・壁素材は、新しい時代のスタンダード

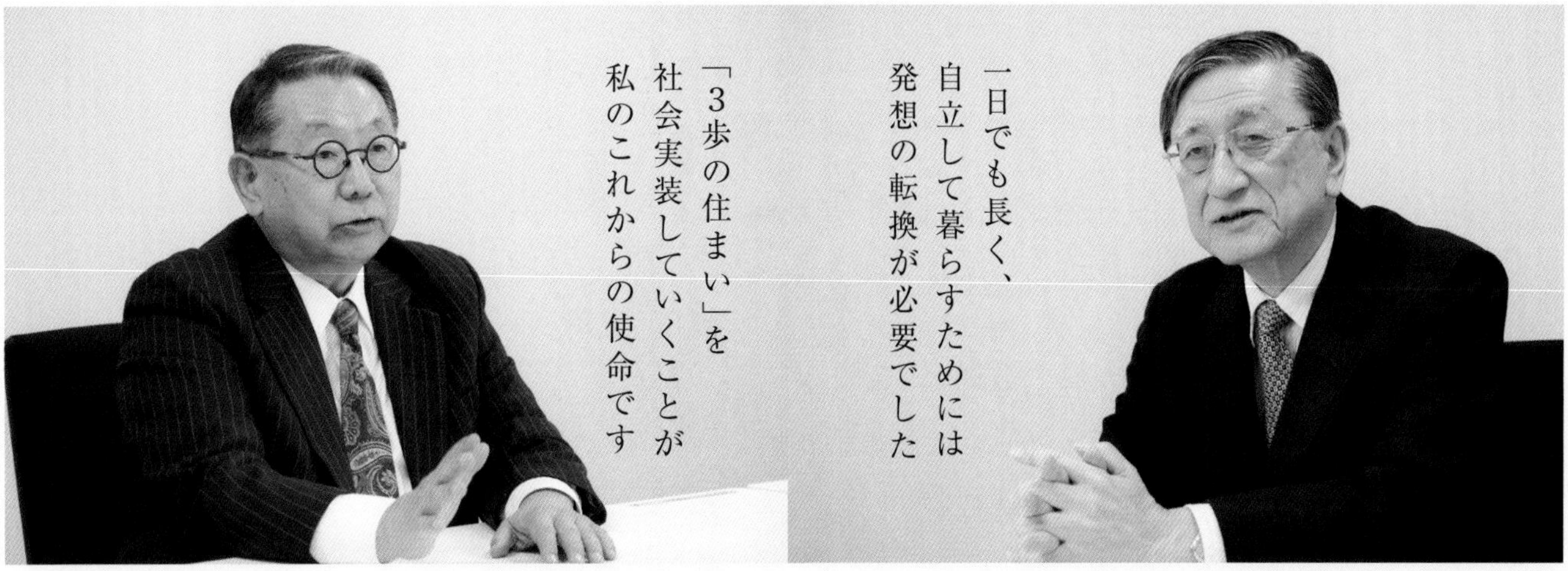
一日でも長く、
自立して暮らすためには
発想の転換が必要でした
「3歩の住まい」を
社会実装していくことが
私のこれからの使命です

山口 建 静岡県立静岡がんセンター名誉総長

慶應義塾大学医学部卒。国立がんセンター勤務（1999年に副所長）を経て、2002年、新設された静岡がんセンター初代総長に就任。公職として宮内庁御用掛を併任。2000年には高松宮妃癌（がん）研究基金学術賞を受賞。現在、静岡がんセンター名誉総長兼理事、慶應義塾大学客員教授を務める。厚生労働省がん対策推進協議会会長、内閣府ゲノム医療協議会構成員などを歴任。

山本 行俊 株式会社システム環境研究所 取締役相談役

医業経営コンサルタント。保健・医療・福祉の分野において、各種の建築物がより効果的、機能的、経済的に当初の目的を達成できるように、適切な調査、分析に基づくシステム設計を実施。さらに社会に貢献することを目的とするスペシャリスト。「自立のための3歩の住まい」には設計から携わり、社会実装化に向けて、国内外の企業に対し提案を行っている。

これからの高齢者の居室はどうあるべきか？

どんなに広く立派な家屋に住んでいても、年を重ねて、身体の自由がきかなくなれば、1室での生活が中心になります。「自立のための3歩の住まい」は、その1室に暮らしの機能を集約させたという点で、これまでの住宅とはまったくコンセプトが異なります。

特徴は大きく4つあります。

①居室中央に配置したベッドから、最短距離（3歩）でトイレや浴室にアプローチできること

②医療・介護に適した居室で、床、壁に感染症対策を施し、転倒した際のケガを防ぐ素材を用いたこと

③ロボット化、AI化により生活環境を整備し、今、必要なものが自動的に手元まで届くこと

④情報ツールを用いて、いつでも家族や社会とつながること

このモデルルームは、20年にわたる静岡がんセンターでの治療・ケアの経験が基になっています。

日本最多である年間1000名以上の最期の看取りを実践して分かったのは、がん患者さんを対象にしたケアは、健康寿命が尽きた高齢者のケアに類似しているということです。一般的には寝たきり状態になってから死に至るまで、約10年の期間がありますが、悪化したがん患者さんでは、それが1年未満に短縮されます。20年間で2万人を看取った経験が、健康寿命が尽きた高齢者や身体障がい者の自立支援のためのノウハウとなったのです。

中でも切実に感じたのは、「1日でも長く、自分の力で暮らしたい」と願う人の多さです。そこで、緩和ケアの病室をモデルにし、ベッドから3歩でトイレや浴室に行ける、「自立のための3歩の住まい」というコンセプトが生まれました。

あらかじめ終の棲家を組み込めば住宅の価値も上がる

これから健康住宅を建てようと考えている皆さんにお伝えしたいのは、「自分たちも100歳以上生きる」前提で、家づくりをした方がいいということ。ある研究では、2007年生まれの日本の子どもたちの半数は107歳以上まで生きると推計されています。つまり、「健康な家族の家」という視点のほかに、「老いを歩む私と伴侶」という見方をプラスし、居室を考えてみてほしいのです。

医療の観点から見ても、「3歩の住まい」のように、自立のための機能が集約された部屋をあらかじめ組み込んでおくと安心です。もちろん、すぐに使うわけではありません。しかし、壁を取り払えばトイレとベッドを近づけることができる、水回りの工事をしやすくしておく、天井を補強しておくなど、可変性を持たせておけば、簡単なリフォームにより、健康寿命が尽きた後も、心豊かな生活が望めます。

また、将来的にその家を売る場合でも、「終の棲家になる部屋がある」ことで、資産価値は上がるでしょう。もともと健康になるようにつくった家に、自立支援のための部屋が付いているとなれば、購入ニーズも高まるのではないでしょうか。

「自立」とは、それほど重みのある言葉です。住居もまた、単なる建築物ではなく、そこに住む人の心の表れでもあります。私たちも、社会実装化に向けて、これからも広報と研究を進めていくつもりです。

ファルマモデルルーム

〒411-0934
静岡県駿東郡長泉町下長窪1002-1
静岡県医療健康産業研究開発センター1階
☎055-980-6333
http://www.fuji-pvc.jp/pharmamodelrooms/

「安心」「快適」「安全」
1ミリも嘘の無い家づくり

0宣言を取り入れた住まい

住医学研究会

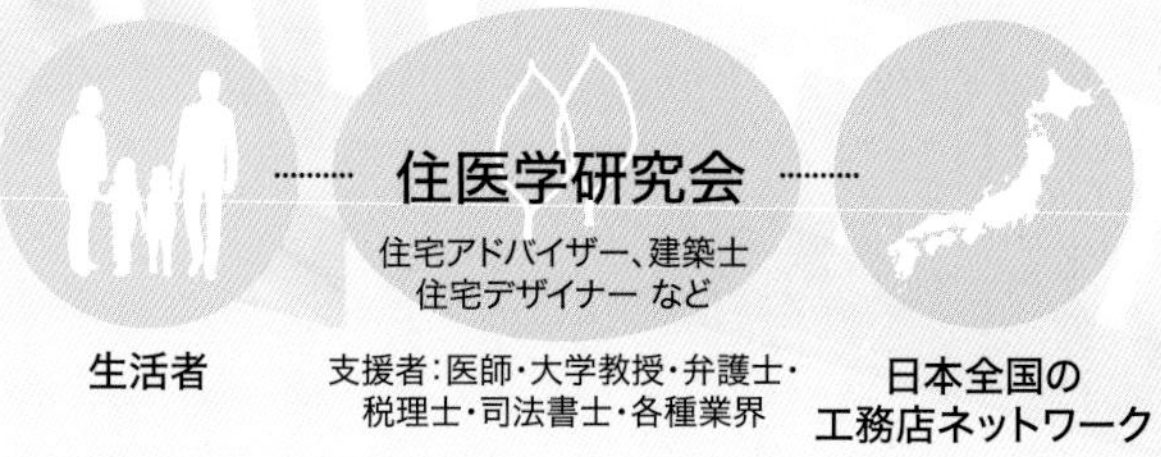

第三者機関「住医学研究会」は、マイホームづくりにおいて、「住まいの総合相談室」として、「これから家を建てたい方」「現状の住まいに満足されていない方」「建て替えやリフォームを考えている方」など、住まいに関する疑問や課題に対して、あらゆる側面からサポートします。また理想の住まいの実現に向けて、志を共にし、かつ確かな技術力を有する全国各地域の優良工務店も推薦します。

https://www.zero-sengen.com/

0120-201-239

0宣言の家

医師が薦める本物の健康住宅「0宣言の家」とは、永く・安心して・健康で・快適に暮らせる家のこと。住めば住むほどよくなって家族が幸せに暮らせる家でもあります。そして、健康を害する材料や短期間で劣化する材料を排除した家づくりです。念願のマイホームを手に入れた、11軒の新築のお施主様と2軒のリフォームのお施主様を訪問しました。

健康に害を及ぼしたり長持ちしない建材は極力使用しない家づくり

たとえ国が安全であると認めたものでも、
少しでも人の健康をおびやかしたり長持ちしない建材は極力使わずに建てる家が「0宣言の家」。
早く簡単に組み立てることができる資材で住宅の大量生産を得意とする大手ハウスメーカーの方式が
主流の住宅業界とは逆行する家づくりだが、「本当にいい家を建てたい」という熱い思いがその支えになっている。

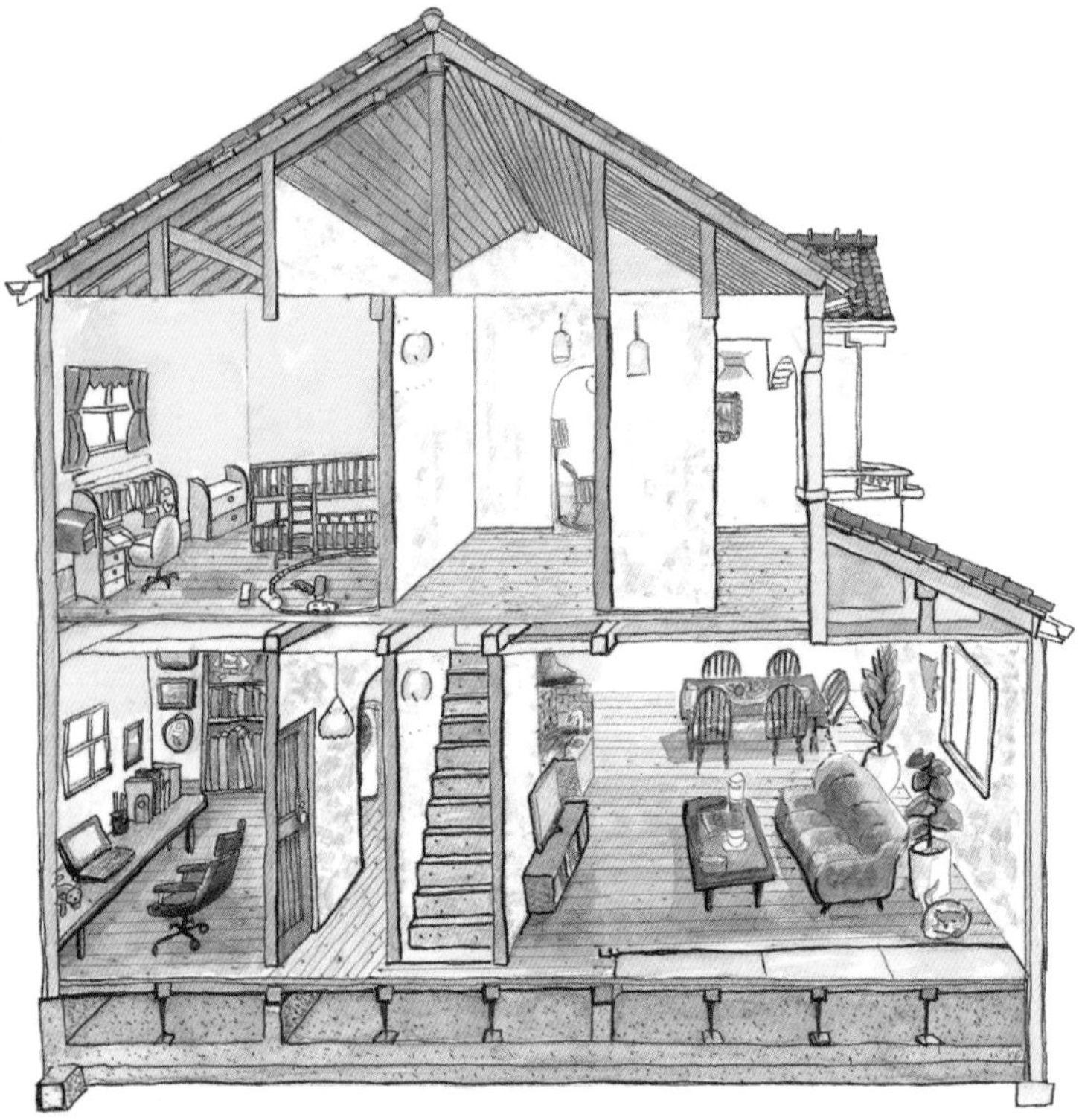

「0宣言」の家

合板ゼロ　集成材ゼロ
サイディングゼロ　ビニールクロスゼロ
木工ボンドゼロ　IHヒーターゼロ
防虫畳ゼロ　化繊カーテンゼロ
化粧合板ドアゼロ　防虫防腐剤ゼロ
シロアリ駆除剤ゼロ　グラスウールゼロ

健康的で快適に暮らせる長持ちする家を実現

戦後、大量に住宅が必要とされた頃は、何よりも「迅速に家を建てること」が優先され、早く簡単に組み立てられる資材は重宝された。例えばビニールクロスや化粧合板、集成材などがそれであり、現在の大手ハウスメーカーでも当たり前のように使われている。

しかし、これらは経年劣化の激しい工業化製品がほとんどで、高気密・高断熱とうたわれる室内空間はまるでビニールハウス。この密閉された室内で資材から化学物質が放出されることで、シックハウス症候群など健康への悪影響が問題視されるようになってきた。

「0宣言の家」では、こうした大量生産住宅における問題を解決し、耐久性・自然素材・健康にこだわった家づくりを実践。工業化製品資材など長持ちしない建材のほか、電磁波を放出するＩＨヒーターや化学染料・防カビ剤が使われている防虫畳など、健康に悪影響を及ぼすものなどを徹底排除。

天然無垢材に囲まれ、木の香りとすがすがしい空気に癒やされる「0宣言の家」の気持ちよさは格別。クアトロ断熱による調湿効果で体感温度が一定に保たれ、夏は涼しく冬は暖かく過ごせる家は、快適性はもちろん、大切な家の長寿命化も叶えてくれる。さらに、今、注目を集めているテラヘルツ波を住宅設備に用いることで、身体の抗酸化作用が高まり、細胞を元気にする。そこに暮らす人の元気や若々しさを引き出し、心身ともに健やかな暮らしを実現してくれるはずだ。

安心建材

構造材

ベニヤ板や集成材は一切不使用。国産の杉やヒノキなどの無垢材を、土台や柱、横架材などで使い分け、地震に強い構造を実現。耐久性の高い家づくりを行う。

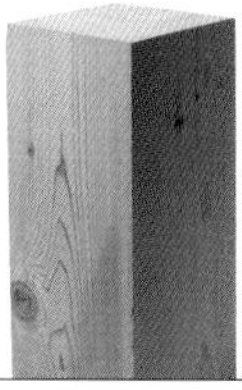

純国産の畳

安価な防虫畳や化学製品の畳ではなく、生産者の顔が見える安全ない草だけを使って作る天然100%の畳表のみを使用。

無垢の建具・ドア

木目調などをプリントした化粧合板ドアや、有害物質を含む接着剤を使ったドアなどが多いなか、無垢の木を安全な健康のりで圧着したオリジナルドアや建具を使用。塗料もすべて自然由来。

フローリング
（無垢）

床や天井にはすべて無垢材を使用。パイン、ウォールナット、低温乾燥させた「愛工房の杉」など自然の色目が美しく、年月とともに飴色に変わる無垢材は調湿性にも優れ、木の香りや優しい肌触りが魅力。

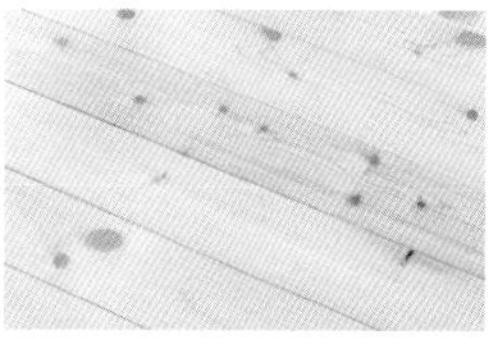

下地材
（愛工房の杉）

45℃という低温で木材をじっくり均一に乾燥させることで防腐効果のある精油成分が全体に行き渡り、水分を再吸収しないため加工後の変形が出ない木材を屋根の下地材に採用。これが家を長持ちさせる最大の秘訣。

クアトロ断熱

内壁
（スペイン漆喰壁）

壁の仕上げには漆喰や珪藻土が使われることが増えてきたが、割れにくくするためつなぎ材として樹脂が混入されることが多く、実は5%程度混入されると調湿機能はほぼゼロ。「0宣言の家」では空気層が多く、より多孔質で高い断熱・透湿効果をもつ100%自然素材のスペイン漆喰のみを使用。

外壁
（遮熱塗り壁材:セレクト・リフレックス）

日射反射率72%以上の反射性能で、外壁の表面温度を約20〜30℃削減する塗り壁材。強アルカリ性のライムストーン（石灰岩）を骨材に使い、酸化鉄成分を含まないため酸化による変色や色素沈着も起きない。ホウ酸の使用で安全性も高く、防カビ防藻効果が長期にわたって有効なのも特徴。

外断熱材
（EPSボード:ネオポール）

内部結露を防ぎ、地震の揺れにも強いため住宅を長持ちさせる発泡プラスチック系断熱材のEPSボード。特殊なカーボンを練り込むことで断熱に加え遮熱性能まで加えたネオポールは、冷房費が通常より40%少なく済み、原材料が通常のEPSボードの半分で済むため、エネルギーの節約にも貢献。

内断熱材
（InCide PC《インサイドピーシー》 セルローズファイバー ）

アメリカの新聞古紙（100%大豆インク）を原料にしたエコ商品で、壁に高密度で隙間なく充填するため高い断熱性・防音性がある。また、InCide PCはEPA（米国環境保護庁）によって安全性が認可されている唯一の断熱材。「ボロン＃10」という特殊なホウ酸を使用しており、私たちが普段口にする食塩の致死量の約6.6倍も安全であることが証明されている。

自然素材

健康のり

健康を増幅させ、自然治癒力を発揮できるテラヘルツ加工の技術を応用して作られた接着剤や「にかわのり」など、有害物質を発散することなく、安心して使えるものを使用。

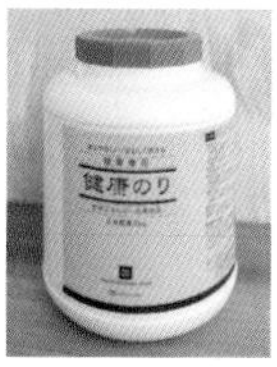

自然素材のワックス

床の仕上げなどに使うワックスも、何より安全性を重視して選択。化学物質を含まない、自然由来のものにこだわり、呼吸することで調湿する無垢材の特性を損なうことのない塗料のみを使っている。

樹脂サッシ

アルミサッシに比べて約4倍の断熱性能をもち、夏は涼しく冬は暖かく室内温度を保つ樹脂サッシ。カビやダニの発生原因にもなる結露の発生を軽減し、高い断熱性と遮熱性で冷暖房コストやCO_2も削減。

スペイン漆喰
（モルセムダーP）

漆喰は古来より住まいに使われ続けてきた左官材。調湿性に優れ、結露・カビ・ダニを防ぎ、脱臭効果もあるため、室内の壁には自然素材100%のスペイン漆喰を採用。コテムラが醸し出す優しい風合いも魅力。

屋根材
（プロヴァンススタイル・素焼きのS瓦）

耐久性、断熱性、遮音性に優れた本物の陶器瓦は、その立体的なフォルムも相まって塗り壁とも好相性。1100℃もの高温でしっかり焼き上げた本物の素焼き瓦は、年月とともに風合いを増し、耐久性も非常に高いため、雨風から確実に家を守ってくれる。

※各建材や商材の仕様などは、予告なく変更する場合がございます。

【遮・断・蓄】熱と【調・透】湿の最高バランスを実現したクアトロ（4層）断熱工法

トリプル断熱がさらに進化し、ついにクアトロ（4層）断熱に。これまでの室内の快適さの常識を大きく変える断熱工法となりそうだ。
「呼吸する壁」に透湿性が加わったことにより、さらに調湿効果がアップ。
これで冬の暖かさはもちろん、夏もエアコンに頼らない涼しさを実感できる。

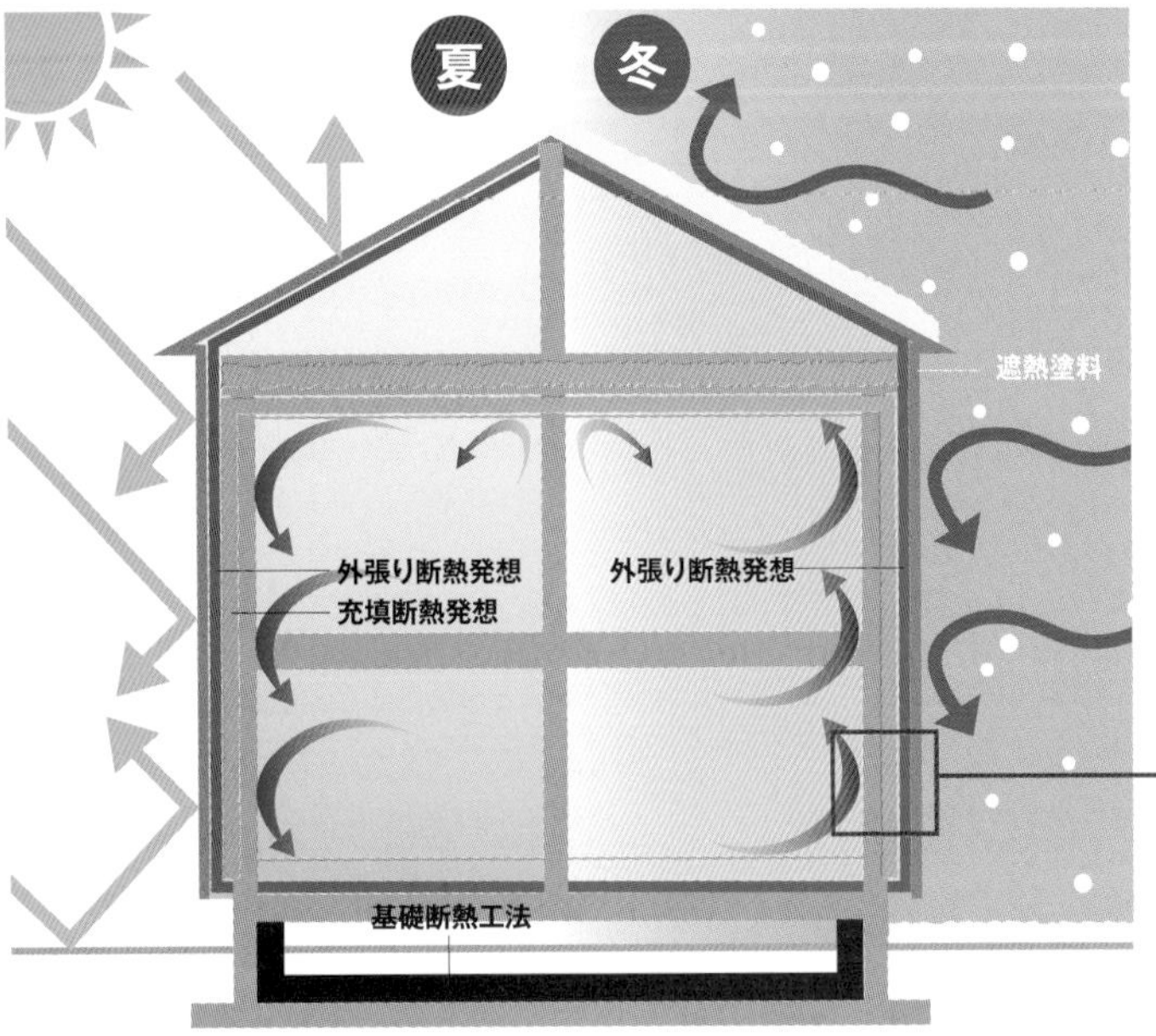

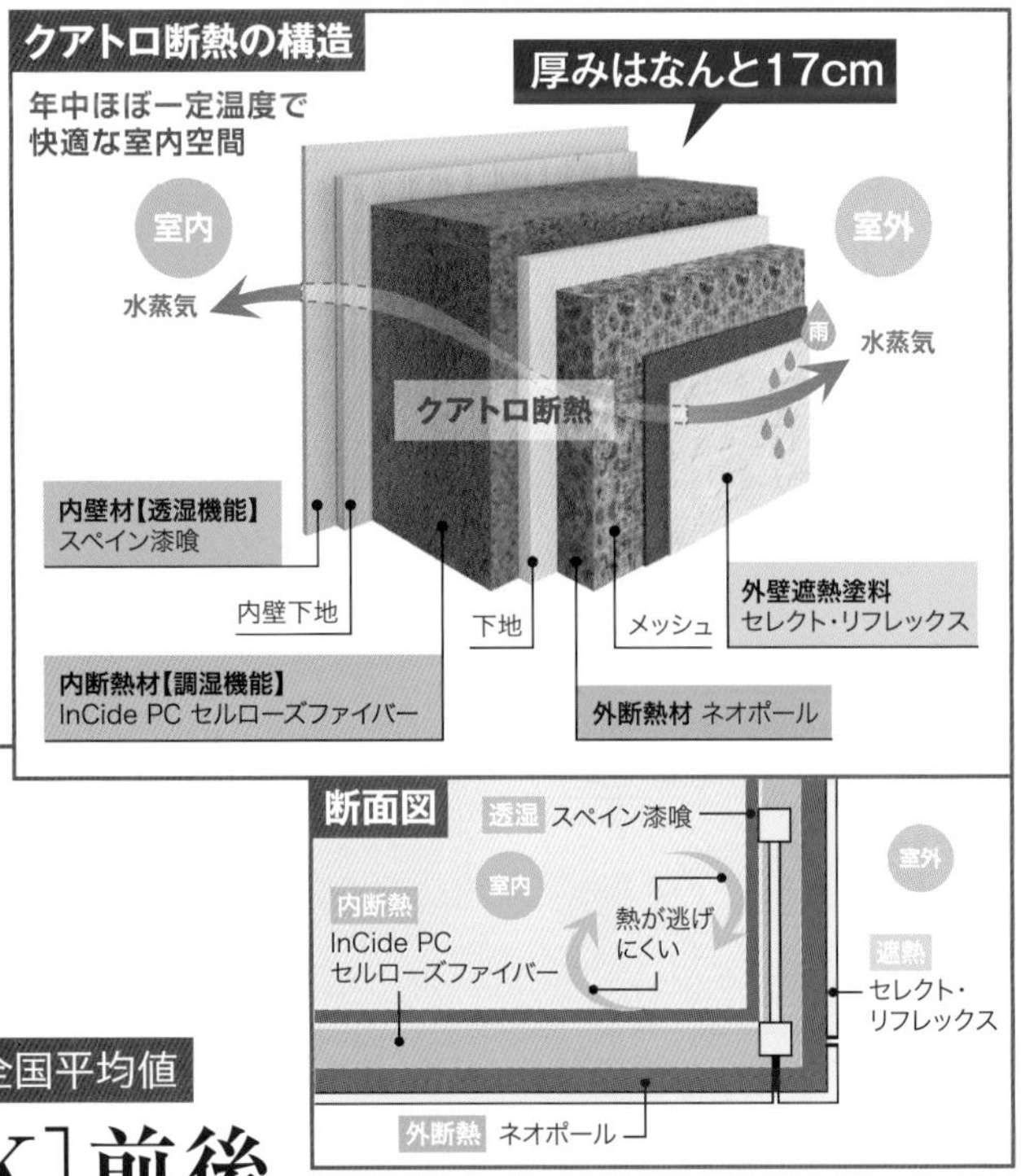

Ua値0.5［w/㎡K］前後 「0宣言の家」全国平均値

※Ua値（外皮平均熱貫流率）…建物内部から外部へ逃げる単位時間当たりの熱量を外皮等（外壁・屋根・天井・床・窓など）面積の合計で割った、断熱性能を表す数値。

日本は、高温多湿の気候でありながら室内の湿度調整をエアコンなどの機械に任せることが当たり前になっている。しかし、無垢材やセルローズファイバー、漆喰といった優れた調湿性をもつ自然の建材にできる限り任せようというのが、クアトロ断熱の考え方だ。

大事なのは、外からの熱や雨の侵入は止めても、水分（湿度）の出入りは邪魔しない素材を使用すること。ところが、今の住宅は、それをビニールで止めてしまっているから、調湿が効かず夏暑く、冬寒いのだ。それで結局、機械に頼ることになってしまう。そればかりか、壁内にたまった水分により、結露やカビが発生し、家の寿命を短くする原因をつくってしまうという悪循環を起こしている。

これに対して、「0宣言の家」では、従来の内断熱材（セルローズファイバー）、透湿性のある外断熱材パネル（ネオポール）、不純物ゼロの遮熱塗料（セレクト・リフレックス）に加え、内装仕上げ材に調湿性と透湿性を併せ持ったスペイン漆喰（モルセムダーP）や無垢材を使用することにより、【遮熱】【断熱】【調湿】【透湿】の4つの性能を兼ね備えたクアトロ断熱工法を今後の標準仕様とした。

その結果、Ua値の全国平均は平成25年省エネルギー基準で制定された寒冷地（1、2地域）の基準「0.46」に匹敵する「0.5」前後に。湿度は冬の室内で平均2%高く、夏は3%ほど低くなり、快適な空間を実現。トリプル断熱に輪をかけたハイレベルな断熱工法によって、さらに「機械に頼らない家」に進化した。

写真右側。青色に近づくほど表面温度の上昇が少なくないことを示す

一般塗り壁　　クアトロ断熱

赤外線ランプによる遮熱、断熱実験

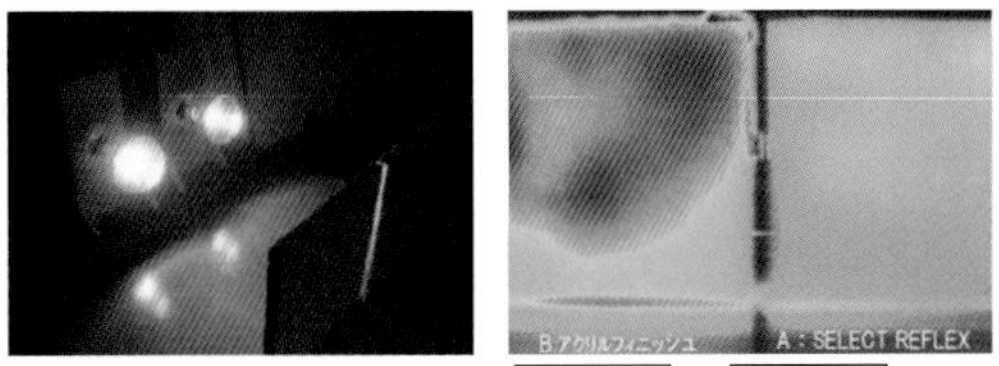

EPS断熱材側表面温度
照射時間1時間

36.0℃

29.6℃

EPS断熱材4号品（ア）20mm＋
アクリルフィニッシュコート片面コテ塗り

EPS断熱材4号品（ア）20mm＋
セレクト・リフレックス 片面コテ塗り

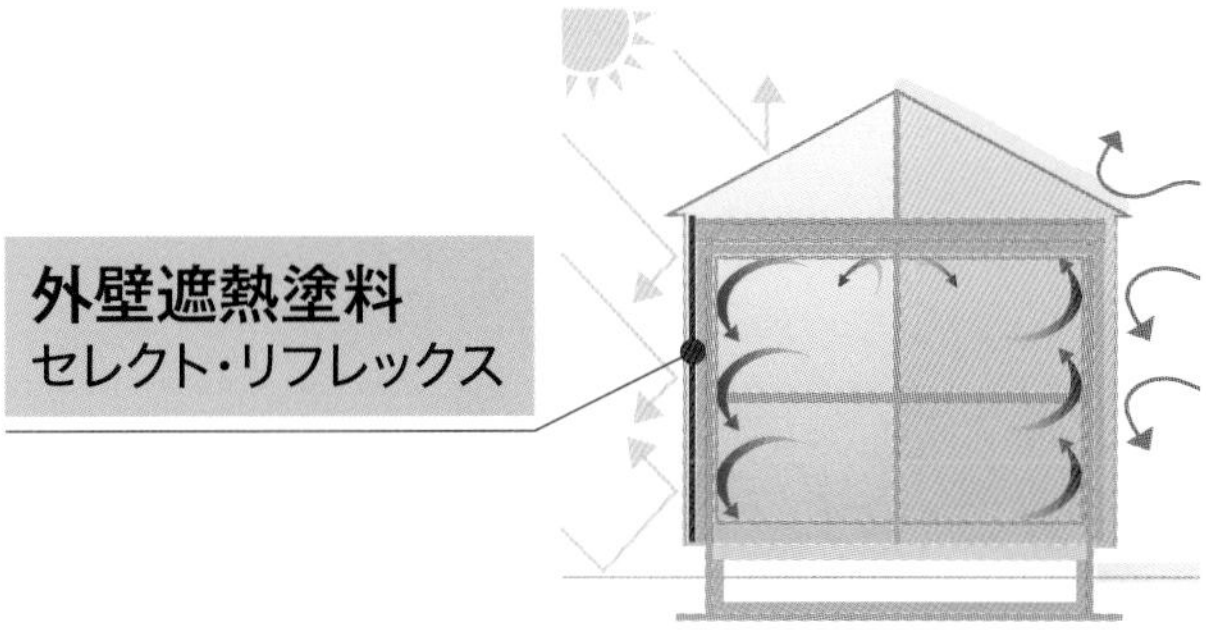

遮熱

日射反射率72％の遮熱材

セレクト・リフレックス

太陽光による赤外線や紫外線は、室内の温熱環境に大きな影響を与え、一般的な外壁は真夏だと約60℃にまで温度が上がる。しかし、太陽熱を反射して壁に熱を伝えない塗り壁材「セレクト・リフレックス」を使うと、外壁の温度は30℃程度までしか上がらず、室内を快適な温度に保ってくれるため、冷房費の削減にも効果的。柔軟性があるため割れたり剥がれ落ちたりしにくく、屋内の湿気を外へ排出する透湿性も併せ持つ。材料として使われるライムストーンはアルカリ性のため、汚れが付いても雨風で自然ときれいに。さらに耐火性にも優れ、ヘアークラックもほとんど入らず、高い接着力と耐久性も兼ね備えている。

断熱パネルにネットを貼って一体化。だから地震にも強い！

外壁材としての仕上げは複数工程に及ぶ。まずネオポールの上にナノ単位の粒子状の液体を加えた特殊なモルタルを下塗りし、その上に割れ防止のネットを貼り、全体を一体化。さらに特殊モルタルをネットが薄く隠れる状態まで塗り、遮熱塗料を上塗りして最終仕上げとなる

ネオポールの大きな特徴は、自由自在に曲げられる柔軟性。表面にナノ単位の粒子を含むモルタルを薄く塗ることで、両手で強く曲げても折れる心配がない。この性質により、地震の揺れに強い住宅を生むことができる

外壁全体を特殊なネットで覆うため、地震など揺れに対する強度が高く、塗り壁に起こりやすいひび割れを防止する役目も果たす

※各建材や商材の仕様などは、予告なく変更する場合がございます。

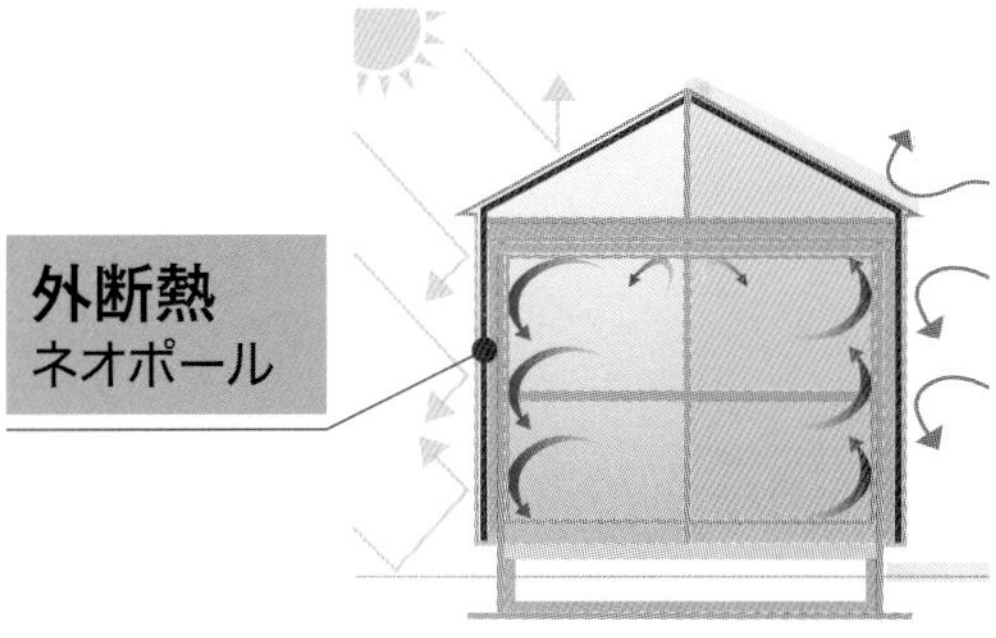

断熱

ドイツ生まれの高断熱材

ネオポール

外断熱材「ネオポール」は、ドイツ生まれの高断熱材のＥＰＳ（ビーズ法ポリスチレンフォーム）ボード。弾性に優れ、塗り壁のクラック（ひび割れ）や剥離を防ぎ、軽いため建物への負担がかからずメンテナンスが楽。建物を外気から遮断する外断熱は室内温度をほぼ一定に保つ役割を果たし、冷暖房のコストを削減。一般的に高価なイメージのある外断熱乾式工法に比べ、軽量で作業効率が高く、低コストである上に性能が高いのも特徴だ。また、パネル自体が自己消火性を持ち、国土交通省の防火構造30分認定を取得。代替フロンなどを使う断熱材に比べ、環境保全にも配慮した安全性の高い断熱材といえる。

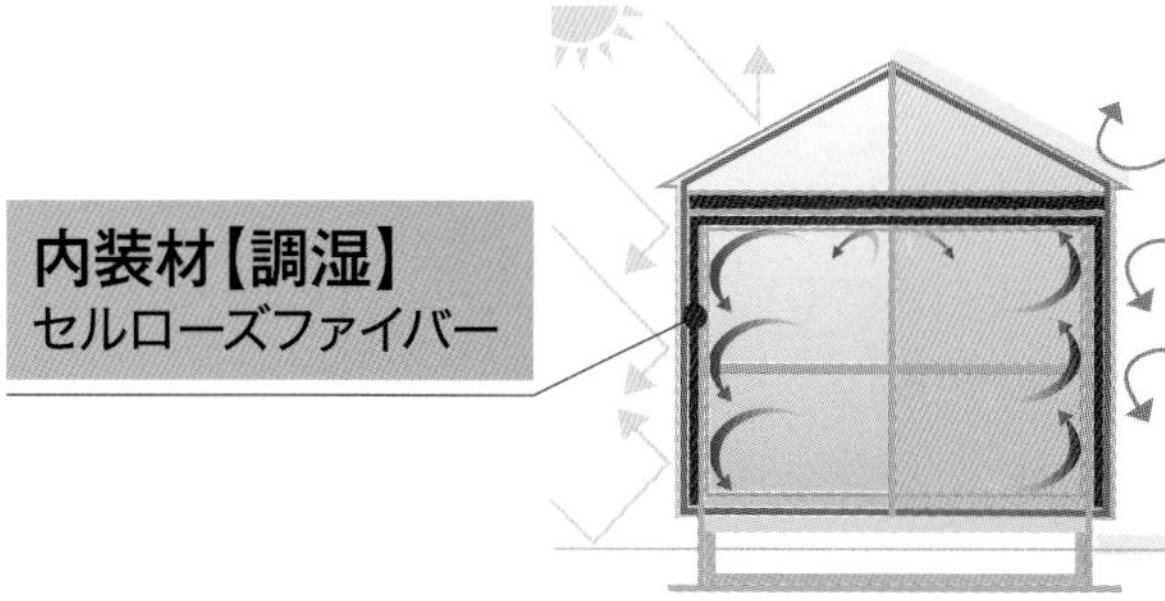

調湿

調湿する内断熱材

InCide PC《インサイドピーシー》
セルローズファイバー

「InCide PCセルローズファイバー」は、100%大豆インクを使用したアメリカの新聞古紙で作られた断熱材。その断熱性能はグラスウールに比べて約4割も優れている。また、調湿作用を持ち快適な湿度を保ってくれるため、高温多湿な日本の気候に最適で、住環境の劣化につながる内部結露も防いでくれる。難燃剤として添加されるホウ酸には「ボロン#10」という特殊なものを含有率23%も使用しており、より高い効果を得られ、同時にゴキブリやシロアリなどの害虫から家を守る防虫・防カビ効果も高いのが特徴。害虫駆除試験において、99.7%ものゴキブリ駆除という高い結果数値にて証明を得ている。

高い吸放湿性で快適な湿度を維持

靴が濡れたとき、新聞紙を靴の中に入れて水分を吸わせるように、木質繊維には吸放湿性があり、周囲の状態に応じて水分を吸ったり吐いたりしている。このように、生きている木質繊維ならではの調湿効果で常に室内を快適な湿度に保ち、同時に結露を防止する効果がある。

工事専門業者が着実に施工

セルローズファイバーの吹き込み工事は専門業者が担当。この断熱工事には慎重さと完璧主義的な繊細さが求められるからであり、施工の間、他の工事は一切止まる。今まで壁内に結露を発生させた事例はゼロ。

グラスウールは一切不使用

日本の住宅寿命が短い原因の一つが断熱材の施工不良による内部結露。低価格がメリットのグラスウールは、間違った施工により内部結露を起こすことが多い。充填率や密度の低さから断熱効果が薄いのも欠点。

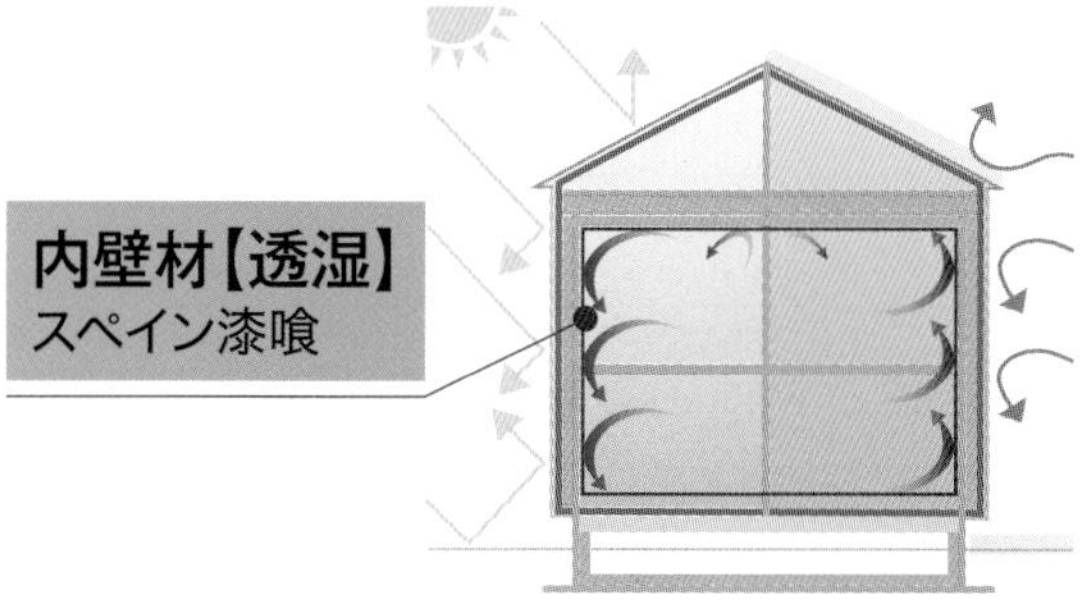

透湿

いい家は調湿する家、呼吸する家

スペイン漆喰
（モルセムダーP）

スペイン漆喰は日本の気候風土に適した塗り壁材。「呼吸する壁」と呼ばれるほど吸放湿性能が非常に高く、一般の漆喰に比べて+50%という検査結果も。固化材として一般的に使われている樹脂やセメント、石灰などを一切含まないため環境に優しく、漆喰本来の機能を100%発揮。調湿機能も抜群だ。結露やカビ・ダニを防ぐことでアトピー対策にもつながる。また、無数の気孔が空気の層となり、外気温に影響されにくい室内環境を実現。シックハウスの原因となる化学物質を含まず、室内の有害物質を吸着する効果もあり、1㎜に満たない人工的な塗り壁と、しっかり塗り厚のあるスペイン漆喰との違いも歴然。

体の抗酸化力を高める「テラヘルツ波」を家づくりに生かす技術

体の抗酸化力を高めると言われている「テラヘルツ波」は、医療現場での活用に向けての研究も進んでいる、今注目のエネルギーだ。
テラヘルツ波の効果を持つ商品が開発され、私たちの家づくりにも生かせるようになった。
そんなテラヘルツ加工技術について、さらに詳しく知っておこう。

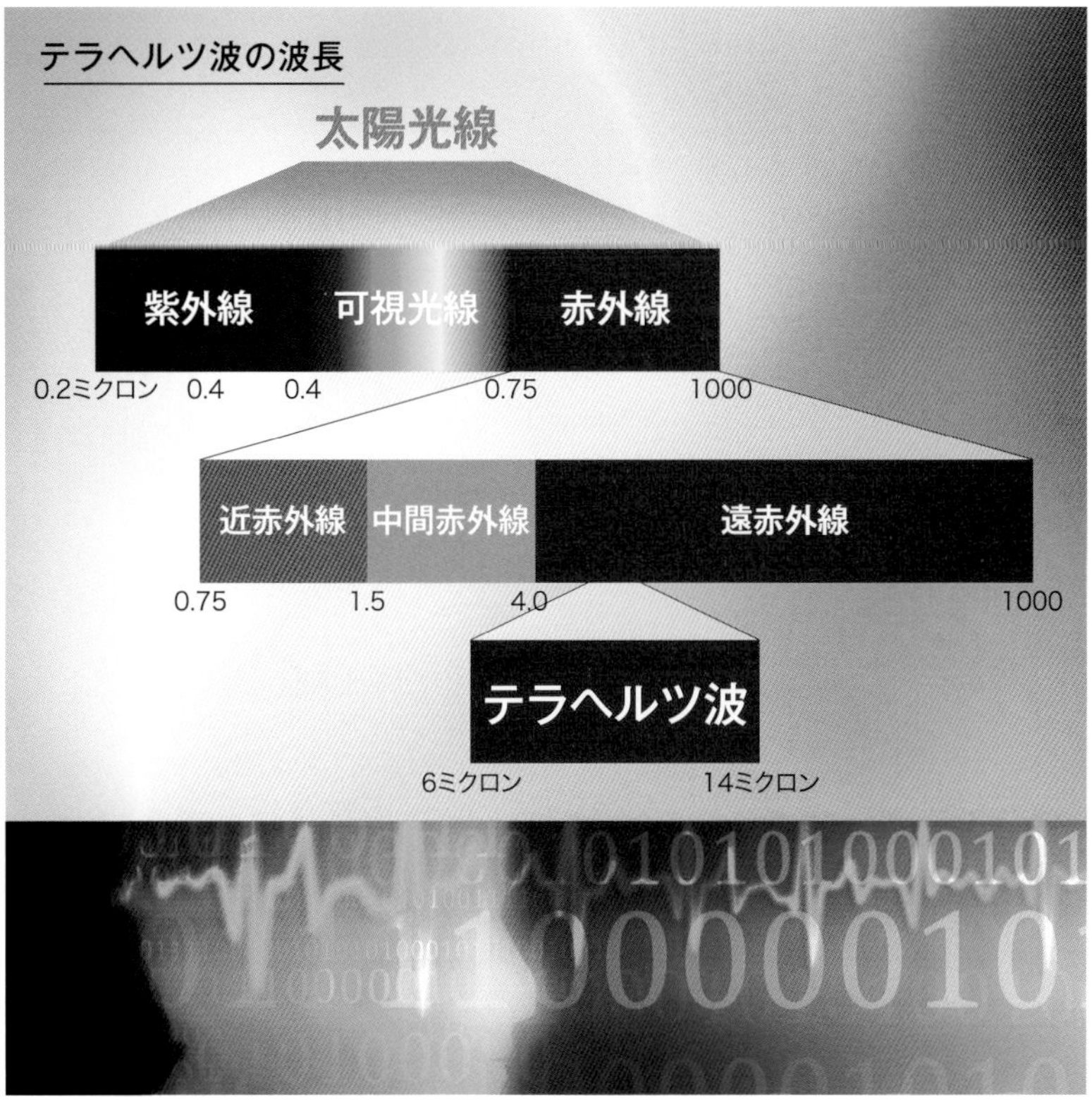

テラヘルツ加工商品

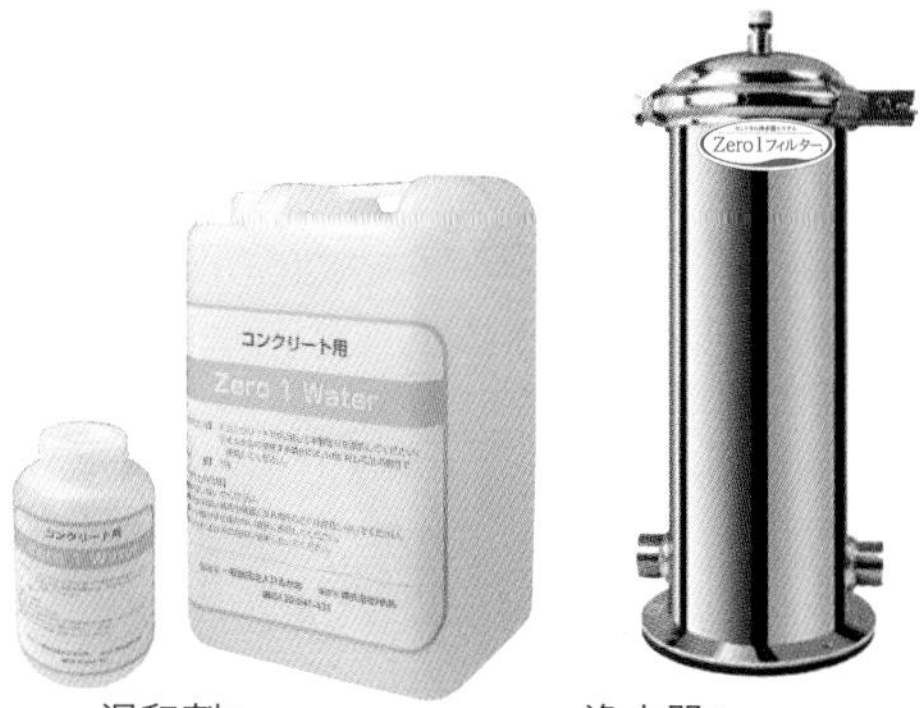

混和剤：
Zero 1 Water ®

浄水器：
Zreo 1 フィルター ®

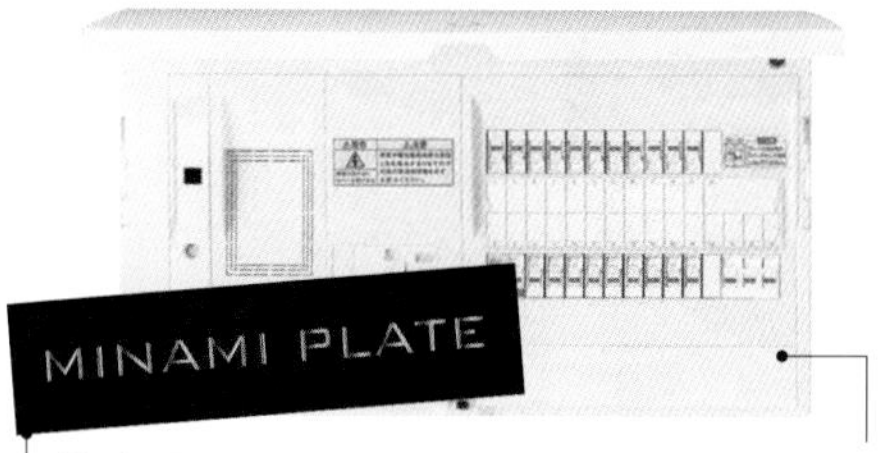

特殊プレート
「MINAMI PLATE」

テラヘルツ変換する分電盤：
MINAMI ®

※画像はイメージです

みなさんは「テラヘルツ波」という、地球の自然が発振している電磁波の一つをご存知だろうか。

テラヘルツ波は「生命振動波」とも呼ばれ、自然だけでなく私たち人間の細胞も絶え間なくテラヘルツ波を発振している。100ギガヘルツ（1000億ヘルツ）～100テラヘルツ（100兆ヘルツ）の振動数を有する電磁波で、電波と光波の両方を有する波。人体に有効に作用されると言われている遠赤外線の波長は4～1000ミクロン、テラヘルツ波の波長は6～14ミクロンとされており、この波長が身体にいいとされている。

血行が悪く肩こりや腰痛、または疲れを感じた時、テラヘルツ波を照射することで抗酸化力が高まり、弱った細胞が元気になるともいわれ、医療の現場で活用するための研究も進んでいるのだ。

医療現場以外でも、その効果を日常で得ようと、強力なテラヘルツ波を照射する「テラヘルツ加工技術」によってさまざまな商品が生み出されている。

その一つが有害電磁波をテラヘルツ変換する分電盤だ。体に悪影響を及ぼす有害電磁波を、分電盤を通すことにより良いものへと変化させる。この分電盤を通した明かりを被験者に当て、脳波測定試験を行ったところ、緊張感が緩和され、リラックス効果があることが判明した。

生活のあらゆる場面で、テラヘルツ波の効果が得られ、より生き生きと安心して毎日を過ごせることを期待できる。

※各建材や商材の仕様などは、予告なく変更する場合がございます。

電磁波を悪いものから良いものへ

テラヘルツ変換する分電盤：MINAMI®

家の中にいると、イライラする、身体がだるい、落ち着かない、そんな経験はないだろうか。
その原因は、電磁波の影響もあると考えられている。
住医学研究会が対処法として推奨する「電気質を変える」という新しい取り組みを紹介しよう。

一般的な電磁波対策は・・・

対象物から離れる
簡単な電磁波対策は、電磁波の対象物から離れること。

アースをする
電場（電磁波の要素の一つ）を抑制することで余分な電気を逃し、感電防止などの役割を果たす。

アースだけでは、健康改善にならない・・・

電磁波の対象物から離れたりアースをすることは、電磁波を軽減してはくれるが、電磁波から受ける影響をゼロにはできない。そのため根本的な健康改善へとはつながらないと考えられる。

住医学研究会が推奨する電磁波対策の一つは・・・ 電気質を変える！

身体に悪い影響を与えると考えられる電磁波を軽減するのではなく、悪いものから良いものへ変えるという新しい取り組み。

テラヘルツ変換する分電盤：MINAMI®

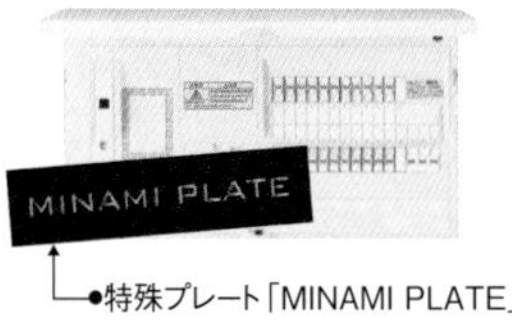

●特殊プレート「MINAMI PLATE」

外から入ってくる電気をテラヘルツ波に変換するよう特殊プレート「MINAMI PLATE」を装着した分電盤：MINAMI®。電気を供給する分電盤から改善することで、その電気につないだ電子機器や家電にも同じ効果が表れて、家中を良い電気に変えることができる。

※画像はイメージです

私たちは、朝起きてから夜寝るまでスマートフォンを操作し、こぞって電気自動車に乗り、食事はIHヒーターを使用して調理する——。そんな、常に電化製品の欠かせない生活を送っている。しかし、それらからは悪い電磁波が放射されているのをご存知だろうか。

例えば、健常者であっても、大量の電磁波を一気に浴びると体が極端に酸化してしまう。それが原因で痛風を発症したり、ガンを発症したり、リウマチになるなど、その人の免疫が弱い部分に悪い影響を与えることが多くあるのだ。また、"子どもへの影響"も問題だ。例えば、若年性の白血病を発症する確率が急激に高まるという。健常者でもガンの発症確率が上昇。WHOの発表でも"ガンの発生要因"として電磁波が大きな要素であると公表されている。中でも最も危険な電化製品と言えるのは「IHヒーター」と「LEDライト」だ。どちらも身近なものであり、以前からさまざまな危険性が提唱されてきたが、未だ根本的な解決には至っていない。例えば、IHヒーターは"電磁波の放射"という点では以前より改善していると言えるが、調理物を酸化させることは改善できていない。IHヒーターと聞くと調理をしている人が影響を受けると思いがちだが、実は家族全員が調理後に酸化した食べ物から影響を受けているのだ。酸化したものを食べると身体は酸化し、老化が進み、徐々に太っていき、肥満や病気の原因にもなる。

また、LEDはと言うと、一般論では副交感神経を刺激すると言われており、不眠の原因になることが危惧されている。通常のLEDではβ波が非常に高くなってしまい、脳が緊張状態を感じている。これでは学習や創作活動に適しているとは言えず、たとえ手元が明るくなり、電気代が安くなったとしても、子どもの勉強効率を上げることには一切つながらない。それどころか、脳に過度な緊張を与えてしまい、勉強の妨げをしていると言っても過言ではないのだ。

これまでの電磁波対策は電磁波を軽減する方法が取られてきたが、上記のIHヒーターやLEDが身体にもたらす悪影響は電気そのものに問題がある。そこで、家庭の電気を供給する元から改善することに着目して開発されたのが、テラヘルツ加工技術を用いて電気をテラヘルツ化する分電盤だ。電磁波の質を変えるという新しい考え方を持った電磁波対策とはどのような効果をもたらすのだろうか。

見えないところからの本質的な改善が健康につながる

テラヘルツ変換する分電盤:MINAMI®は電気の供給元である分電盤で電気を改善することで、家中の電気の質を一挙に高めてくれる。
例えば、照明から受ける影響として、緊張感が和らぎリラックス度が上がったり、アンチエイジング対策になる抗酸化力が上がるといった効果が、実験結果からも証明されているのだ。

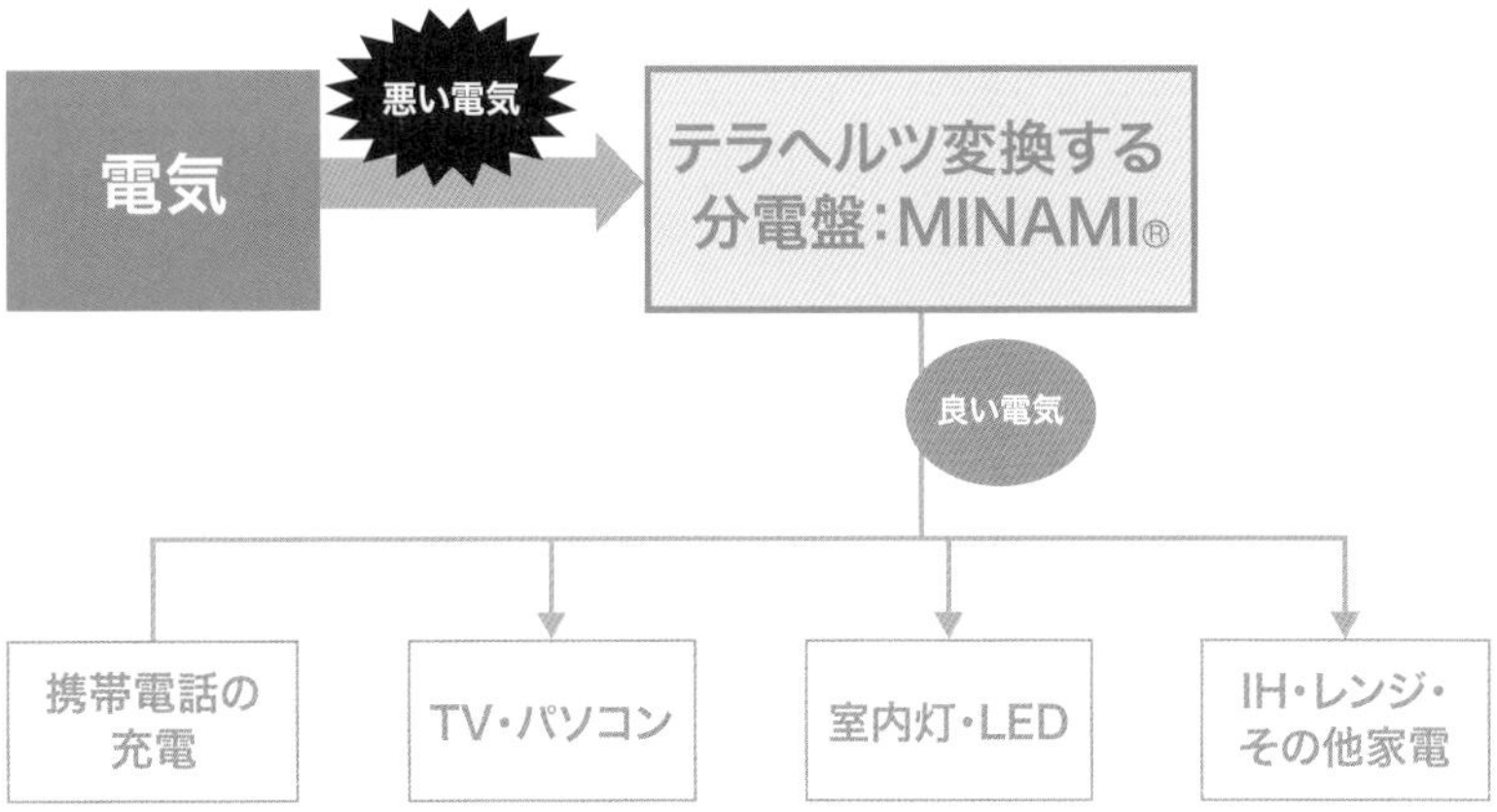

テラヘルツ変換する分電盤:MINAMI®を数値で証明

脳波測定試験

		α波	β波
LED照明	照射前	10.0	88.3
テラヘルツ変換する分電盤:MINAMI®+LED照明	照射15分後	38.3	61.7

(単位:%)

緊張が和らぎリラックス度UP!

健常な成人女性(58歳)を被験者とし、20分間安静状態を保った後、使用前の1分間の脳波を測定
ついで、テラヘルツ変換する分電盤:MINAMI®にLED照明をセットし、15分間頭部に照射直後に1分間脳波を測定

α波
心身ともにリラックスした状態の時に発する。心身の健康に良い影響を及ぼすといわれている。

β波
覚醒(起きている)時に出ている脳波で、注意や警戒・心配等をしている時に出る。

抗酸化試験

		酸化還元電位
LED照明	照射前	+84
テラヘルツ変換する分電盤:MINAMI®+LED照明	照射15分後	+77

(単位:mV)

生体の抗酸化力が7UP!

健常な成人女性(58歳)を被験者とし、20分間安静状態を保った後、照射前の酸化還元電位を唾液にて測定
ついで、テラヘルツ変換する分電盤:MINAMI®にLED照明をセットし、30分間頭部に照射直後、同様に測定
被験者と照明の距離約10㎝

抗酸化
活性酸素による酸化を抑え、体の中を錆びつかせない(酸化を抑える)こと。アンチエイジング。

マイナスイオン試験

		測定値
LED照明	照射前	49
テラヘルツ変換する分電盤:MINAMI®+LED照明	照射15分後	79

(個/cc)

マイナスイオンがUP!

LED照明照射前のマイナスイオンを測定。
次にテラヘルツ変換する分電盤:MINAMI®にLED照明をセットし、30分間照射後、同様に測定
LED照明の距離約10㎝
測定時の室内マイナスイオン数平均43個/cc

マイナスイオン
ストレス軽減効果・リラックス効果や、空気中のチリ・ホコリを除去するなど空気清浄効果、成長促進効果や寿命を延ばす効果があると考えられている。

※室内のマイナスイオン増加は、身体の抗酸化力向上に影響すると考えられている。

※各建材や商材の仕様などは、予告なく変更する場合がございます。

高水準な日本の水道水を安全な水に

浄水器：Zero 1 フィルター®

水道水は安心安全なものだという認識で、普段からなんの疑いもなく生活に利用している。
しかし、身体に影響する物質は本当に入っていないのだろうか。
大切な家族が毎日触れる水だからこそ、この機会に考えてみたい。

浄水器：Zero 1 フィルター®

高性能セラミックボールによる遠赤外線の効果

遠赤外線の放射により、水分子（クラスター）が細分化され
下記のような効果が期待される。

①ミネラルなどがより吸収されやすい
②水分子が活性化され、新陳代謝を促進する
③生存酸素を活性化し、バクテリアやカビの侵蝕から保護する
④温度の安定化、物質の変性を止める働き
⑤抗酸化力の向上　など

25℃で遠赤外線放射率

91.5%

セラミックボール

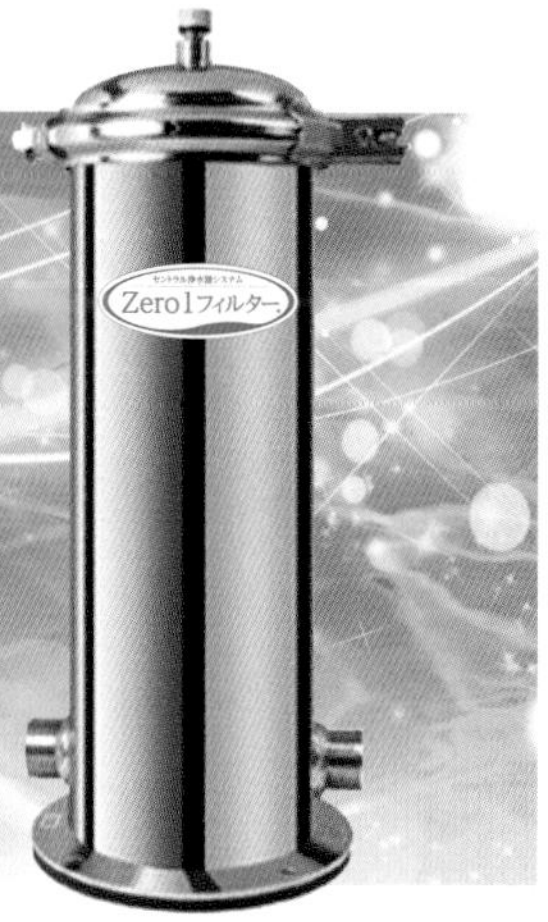

水道水には「鉄サビ」と「塩素」が含まれている

　近年、水に気を遣っているという人が増えてきたが、これは水道水に含まれる塩素を危惧するからこその傾向と言える。水道水に含まれる塩素は殺菌剤としての作用を持つが、これは同時に鉄の水道管の腐食を進め、サビつかせる原因でもある。

　昨今、水道管が破裂した事例をよく耳にするのは、老朽化しサビついた水道管が増えてきているためだ。現在、新築の戸建ては塩ビ管を使用することが多いが、浄水場から各家庭までは鉄の水道管を通るため、各家庭の水道水には鉄サビが含まれている。

　浄水器の主な役割は、水道水に含まれる鉄サビとその原因でもある塩素を取り除き、きれいな水を提供すること。このＺｅｒｏ１フィルター®は９１．５％（水温25℃）の遠赤外線放射率がある高性能セラミックボールをフィルターに採用。活性水素を出し、有効なミネラル成分を豊富に含んでいる。また、遠赤外線効果やマイナスイオンの発生により、細胞の活性による免疫力の向上、老廃物の排出、身体の機能向上など健康面でもしっかりと安心して使える浄水器だ。そして、浄水器はキッチンの蛇口だけに付けても意味がない。水は粘膜からも吸収されるため、水道水の塩素や鉄サビは、浴室の蛇口やシャワー、トイレのウォシュレットなどからも身体に吸収され悪影響を及ぼす。

　このＺｅｒｏ１フィルター®は外付けのセントラル方式の浄水器なので、たった1台設置するだけで、家中の水を改善し、安心で快適な暮らしをサポートしてくれる。

あまり知られていない塩素の危険性と国際基準

　浄水場で消毒する際に使用される「塩素」は、水と化合することによって発がん性物質「トリハロメタン」を生成する。その他にも、塩素が含まれた水によって、皮膚や粘膜から水分を奪われ、肌荒れやアトピーの一因になるともいわれている。１９８６年のアメリカ化学会では、入浴中に気化した塩素を呼吸や皮膚から吸収する量が水を飲んだ時の１００倍にも上回ると発表される※などさまざまな危険性が唱えられている。また、日本の水道水の残留塩素濃度は法律によって定められており、水道法第２２条によると、遊離残留塩素を0.1mg／L以上保持するように塩素消毒することが明記されている。これは国際基準からみると、かなり高い濃度となっている。

国名	基準
ドイツ	0.01以下
アメリカ	0.5以下
フランス	0.1以下
日本	0.1以上

※News scientist,1986-9-18,Lan Anderson

塩素が与える人体へのダメージとZero 1 フィルター®の効果

では実際に塩素が人体に与えるダメージと、Zero 1 フィルター®を採用することで得られる効果をみてみよう。

塩素が人体に与えるダメージ

アトピーや大腸がんの危険性も

入浴の際にシャワーなどを使用している時、湯気がたくさん立ち上がる。浴室内で気化した塩素は表面積が大きくなるため、飲料と比較して6倍から最大で100倍もの量が体内に吸収されてしまう。この塩素は肌にダメージを与えるため、アトピーの原因になったり、呼吸によって気管支や鼻の粘膜を傷つけてしまう。さらに体内に入った塩素は腸を始めとする体内器官を傷つけてしまうのだ。

小ジワや乾燥などの肌へのダメージ

塩素は強力な殺菌力がある上に安価であり、その残留性（水によく溶け、長く留まる）のために浄水の要とされ消毒を目的に多用されている。しかし、農薬や漂白剤などにも使用されていることをご存じだろうか。塩素は肌や髪の毛のたんぱく質を酸化させるため、乾燥したり刺激を受けやすくなったりする。肌トラブルには化粧品やステロイド薬に頼るよりも、塩素を取り除く根本的な解決が必要だ。

▶ Zero 1 フィルター®を採用することで、これらの症状の発生を軽減できる

Zero 1フィルター®の効果

カビの嫌なにおいをカット

内部の高性能セラミックボールフィルターによって塩素とカビの原因になる物質“2-MIB”と“ジオスミン”を除去。これらの物質は、ごく微量に含まれているだけでもにおいの原因となるのだ。Zero 1 フィルター®で磨き抜かれた水は、雑味のないおいしいコーヒーやお茶を楽しませてくれる。

ご飯のおいしさが引き立つ

残留塩素が多く含まれる水で調理をすると、野菜や米の持つビタミンを約30%も損なってしまう。塩素を除去することで素材本来の味を楽しむことができる。さらに、高性能セラミックボールによる遠赤外線の効果は備長炭の2倍以上もあり、水の質を高めおいしいご飯が炊きあがる。

洗濯物の脱色を抑える

塩素には漂白作用がある。これを利用して野菜の漂白作業などにも塩素が使用されているが、洗濯物にとっては大敵。大切な衣類が塩素によって色あせてしまうことも少なくない。Zero1フィルター®で浄水された水は塩素が取り除かれており、大切な衣類の脱色を抑えてくれる。

より強固で耐久性の高いコンクリートに

［混和剤：Zero 1 Water®］

コンクリートは“固いモノ”という認識はあるが、コンクリートを練る際に加える混和剤によって、その強度や耐久性に変化が生じるという。では、どのような混和剤を使用するとその性質にどういった変化があるのだろうか。

抗酸化作用を発揮して酸化を防ぎ、材料を強固に密着

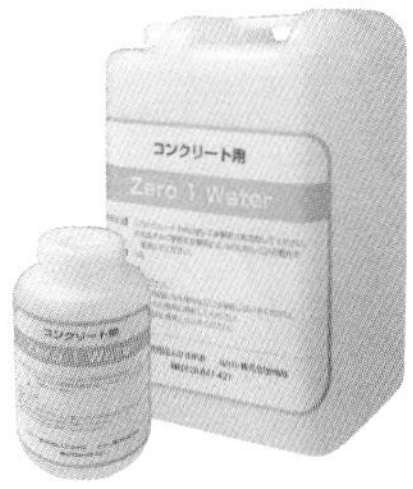

ベタ基礎のコンクリートは、テラヘルツ加工され、抗酸化作用を発揮する混和剤：Zero 1 Water®を使用。コンクリートの形成要素である砂・砂利・水・セメントを強固に高い密度で結合させる働きを持つ。結果、空気含有率が少なく、酸化しにくいコンクリートとなり、耐久年数が長寿命化する。

強固で長寿命な「0宣言の家」のコンクリート

コンクリート供試体圧縮強度試験 配合設計条件（強度24N／㎟,スランプ18㎝）

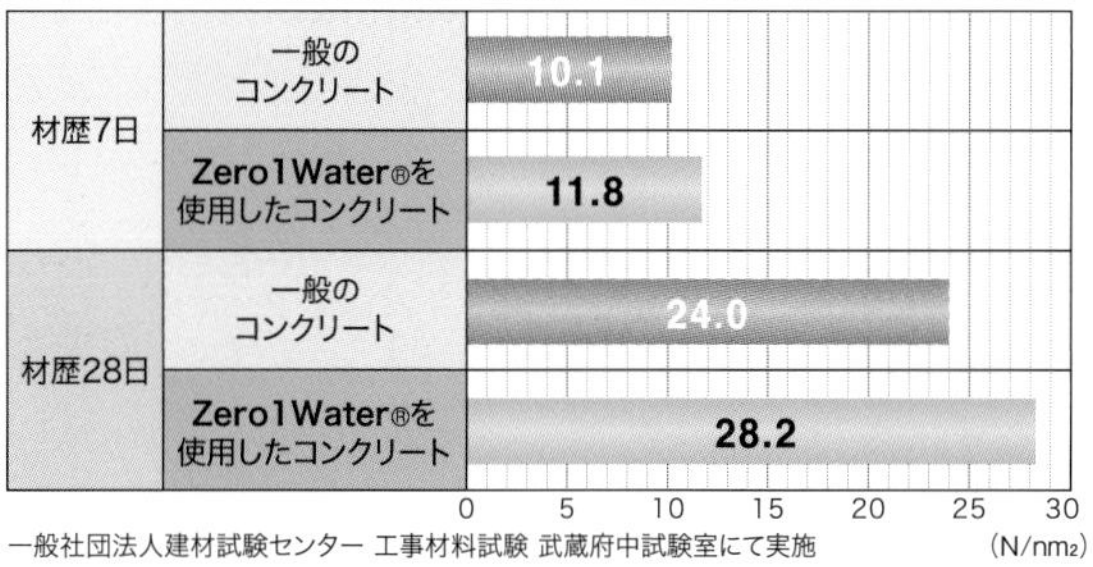

一般社団法人建材試験センター 工事材料試験 武蔵府中試験室にて実施

※各建材や商材の仕様などは、予告なく変更する場合がございます。

肌の保湿・保温効果や洗浄・消臭なども効果があるナノバブル

水産養殖業や農業、臨床医療、化学工業など幅広い分野で活用されてきた微細な気泡「マイクロバブル」。
そのマイクロバブルをさらに微細化した「ナノバブル」が一般家庭の水道水にも取り入れられるようになった。
その方法や、水道水がナノバブル化することによって家族の暮らしにどのような変化をもたらしてくれるのかを見てみよう。

“浮かない泡”ナノバブル

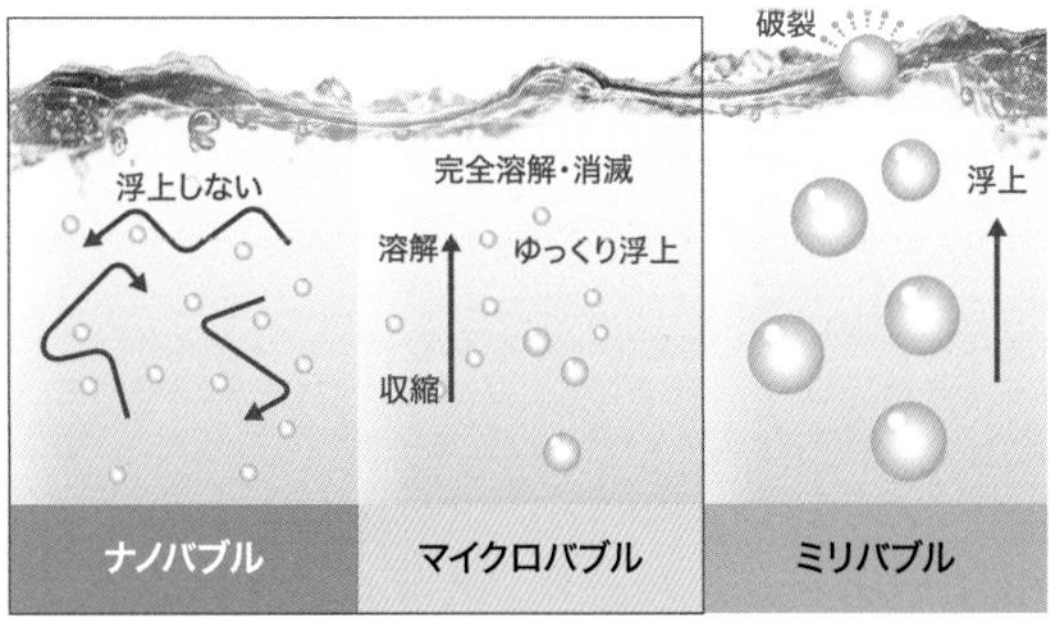

「マイクロバブル」は非常にゆっくりと上昇するが、時間経過とともに消滅する。「ナノバブル」は浮上せず、水中内で浮遊し、長期間水中に存在することが可能となる。（3カ月以上残存）

ナノバブルの大きさのイメージ

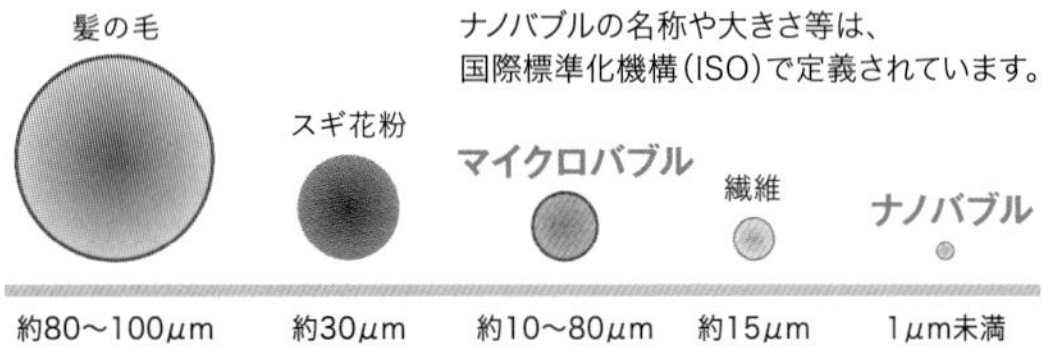

ナノバブルの名称や大きさ等は、
国際標準化機構（ISO）で定義されています。

ナノバブル発生装置

Moist-NanoBubble
Beauty Aqua
モイストナノバブル ビューティアクア

水がバブル発生装置（Moist-NanoBubble Beauty Aqua）の中を通過する際に、旋回（トルネード回転）し、圧力差を利用しながら水の中に含まれる空気を気体化させ、ナノバブルを発生。外部から空気を取り込むこともなく、貯水する必要もないので水そのものが清潔な状態を常に保てる。

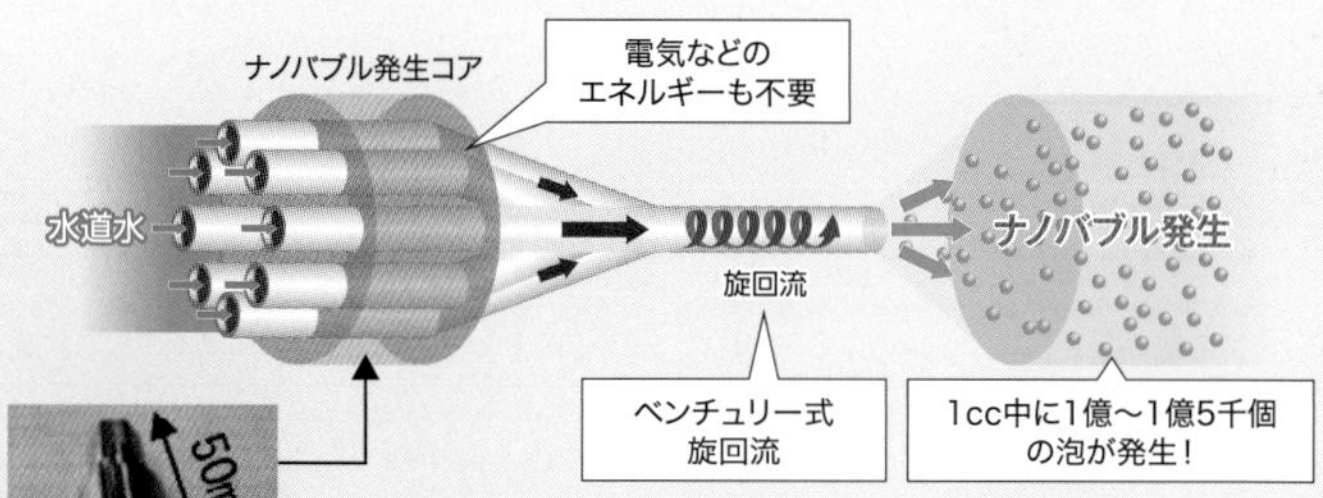

内蔵された
バブル発生コア

- **洗浄作用** ……… 微細な気泡が汚れを包みこみ、除去する
- **保温・保湿作用** ‥ 体の芯から温め、お肌の保護も期待できる
- **消臭作用** ……… 洗濯物の不快な臭いを微細気泡が除去する
- **配管の保護** …… 微細気泡により配管環境を改善させる

ナノバブルの大きさは1㎜の100万分の1と髪の毛や毛穴よりも小さく、目に見えないほどの超微細な気泡のことをいう。

ナノバブルの特徴の一つが、水中での上昇速度が非常に遅く、長時間滞留すること。それにより、人の皮膚への浸透も早く、入浴時には保温効果、保湿効果を高め、毛穴や肌の汚れを吸着してかき出してくれるなど、健康と美容にも効果が。また、キッチンや洗面台、トイレや洗濯機などでも、ナノバブルは汚れの隅々まで入り込み吸着、剥離してくれるため、しっかりと効果を発揮。食器洗いの際に汚れ落ちや泡切れがよく、トイレや浴室では水を流すたびに汚れも一緒に洗い流してくれるので、掃除の回数が減ったという家庭も。洗濯物の汚れ落ちもよく、消臭効果もあるという。

しかし、このような効果を発揮させるには、ナノバブル水が家中を通っている必要がある。今までにあった一般的な商品は、キッチンやシャワーだけといった一部のみに対応していたが、今回紹介するナノバブル発生装置「Beauty Aqua」は、給水根元1カ所に設置するだけで家中の水道水をナノバブル化してくれ、家族の健康的で快適な暮らしを実現してくれる。

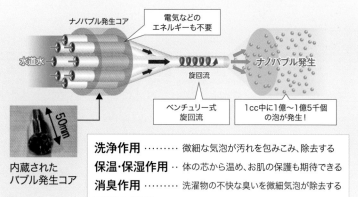

特徴

Moist-NanoBubble Beauty Aqua

家庭内の水道水が全てナノバブルに

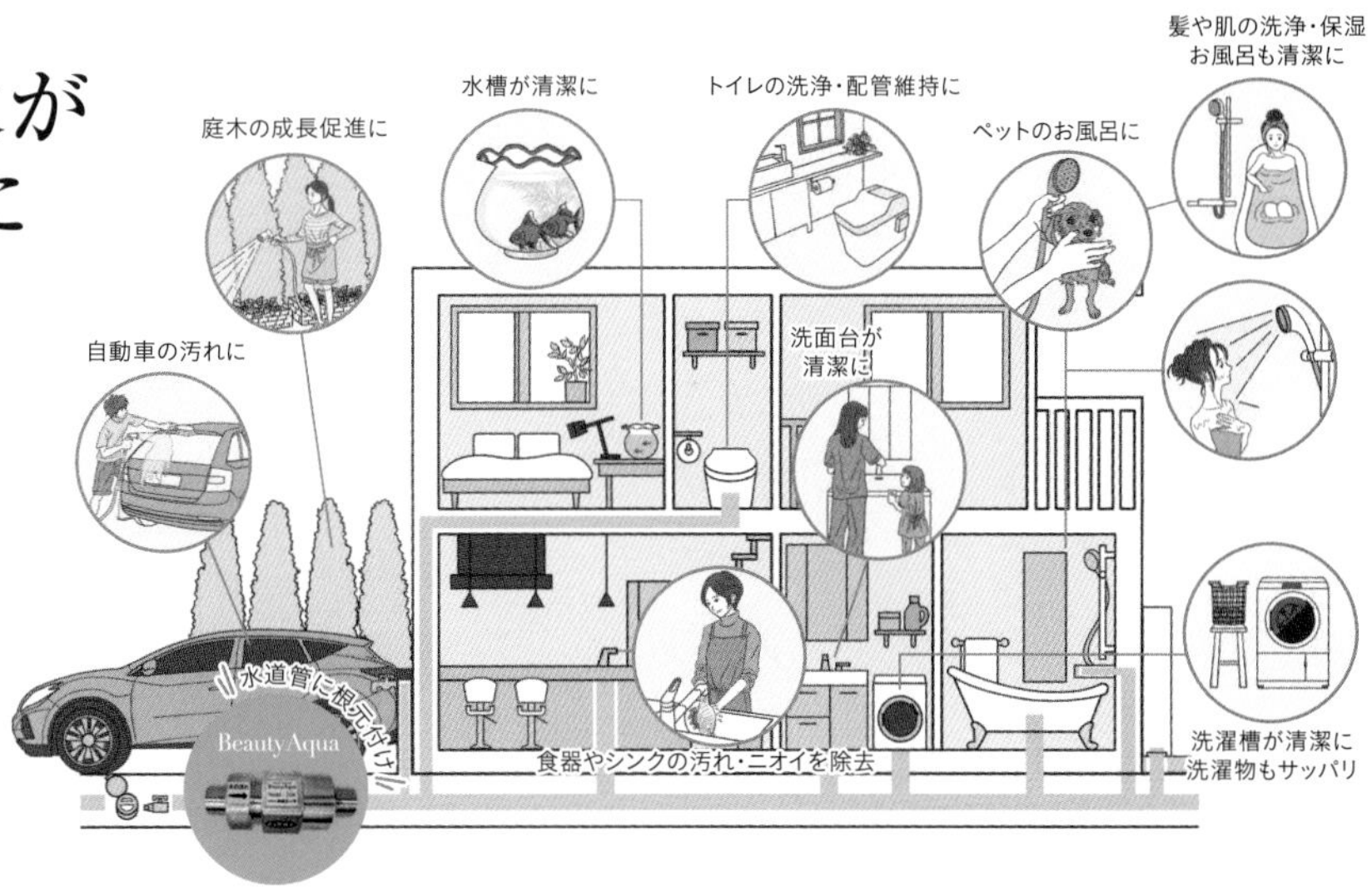

メンテナンスフリーで ランニングコスト不要

ナノバブルを作るためのポンプなどは必要なく、給水時の水圧を利用してバブルを生成するため、特別なメンテナンスは不要でランニングコストがかからない。家計にも優しい最新技術。

性能

安全な微細気泡で暮らしがより快適で健康的に

洗浄

汚れの隅々まで入り込み吸着・剥離 毎日の家事にかかる時間を削減

超微細な気泡を含む水が汚れの隙間に入り込んで付着し、汚れを浮かして洗浄効果を発揮。洗濯をするたびに洗濯槽をセルフ洗浄してくれる。また、食器を洗う際にも、水道水だとすすぎに1230㎖使用するところを、ナノバブル水は930㎖しか使用せず、その洗浄力と泡切れの良さも実証されている。(自社実験)

開始前　3カ月後

清潔

汚れ落ちがよく、消臭効果も 1年後も白さが持続

水道水とナノバブル水でそれぞれYシャツを1年間繰り返し洗濯し、洗浄効果を比較・検証。ナノバブル水洗浄の方が汚れ落ちがよく、不快な臭いも除去できる消臭効果もあった。

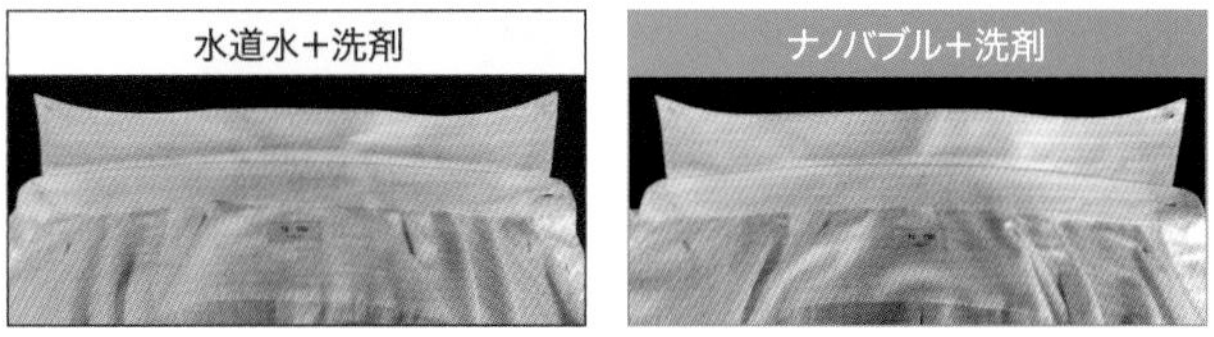

一年後の襟元の汚れ　一年後の襟元の汚れ

美容

毛穴や肌のキメまで入り込み 美しさ若々しさのキープに貢献

ファンデーションを塗った手の甲を、洗顔フォームを使わずにナノバブル水で洗浄すると、水道水で洗浄した時よりも肌の深い溝まで洗浄されているのが確認できた。また、使用10分後の保湿作用の維持も、水道水より高い結果が得られた。

洗浄作用

ファンデーションを塗った手の甲の状態を比較

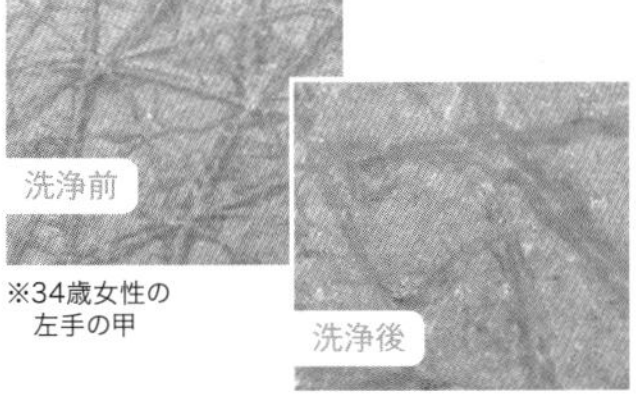

※34歳女性の左手の甲

保湿作用

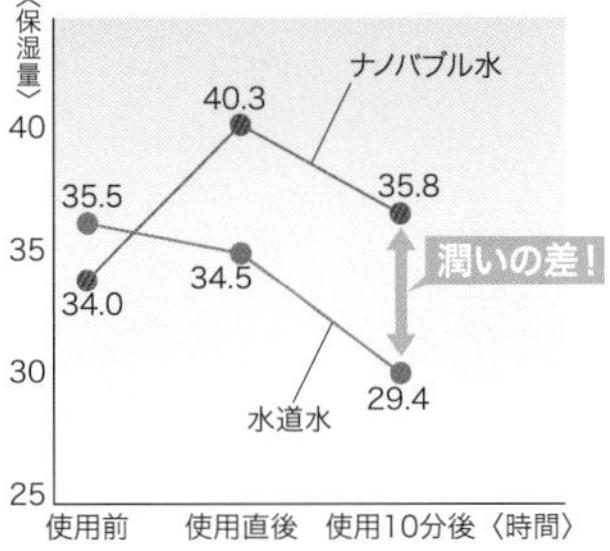

健康

高い保温効果を誇り、血流促進 毛穴の汚れも洗浄できて頭皮もスッキリ

水道水とナノバブル水とで温浴効果による温度変化をサーモグラフィーを使って測定。ナノバブル水のほうが保温効果が高く、血行促進につながることが分かった。また、頭皮の皮脂汚れなどニオイの元となる微小な物質にもナノバブルが付着して除去してくれる。

サーモグラフィー比較試験

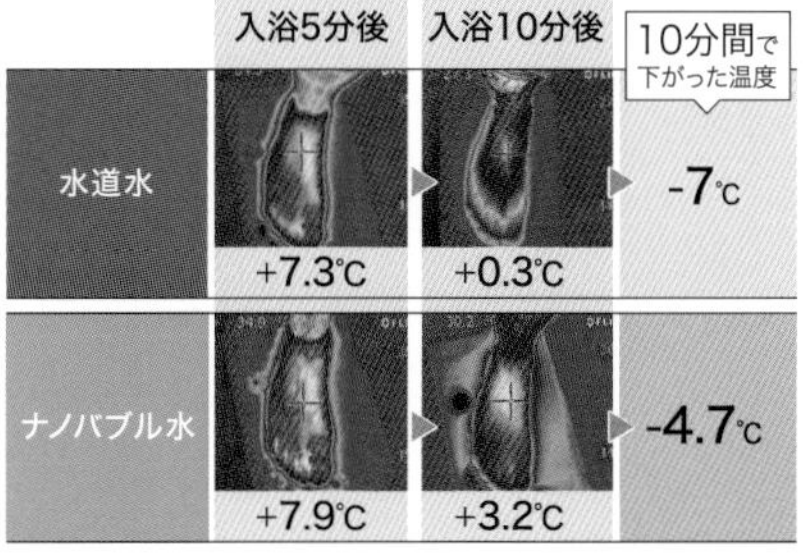

	入浴5分後	入浴10分後	10分間で下がった温度
水道水	+7.3℃	+0.3℃	-7℃
ナノバブル水	+7.9℃	+3.2℃	-4.7℃

水道水・ナノバブル水20Lの水槽(水温41.1℃)に5分間足を浸した直後と外気にさらして10分後の表面温度をサーモグラフィーで計測。水道水は外気にさらして10分後には7℃下がり、ほぼ入浴前の体温に。ナノバブル水は4.7℃の温度低下となり、2.3℃の違いが出た。

頭皮洗浄作用

ナノバブルの毛穴の汚れ落ちイメージ

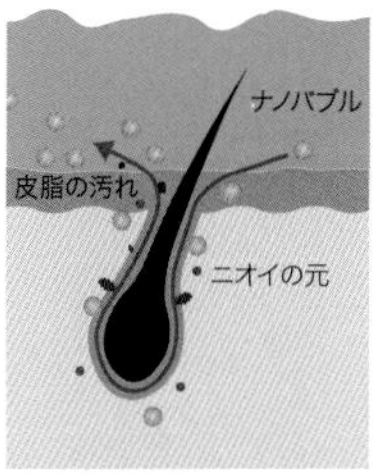

毛穴よりも小さなナノバブルが皮脂汚れを吸着して洗い流し、頭皮のベタつきがスッキリ。シャンプーの量が少なくなる効果も期待できる。

ナノバブルについて こちらもご覧ください。

Web Site　YouTube

※各建材や商材の仕様などは、予告なく変更する場合がございます。

安定した発電能力で 40年稼働可能な マキシオンの太陽光パネル

太陽光発電において、どの太陽光パネルを選ぶのかも重要なポイント。
ZEROソーラーは、高い品質を誇る厳選された材料で製造され、実際の気候条件をシミュレーションした徹底的な試験を実施し、あらゆる環境下で高い信頼性を証明したマキシオン社の太陽光パネルを採用。どのように優れているのかを紹介しよう。

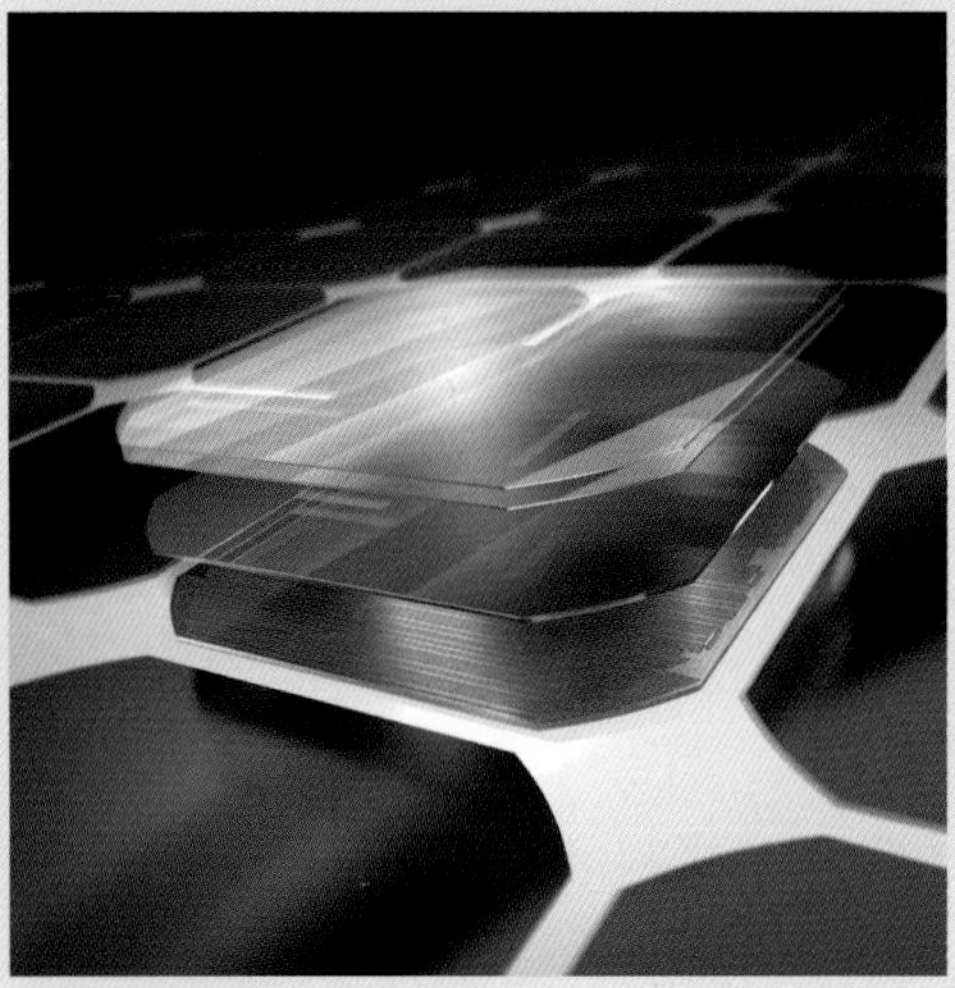

世界一の パネル変換効率 22.6%

量産されているシリコン太陽電池（セル）の中で世界一の変換効率を誇るマキシオン。バックコンタクト構造により、表面は電極がないため光を全面から吸収でき、裏面は厚い銅基盤により、高い耐久性を実現している。

性能について コチラもcheck！

従来型セル（表側）

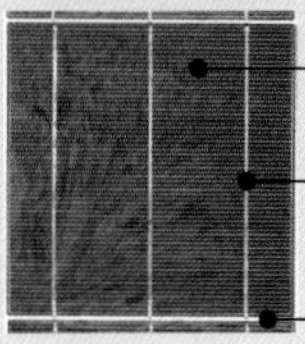

マキシオンセル（裏側）

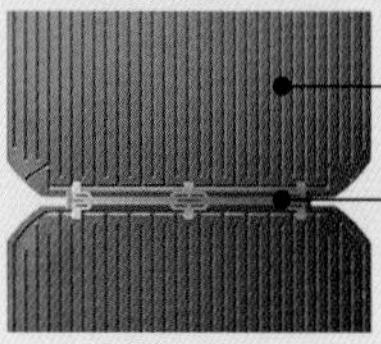

長期信頼性試験が実証する優れた耐久性

従来型　　マキシオン

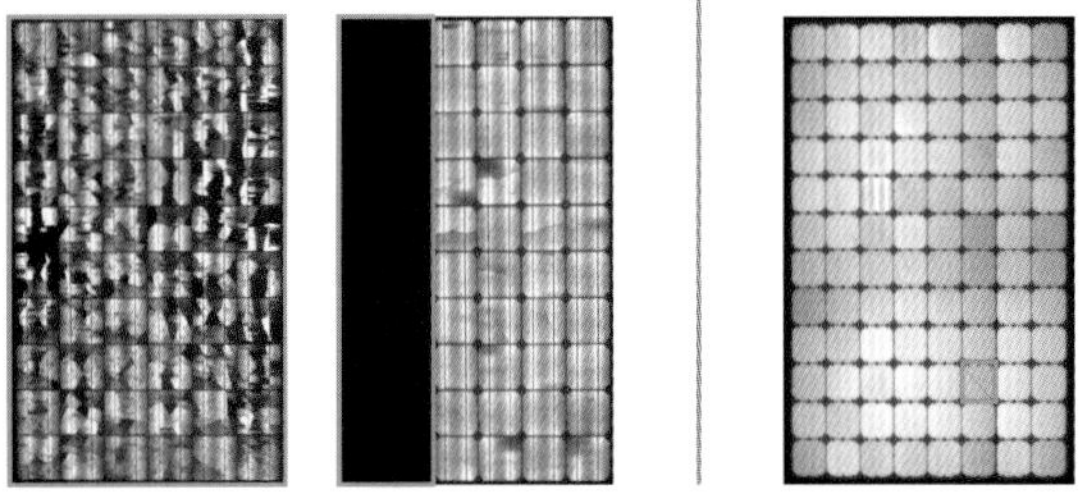

EL画像：黒い部分＝出力なし、白い部分＝出力あり

1.実環境下での明らかな差

寒暖差や雨風にさらされ続ける太陽光パネル。左の画像は約5年間屋外に設置した従来型とマキシオンの太陽光パネルで、一番左の画像は寒暖差により生じたセル割れが多数確認でき、中央の画像はセル間の接続不良で3分の1が発電していない。一方、マキシオンはセル割れが1カ所あるものの、発電量の減少は見られなかった。

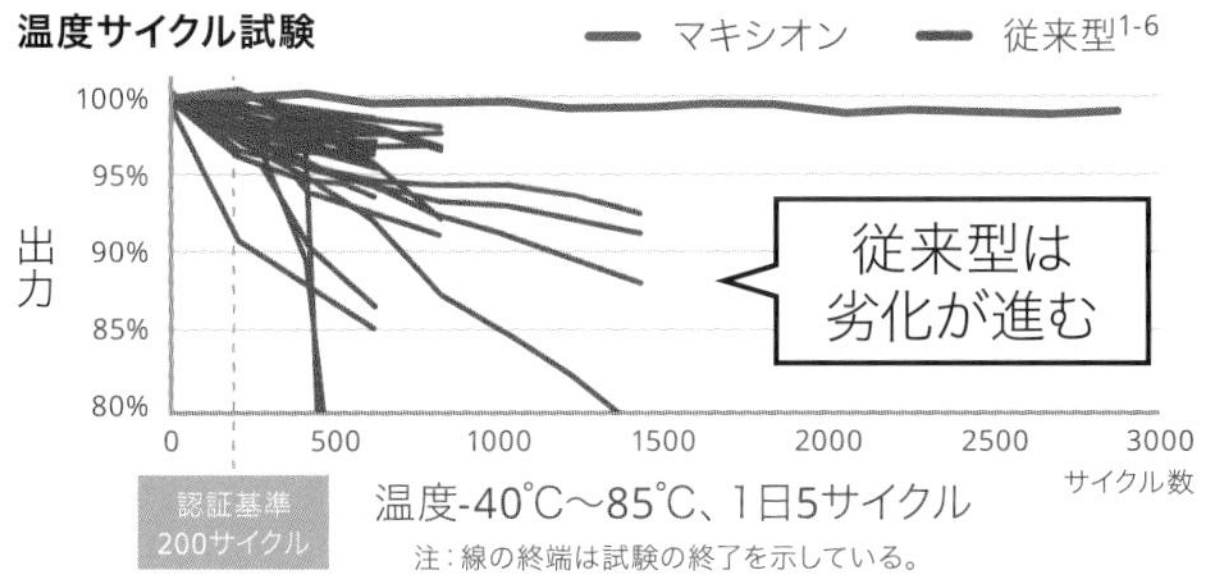

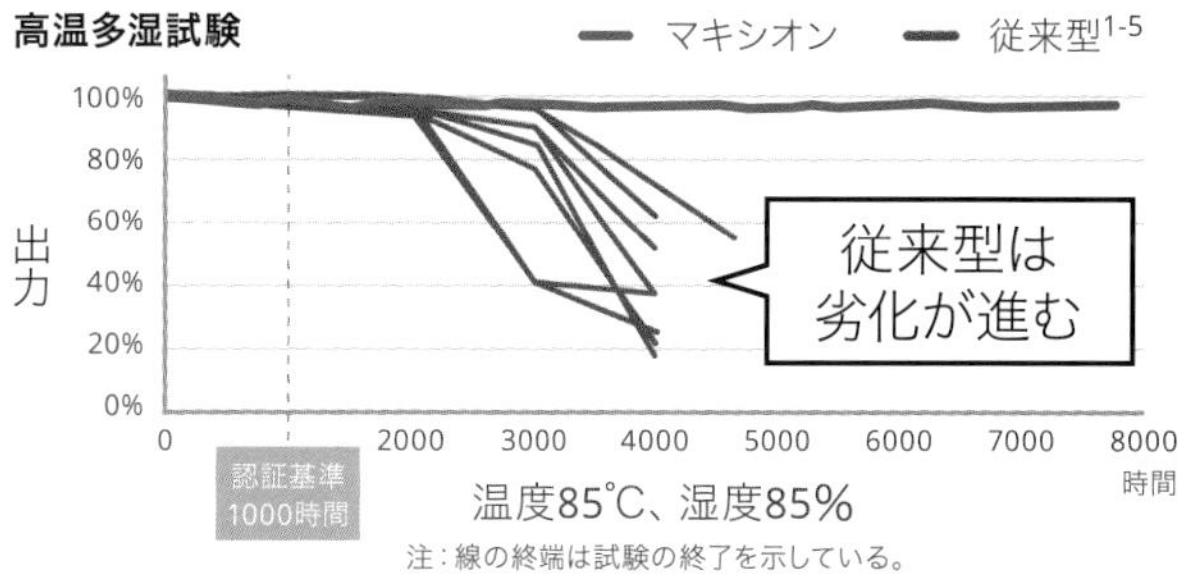

注：線の終端は試験の終了を示している。

2.熱ストレスに強く長寿命

温度-40℃から85℃までを繰り返し変化させ、異素材の熱膨張係数の違いにより発生する応力で生じる不具合を検証する試験。200サイクルで95%以上の出力を保てば業界認証基準を満たすところを、マキシオンは2500サイクル以上でも性能を維持した。

1: Kohl, "PV Reliability:Accelerated Aging Tests and Modeling of Degradation." 2010.
2:Meakin, "PV Durability Initiative for Solar Modules." 2013.
3:Ferrara, "PV Durability Initiative for Solar Modules: Part 2." 2014.
4: Herrmann, "Outdoor weathering of PV modules - Effects of various climates and comparison with accelerated laboratory testing" 2011.
5:Ketola, "Degradation Mechanism Investigation of Extended Damp Heat Aged PV Modules." 2011.
6:Tsuno, "Effect of corrosion due to damp heat test on the I-V characteristics and analysis based on the equivalent circuit model." 2014.

3.耐腐食性に優れている

温度85℃、湿度85%の条件で行われる信頼性試験。1000時間で95%以上の出力を保てば業界認証基準を満たすところを、マキシオンは8000時間経過後でも劣化がほとんど見られなかった。

1: Kohl, "PV Reliability: Accelerated Aging Tests and Modeling of Degradation." 2010.
2:Meakin, "PV Durability Initiative for Solar Modules." 2013.
3:Ferrara, "PV Durability Initiative for Solar Modules: Part2." 2014.
4: Ketola, B., & Norris, A. Degradation Mechanism Investigation of Extended Damp Heat Aged PV Modules. EUPVSEC, 26th, Hamburg, Germany, 2011.
5:Jahn, U. PV Module Reliability Issues Including Testing And Certification. 27th EUPVSEC, 2012.

天気や気候に左右されず発電量を最大化

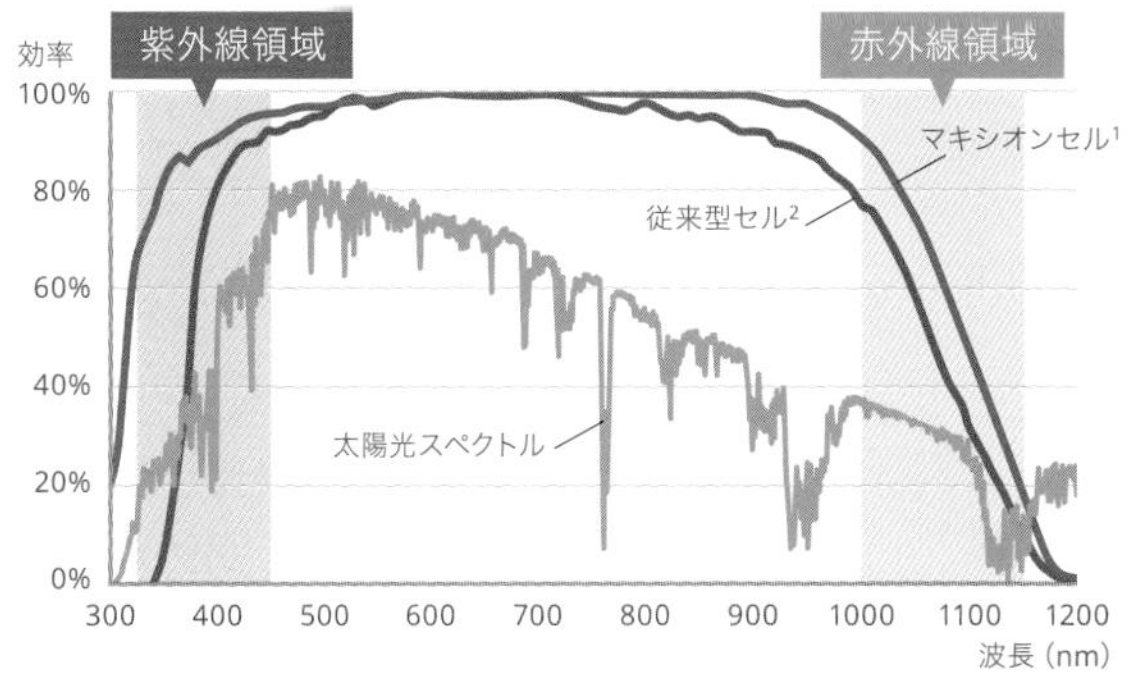

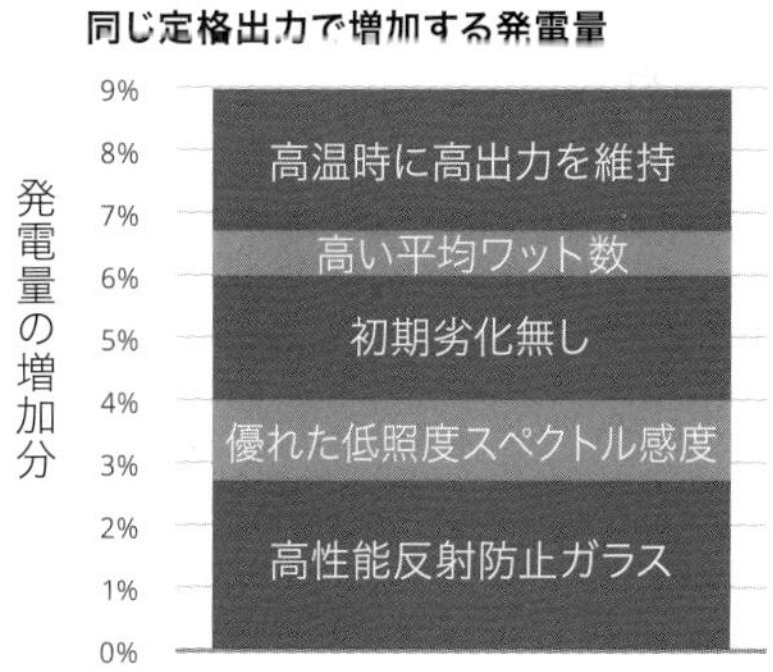

1.曇りや朝・夕方にも、より多く発電

曇りの天気など、日射量が低いと従来型の発電量は約10%低下するが、マキシオンはその半分の約5%の低下に抑えられ、従来型より多く発電する。従来型では吸収することが難しい紫外線領域と赤外線領域も吸収することで、1日の発電量を最大化する。また、マキシオンは高品質の反射防止ガラスを採用し、夕方の時間帯など太陽が低い位置からの光も取り込むことで、より長く発電する。

1: National Renewable Energy Lab measurements "Full, Gen C Bin l1,"
2: Green, M. et al., "Solar cell efficiency tables (version 36)" Progress in Photovoltaics, 18(5), 46-352.

2.発電量が従来型より+5～9%

同じパネル定格出力でも、マキシオンは従来型より+5～9%の発電量の増加が見られた。気温が高くなると電気に変換される光の量は減少するが、マキシオンは温度係数が低いため（－0.27%／℃）、気温が高くなっても高いパフォーマンスを保ち、発電する。また、マキシオンは高品質のn型太陽電池であり、従来型のp型太陽電池で起こる光誘導劣化と呼ばれる初期劣化（1～3%）がない。

BEW/DNV Engineering "SunPower Yield Report," Jan 2013. Compared to Conventional Panels. Like E-Series but with a lower temperature coefficient. CFV Solar Test Lab Report# 12063,Jan 2013.

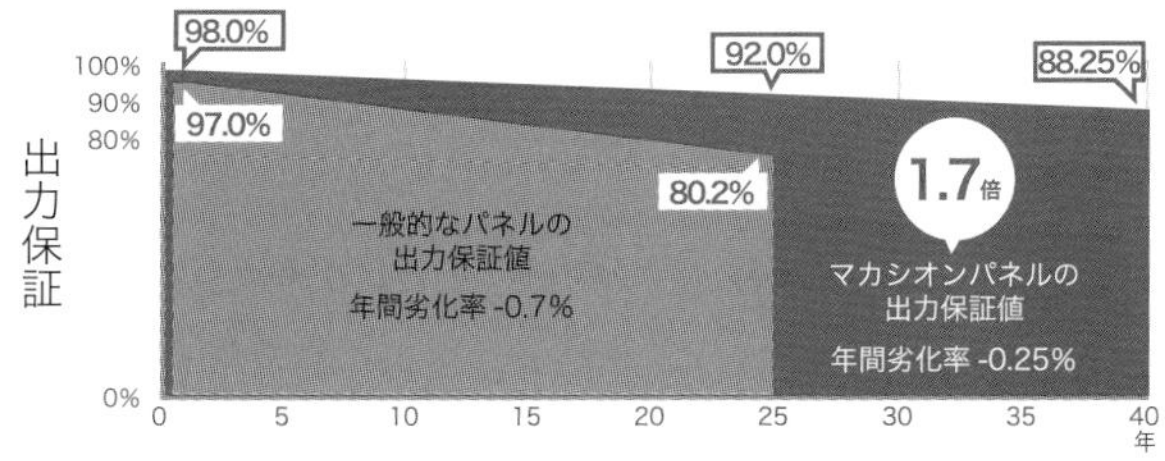

3.業界最高の40年保証だから安心

マキシオンは製品・出力ともに40年保証。出力の保証値も高く、初年度は98%以上。その後は年0.25%の劣化率で40年目でも88.25%以上の出力を保証する。

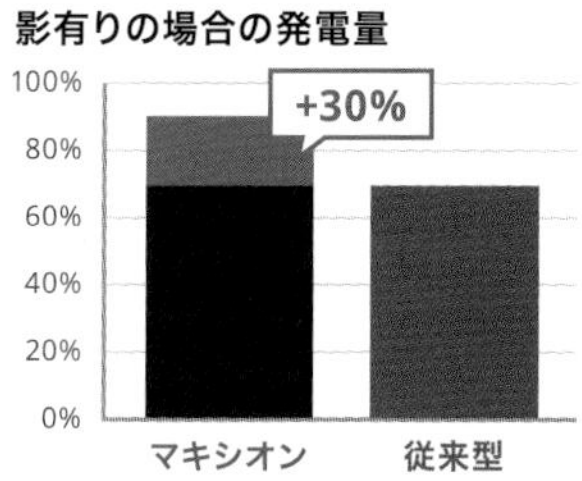

4.影にも圧倒的に強い

屋根の上の太陽光パネルには、電信柱や木の影などがかかることが多くある。マキシオンは独自のテクノロジーにより、影がかかっても従来型よりも30%多く発電する。

PV Evolution Labs "Sun Power Shading Study," 2013. Compared to a conventional front contact panel.

※各建材や商材の仕様などは、予告なく変更する場合がございます。

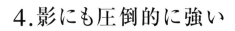

体に優しい輻射熱を利用した世界初の冷暖房システム エコウィンハイブリッド

空気は目に見えないけれど、私たちが生きていく上では欠かせないもの。
だからこそ住まいの素材にはこだわりたいが、さらに発想を進化させ、空調も体に優しいものを選べないだろうか。
そんな思いから「0宣言の家」が注目したのが、世界初のハイブリッド型輻射式冷暖房システム「エコウィンハイブリッド」だ。

輻射式冷暖房装置×対流式高性能エアコン
ecowinHYBRID
世界初!エアコンとエコウィンを融合した
新たなハイブリッド型輻射式冷暖房システム
超省エネ性 34% 最大ダウン ※1
夏場の 熱中症対策に最適
消費エネルギー 約79% 削減 ※2
※1…早稲田大学環境総合研究センターにより評価済。高性能エアコン単体運転比　※2…電気式輻射パネルシステム比

夏の暑さ、冬の寒さを解消するためにエアコンを利用する家庭は多い。しかし、一方で、直接エアコンの風が当たるのが嫌、運転音や空気の乾燥が気になる、風でホコリやペットの毛が舞い上がってしまうなど、課題を感じている人も少なくない。また、エアコンの風が行き渡る場所は快適でも、室内の温度を一定に保つことは難しく、部屋を一歩出ると廊下は暑い、寒いといった声も聞こえてくる。このような住居内での温度格差は、私たちの健康にも影響を与えると考えられている。

その解決策として注目されているのが、「エコウィンハイブリッド」という冷暖房システムだ。〝ハイブリッド〟という言葉の通り、同システムの特徴は、「エアコン」と「輻射式冷暖房装置」のいいところを掛け合わせ、トータルに室内の湿度・温度環境が整うことだ。そもそもエアコンは空気の対流によって室温を調整するために前述のような課題が発生するのだが、「エコウィンハイブリッド」は、「エアコン」を「輻射式冷暖房装置」の熱源として利用するが、空気の対流は使わない。冷暖房装置のパネルから放射される輻射熱によって、室内の温度を整えるしくみになっている。

輻射熱には、物体そのものを暖めたり、冷やしたりする性質があるため、床や壁、天井などにも直接作用が及び、短い時間で空間全体の温度が快適に保たれていく。たとえば、夏にトンネルで感じる涼しさ、冬の陽だまりにいるような温かさが自宅で体感できる。世界初の技術が、まるで自然の中にいるような空間をつくり出してくれるのだ。

輻射式冷暖房の原理

輻射熱とは、空気を介さずに物質に直接作用する熱のこと。一般的なエアコンは暖かい空気、冷たい空気によって室内の温度を調整するが、輻射熱は物質そのものに作用する。そのため、冬は部屋全体に熱を伝え、足元までポカポカに。夏は、部屋全体を冷やし、まるで蔵や洞窟の中にいるようなひんやり感を作り出すことができる。

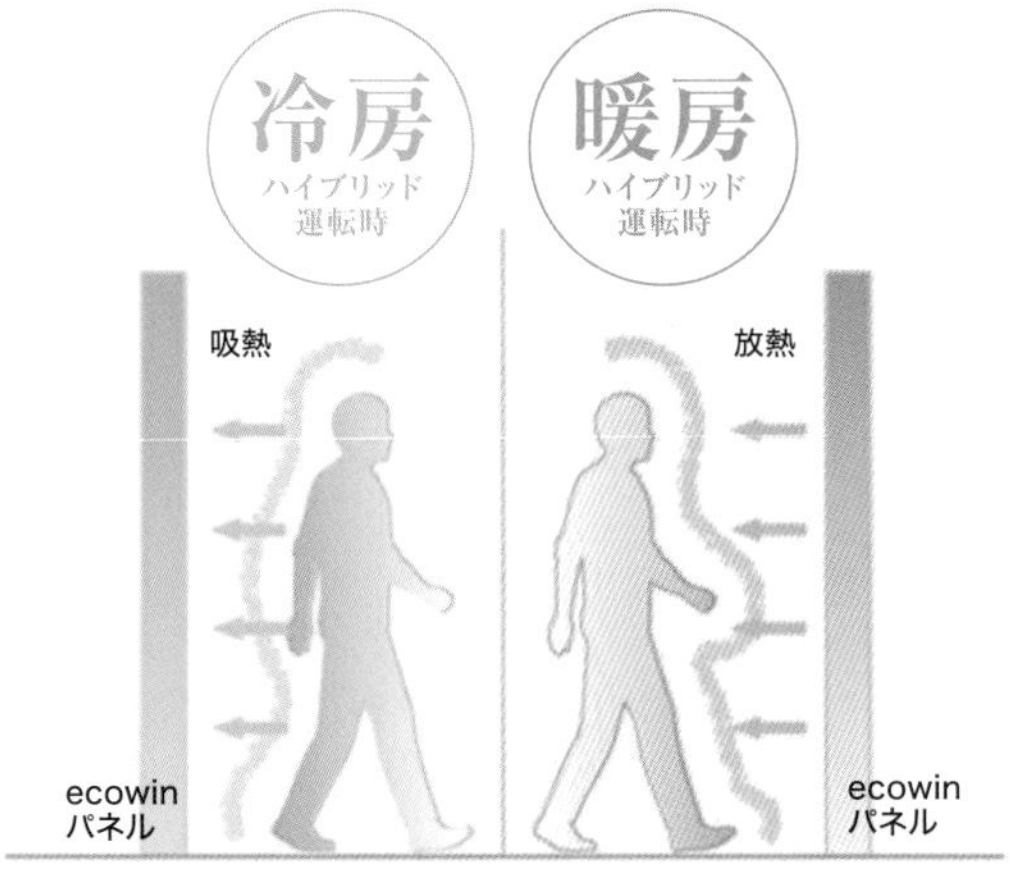

冷房時は体の熱を逃がして爽快感が増し、暖房時には熱移動の原理が働き足元までポカポカに

エアコンとエコウィンハイブリッドの体感温度の違い

一般的なエアコンと輻射熱の原理を利用したエコウィンハイブリッドでは、どのような違いが見られるのだろう。それぞれの環境での体感温度の違いを調査したデータを確認してみよう。冬場の場合、エアコン暖房の場合は、室内に置かれている荷物の温度が低い（青い）が、エコウィンハイブリッドでは、人だけでなく周囲の荷物の温度まで上がっていることがわかる（黄色・赤）。部屋全体に作用するからこそ、自然な心地良さを感じることができるのだ。

冬の場合

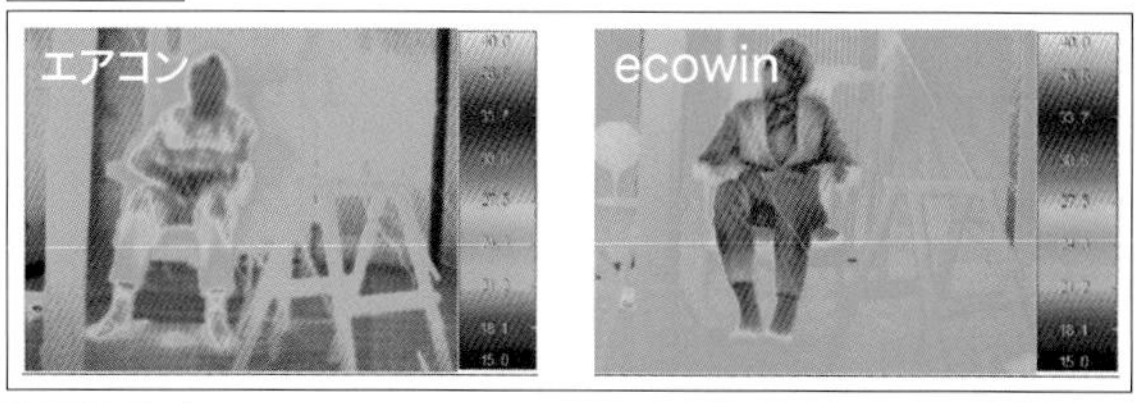

夏の場合

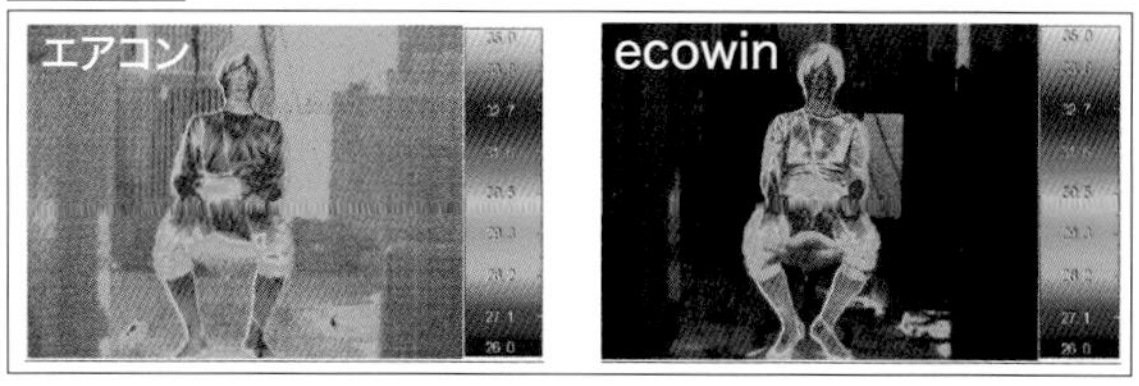

経済的メリット

エコウィンハイブリッドの優れた特徴として、経済的であることもあげられる。既設エアコンを動力源としているので、電気代はエアコンを使った分だけ。しかも、エアコン自体は微風・弱風運転で良いため、エアコン単体で空調するよりも、消費エネルギーを最大34%（※）ダウンが可能に。また、エアコン自体も疲弊せず、長持ちする。

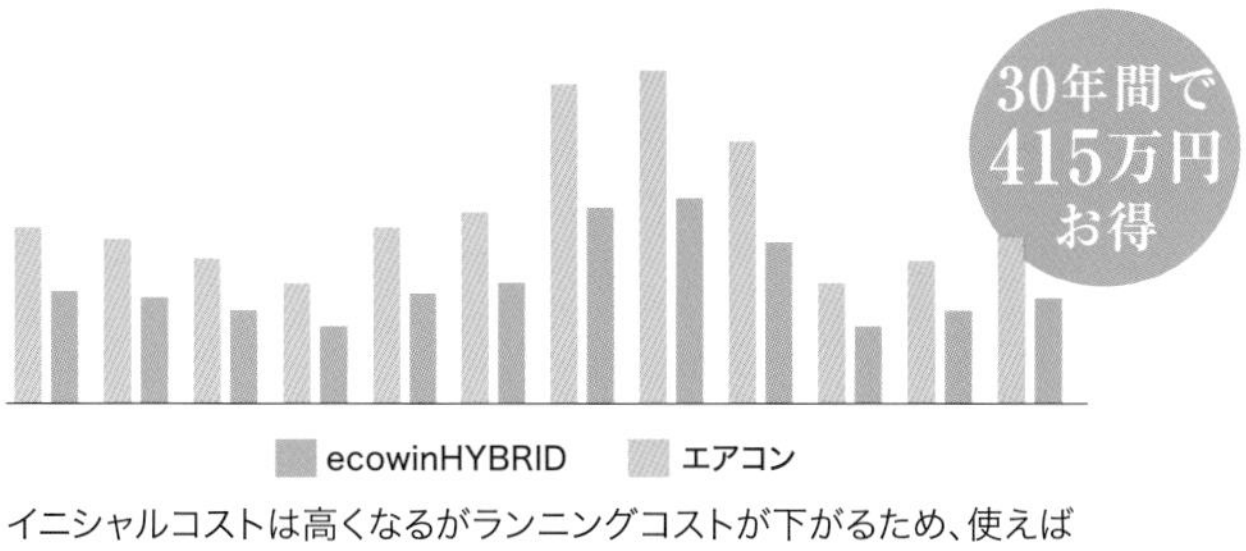

イニシャルコストは高くなるがランニングコストが下がるため、使えば使うほどお得に。そしてエアコンだけを稼働するより快適空間を実現

※早稲田大学環境総合研究センターにより評価済。高性能エアコン単体運動比

10のポイント

1 – ランニングコストが大幅に下がる
最大で34%の使用電気エネルギーを削減

2 – 従来の輻射式パネルに比べて消費エネルギーを約79%削減できる

3 – エアコンに接続するだけで利用できる

4 – 本体に動力源がないため、耐久性に優れている

5 – エアコンは微風・弱風運転で良いため、エアコン自体も長持ちする

6 – エアコンの風は感じないのに、
まるで蔵や洞窟の中にいるようなひんやり感

7 – 冷房時は除湿機能が働き、サラッと快適な空間へ

8 – 暖房時、室内全体が温まり、
まるでひなたぼっこをしているような心地良さに

9 – 室内に温度ムラができにくく、足元もポカポカに

10 – エアコンの風がほとんど吹かないので、
室内にホコリやハウスダストが舞い上がらない

お施主さまの声

長崎県 O様邸

冬の冷え込んだ夜でも、室温は20℃を超え、天井も床もとても暖か。部屋のどこに移動しても室温が変わらず、隣の部屋まで暖かく、快適です。

熊本県 H様邸

外気温が5℃の時、前の家は家の中でもダウンを着るほど寒かったのですが、今はカーディガンを羽織るくらいです。1階のみ稼働していますが、家中温度ムラがなく。寒い冬に外から帰っても暖かいです。

※各建材や商材の仕様などは、予告なく変更する場合がございます。

数種の検査実施と数値で住まいの「安心」・「安全」の見える化を徹底

たとえ、「長持ちしない建材、体に悪影響を与える資材を排除しています」「クアトロ断熱工法を行っています」と言われたところで、それが正しいことをお施主様はどのようにして確認すればいいのだろうか。
その一つの答えが、全棟で実施する安心の検査。「0宣言の家」を建てる工務店では、各種検査を確実に実施、使用する建材の安全性、工法に絶対の自信がなければできない検査である。

放射能検査（任意で実施）

東日本大震災に伴う福島原発事故が起きて10年以上経つが、放射能物質に対する不安は落ち着くどころか、日に日に高まっている。そのため、医師が認めた健康住宅「0宣言の家」では、任意で放射能測定を実施している。

信頼のおけるガイガーカウンターで、空間線量、物質の表面線量を最低2回（①基礎着工時②上棟時）測定する。多くの人が不安を抱く時代。放射能値をきちんと測定し、安心して新しいわが家に移り住んでもらえるよう、お施主様に正確な情報を提供している。

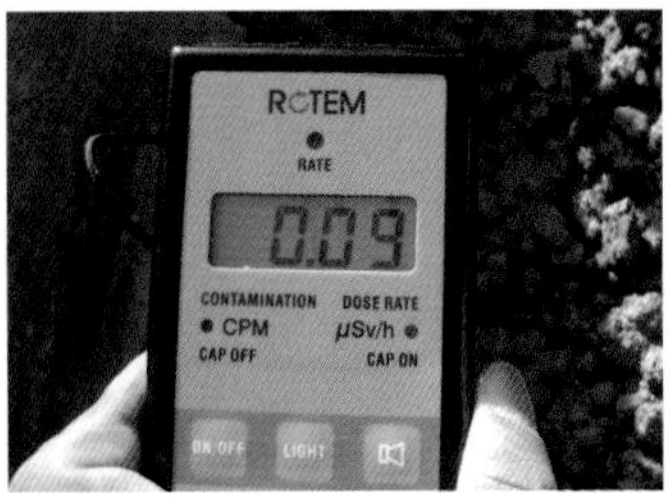

（※お施主様の要望により更地の状態、砕石後、基礎完成時なども測定が可能）

毒（VOC）の検査

VOC検査とは、シックハウス症候群の原因とされるホルムアルデヒド、トルエン、キシレン、アセトアルデヒドなど揮発性有機化合物の室内濃度を測定・分析することである。

厚生労働省によって室内濃度指針値は設定されているものの、建築会社に測定義務はなく、実際は野放しに近いのが現状。さらに、指針値を超えようと一切の罰則がないこともシックハウス症候群が増えている原因かもしれない。「0宣言」をしている以上、きれいな空気であることを確認している。

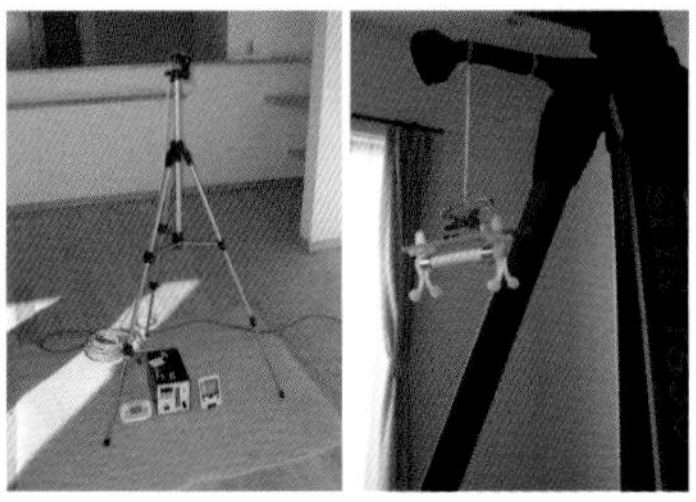

（※住宅設備などの影響により、指針値を超えることもある）

防音検査（任意で実施）

クアトロ断熱工法による防音効果はどれほど優れているのか、実際の防音効果を知っていただくため、完成引き渡し前、または引き渡し時に、任意で防音性能測定を実施している。

同じ条件で発生する音を「屋外」と「室内」で計測。その差を提示し、どれだけ防音効果があるか説明している。ただし、断熱材に使われるセルローズファイバーなどの吸音効果の高い素材により、防音効果はあるが、玄関や開口部など屋外の音の影響を受けやすい場所、家具から伝わる振動の音をすべて防音することはできない。

断熱性能検査（任意で実施）

どれだけ高性能な断熱材でも、施工の段階で隙間ができていては、せっかくの断熱効果が発揮できない。

クアトロ断熱工法の施工状況を確認するため、建物の各部（外壁面・サッシなどの開口部まわり・天井面・屋根面）をサーモカメラ（熱画像検査装置）で撮影し、熱分布の画像を液晶画面で見て、断熱欠損個所の有無などの確認を任意で実施している。

建ててしまえば隠れてしまう建物の断熱施工であるが、サーモカメラで撮影することで、一般住宅との断熱効果の違いもわかっていただけるはずだ。

サーモカメラ

さらにこんな安心も

構造計算（任意で実施）

地震や風、積雪などに建築物が耐えられるかを、設計時に計算で確かめるのが構造計算。木造2階建て住宅（200㎡未満）では義務づけられていないが、「0宣言の家」ではお施主様の要望により実施。柱や梁などの構造材には、強度計算によって安全値を確認した無垢材を使用している。

各種建築関係保険

屋根や土台など構造耐力上主要な部分や、雨水の浸入を防止する部分などに欠陥があった場合、その補修費用などに対して保険が支払われる「瑕疵担保責任保険」、建設工事中に火災や水災、盗難などがあった場合や、建築工事中に近隣の方など第三者に損失があった場合にも対応できるよう「建設工事保険」「建設業者総合賠償責任保険」に加入。不測の事態への対応も万全だ。

アフターメンテナンス

「お施主様とは家を建ててからが本当のお付き合い」と考え、10年、20年、100年先までお施主様が快適に暮らせるよう大切な家を守っていくアフターメンテナンスを重視。定期点検以外にも、不具合箇所の問題解消やメンテナンス依頼、クレームなどにも迅速に対応している。

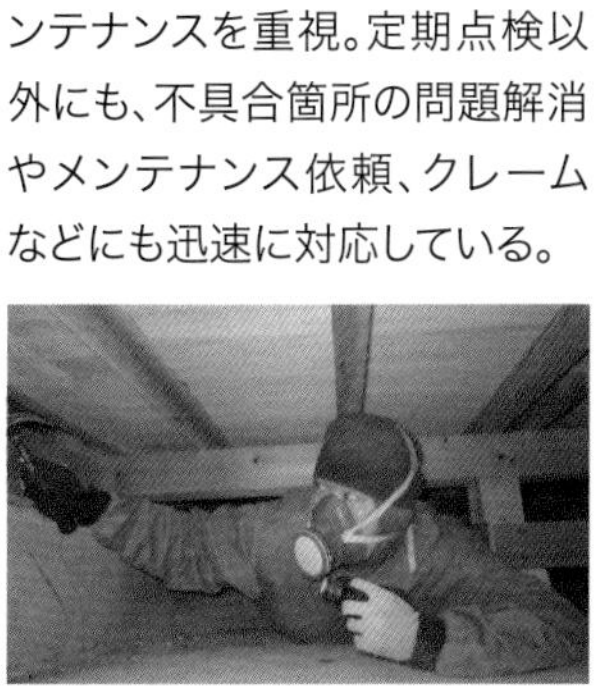

地震に備えた免震・減震性能で安心・安全な住まいに（任意で実施）

地盤改良が必要な場合にはオプションとして「SG（スーパージオ®）工法」（「SG70」と「SG300」の2タイプ）を採用している。地盤補強ができるだけでなく、免震性能も発揮し、地震の揺れを建物に伝えず、家財の倒壊までも防止してくれる。また、東日本大震災の時に液状化対策ができた唯一の工法として注目を集めた（「SG300」のスーパージオ材を用いた場合）。従来の工法よりもコストを抑えて、地震・液状化・軟弱地盤への対策が可能だ。

※地盤によって改良工法が異なる場合があります。

スーパージオ材設置の様子

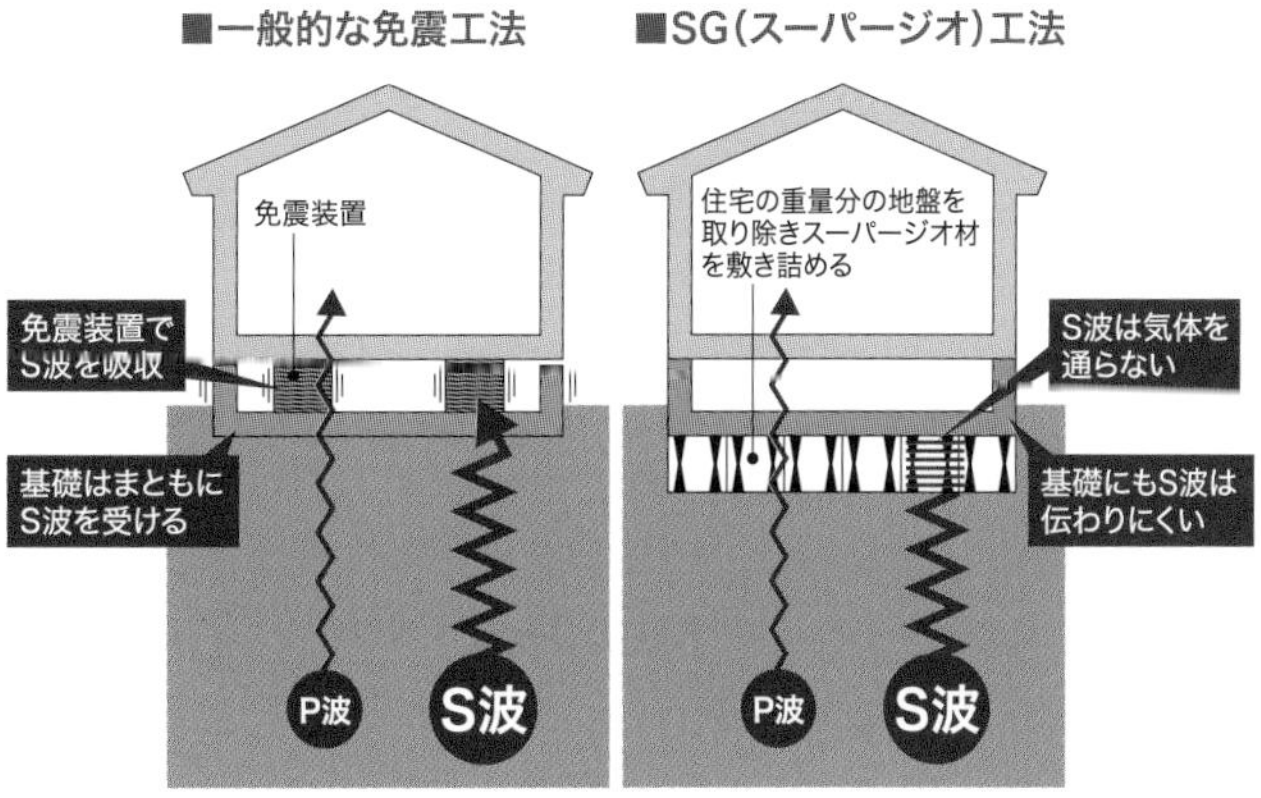
■一般的な免震工法
■SG（スーパージオ）工法
免震装置
免震装置でS波を吸収
基礎はまともにS波を受ける
P波
S波
住宅の重量分の地盤を取り除きスーパージオ材を敷き詰める
S波は気体を通らない
基礎にもS波は伝わりにくい
P波
S波

P波は初期微動と呼ばれS波より早く到達するのに対し、S波は主要動と呼ばれ建物などに被害を及ぼす。

P波 縦波	速度は速いがエネルギーは小《気体・液体・固体全てに伝わる》
S波 横波	速度は遅いがエネルギーは大《固体のみに伝わる》

木造在来軸組み工法と2×4壁工法のハイブリット工法

「0宣言の家」の構造は、設計制限を受けずリフォームの場合にも対応しやすい木造在来軸組み工法と、耐震面に強みをもつ2×4（ツーバイフォー）壁工法という2つの工法を組み合わせた「剛構造」。まず土台、柱、梁で組み上げる木造在来軸組み工法でしっかりとした木造構造にした後、通常は筋交いを施工するが2×4の強さを得るため、この構造材の外側に耐力壁としてパネルを張り詰め、なおかつ必要と考えられる部分には筋交いを施工。こうして2つの工法のそれぞれの良さを合わせることで地震に強い家の構造が完成する。さらに、安価で施工しやすいため日本の住宅の約8割の外壁に使われているサイディングやALC（軽量気泡コンクリートパネル）は、外気に影響されやすいため塗装の色落ちや表面の割れがあり、重く柔軟性がないため地震に弱いなどの理由から一切使わないと徹底している。

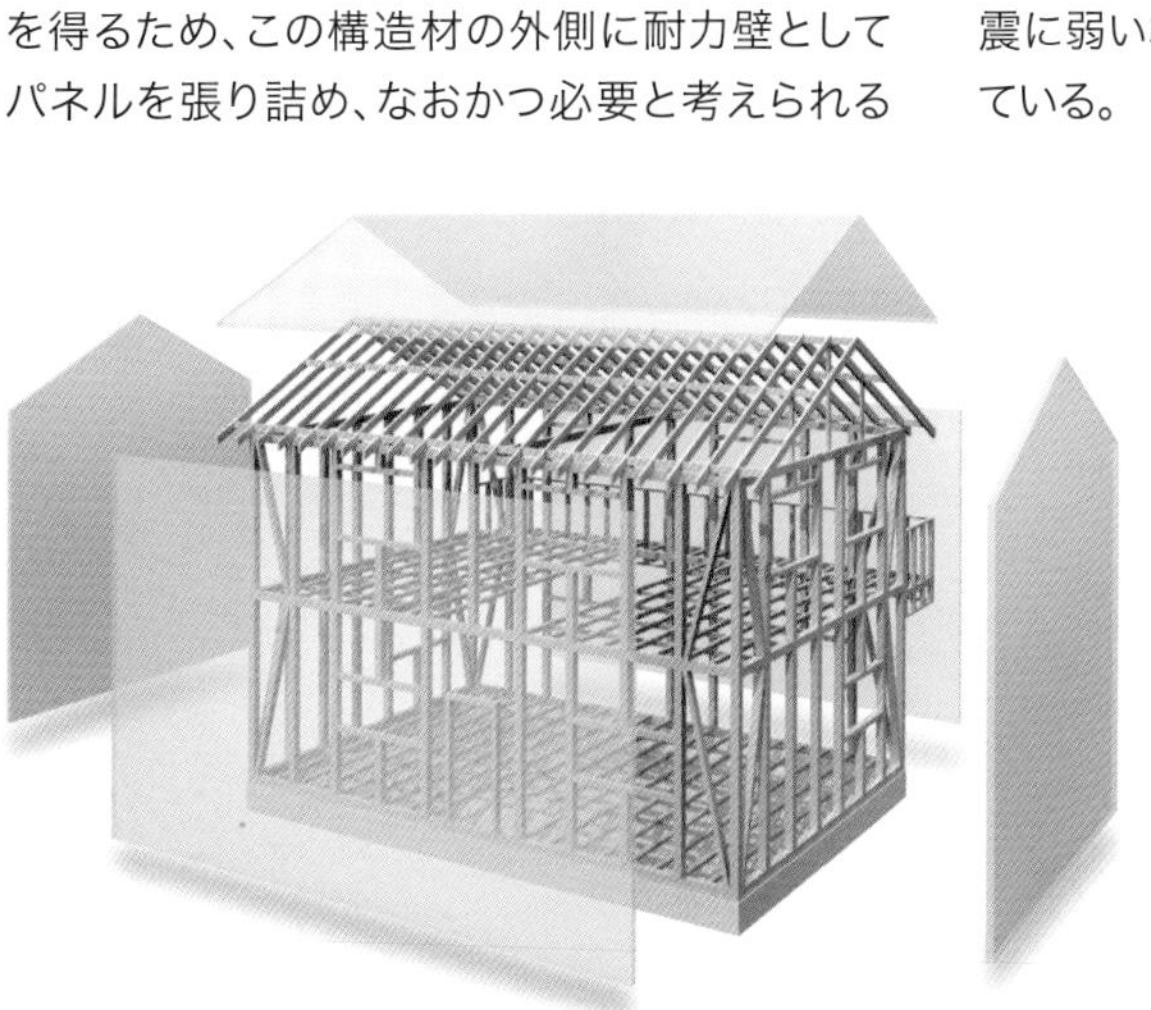

もし地震や風によって外から力が加わっても大丈夫
〈一般的な住宅〉筋交い
0宣言の家
「点」ではなく「面」で支えるから強い！
だから地震に強い！
風にも揺れない！

※各建材や商材の仕様などは、予告なく変更する場合がございます。

徹底した工法と建材の追及で耐震・免震・減震に対応する優れた住宅性能を実現

2011年の東日本大震災、2016年の熊本地震で被災した地域に建っていた「0宣言の家」は、1棟も倒壊しなかった。
それどころかほとんどが無被害で難を逃れたと言う。
では、「0宣言の家」のどのようなところが、優れた耐震性能を実現させているのだろうか。

「0宣言」の家が地震に強い理由

盤石な基盤

基礎には「ベタ基礎工法(シングル配筋)」を採用。コンクリートの割れに対して、粘り強くするためにベタ基礎に鉄筋を入れ、通常のコンクリートの設計基準強度をはるかに上回る強度を実現している。

強固な構造

設計制限を受けずリフォームの場合にも対応しやすい木造在来軸組パネル工法と、耐震面に強みを持つ2×4壁工法の2つを組み合わせた「剛構造」を採用。

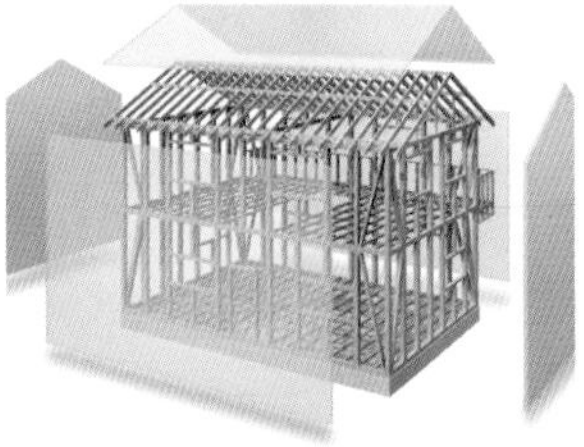

軽量で粘りのある外壁

「0宣言の家」1軒分の外壁の重量の合計は一般的な外壁材・サイディングの約4分の1の軽さ。また、塗料や外断熱材には軽量で柔軟性がある素材を採用しているので地震の揺れに対して効果を発揮する。

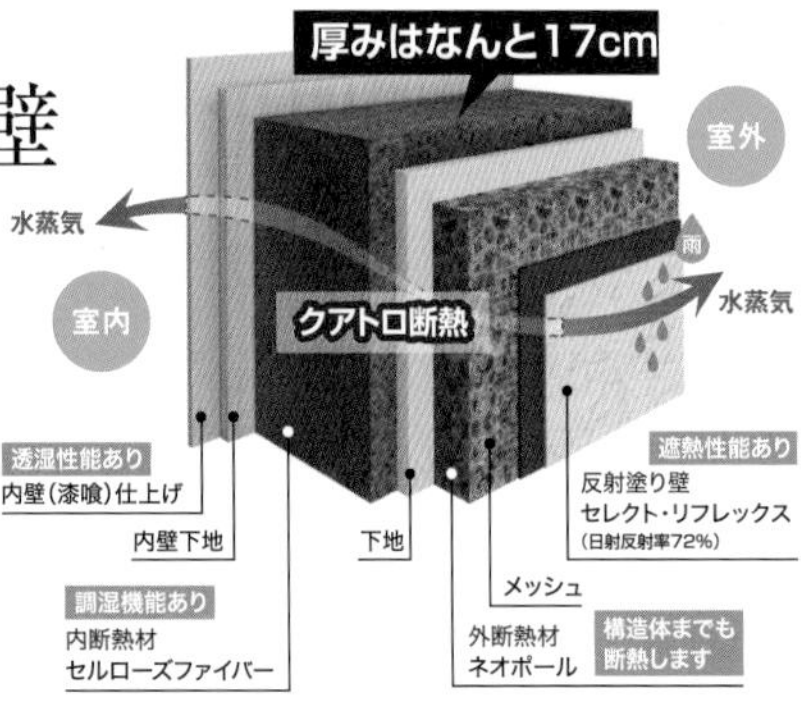

免震・減震性能

地盤改良が必要な場合に「SG(スーパージオ®)工法」を任意で採用。地盤補強ができるだけでなく、免震性能も発揮し、地震の揺れを建物に伝えず、家財の倒壊までも防止してくれる。また、液状化対策も可能(「SG300」のスーパージオ材を用いた場合)。

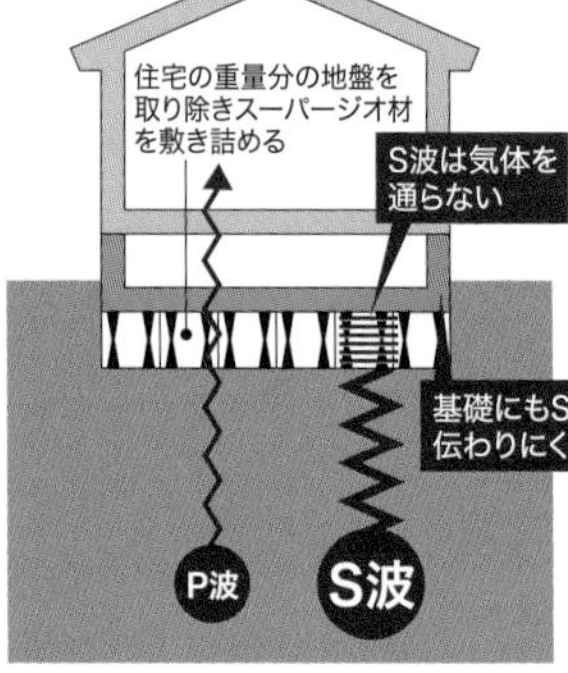
基礎にもS波は
伝わりにくい

基礎は「ベタ基礎(シングル配筋)」を標準仕様とし、使用するコンクリートは通常の設計基準強度が210~270kgに対して、「0宣言の家」では独自の施工技術により400kg以上を実現している。

構造は、伝統的な木造在来軸組パネル工法と耐震面に強みを持つ2×4(ツーバイフォー)壁工法の2つを組み合わせた「剛構造」(ハイブリット工法)を採用。必要な部分にしっかりと筋交いを施工して、地震に強い造りに。構造材は無垢材を適材適所に使用。柱には圧縮強度の強いヒノキや杉、梁には曲げ強度及びせん断強度の高いマツ材を採用するなど、材一つを取ってもより地震に強い家づくりの一助となるように、妥協せずに取り組んでいる。

また、震災後に被害が多いとされている外壁材・サイディングは1枚約17~20kg/㎡の重量があり、家1軒(外壁面積を200㎡とする)に換算すると約3500~4000kgもの重さが外壁としてぶら下がっていることになる。それに対して「0宣言の家」1軒分の外壁の重量の合計は約900kg。サイディングの家の約4分の1の軽さということになり、家自体の重量が地震の揺れに対する倒壊に大きく影響することが分かる。

住宅の施工方法はさまざまあり、基礎や構造、使用する建材など何か一つをハイスペックにすれば良い訳ではなく、家全体のバランスが大切。安全性と予算をしっかりと見極めて選択していくことも、施工業者に求められるノウハウの一つだ。

災害時に安心安全な水を供給
貯水タンク「マルチアクア」で
住まいに防災の持久力を

2024年1月1日に発生した能登半島地震、過去の東日本大震災、熊本地震や大雨、河川氾濫などの災害をきっかけに、防災・レジリエンスの意識が高まり、国土交通省においても災害時に命や財産を守る住宅の提案を強める傾向にある。その中で、自宅で行える「飲料水」の確保に注目し、断水時でも安心安全な水が供給できる貯水タンクを紹介しよう。

断水時に必要な貯水量

マルチアクア（S1、S1-R）は、

断水時4人家族3日分を賄える、36リットルの安心の貯水量

使用方法

取り付け簡単　メンテナンスフリー　ランニングコスト不要

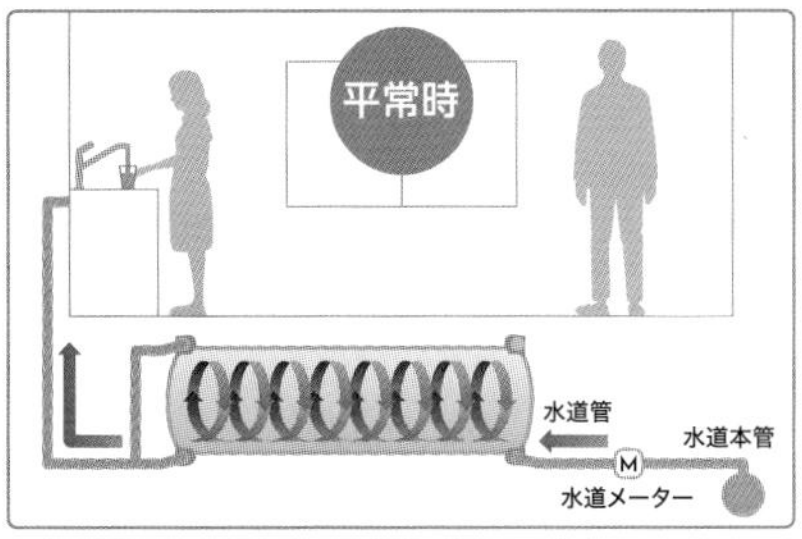

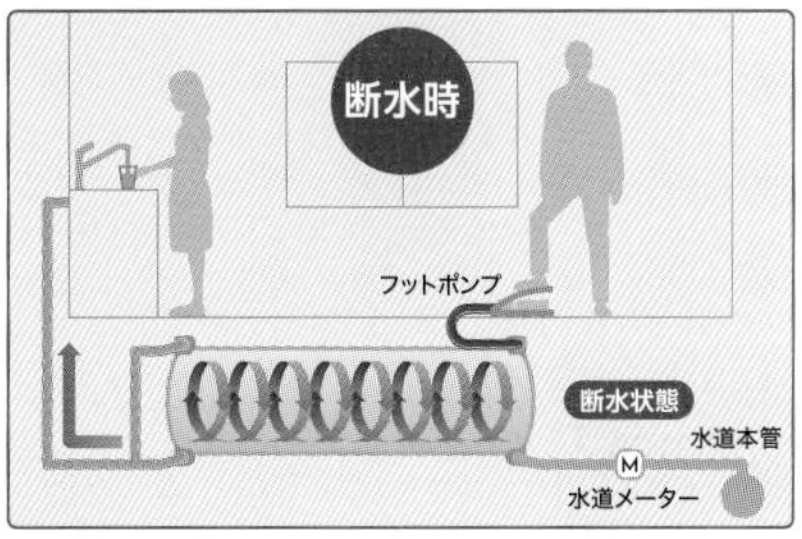

水道水を使用すると貯水された水が入れ替わる構造。
らせん状に循環するので死に水にならず、断水しても最大で7日間飲用が可能。
断水時、マルチアクア本体にフットポンプを接続し、踏むと蛇口から水がでる。
10回踏むと約1.5リットルの水を給水することができる。

水道直結型

断水時に必要な飲料水を提供する

Multi Aqua
マルチアクア

屋内用

マルチアクアS1（容量36ℓ）
サイズ：W242㎜×L850㎜×H310㎜
重量：11kg（乾燥時）

マルチアクアS1R（寒冷地仕様）（容量36ℓ）
サイズ：W260㎜×L860㎜×H314㎜
重量：12.5kg（乾燥時）

マルチアクアS2（容量60ℓ）
サイズ：W268㎜×L1,150㎜×H335㎜
重量：18kg（乾燥時）

屋外用

マルチアクアC（容量150ℓ）
サイズ：W318㎜×L2,000㎜×H395㎜
重量：44kg（乾燥時）

住宅においては、太陽光発電や蓄電池の普及が、電力の自給自足を身近なものにし、災害時における住まいのレジリエンス向上に寄与している。しかし、生命を維持するために必要な「飲料水」を確保することには、まだ取り組みが不十分であり、今後は欠かせない課題事項だ。

政府は、家庭が行う災害への備えとして、飲料水は1人1日3リットルを目安に、3日分の備蓄を推奨（大規模災害発生時には1週間分の備蓄が望ましいとしている）。4人家族、3日分の場合は、最低でも36リットルが必要となる。

そこで提案したいのが、常に新鮮な飲料水を貯水し、断水時に必要な飲料水を提供してくれる貯水タンク「Multi Aqua（マルチアクア）」だ。

36リットルの貯水（S1、S1－R）が可能。日常で水道水を使用するとタンク内の水が入れ替わる構造になっているので、常に新鮮で安心な水を貯水できる。設置場所は床下や外壁北側など、住まいのデッドスペースを利用でき、給水管に取り付けるだけなので設置工事もスムーズで建築コストへの影響も最小限。ランニングコストもメンテナンスも必要ない。

これから家を建てるのであれば、災害時でも安心できる要素として、備えておきたい設備の一つだ。

※各建材や商材の仕様などは、予告なく変更する場合がございます。

抗ウイルス・抗菌効果を発揮する
吹付施工薬剤 NDコート

塗るだけで長期間抗ウイルス・抗菌効果を発揮してくれる吹付施工薬剤(室内塗料)「NDコート」。
ナノダイヤの力で安心・安全な「抗ウイルス空間」を実現してくれる。
家族の健やかな暮らしに、取り入れたい技術の一つだ。

安心して過ごせる「抗ウイルス空間」を実現

優れた性能

※イメージ図

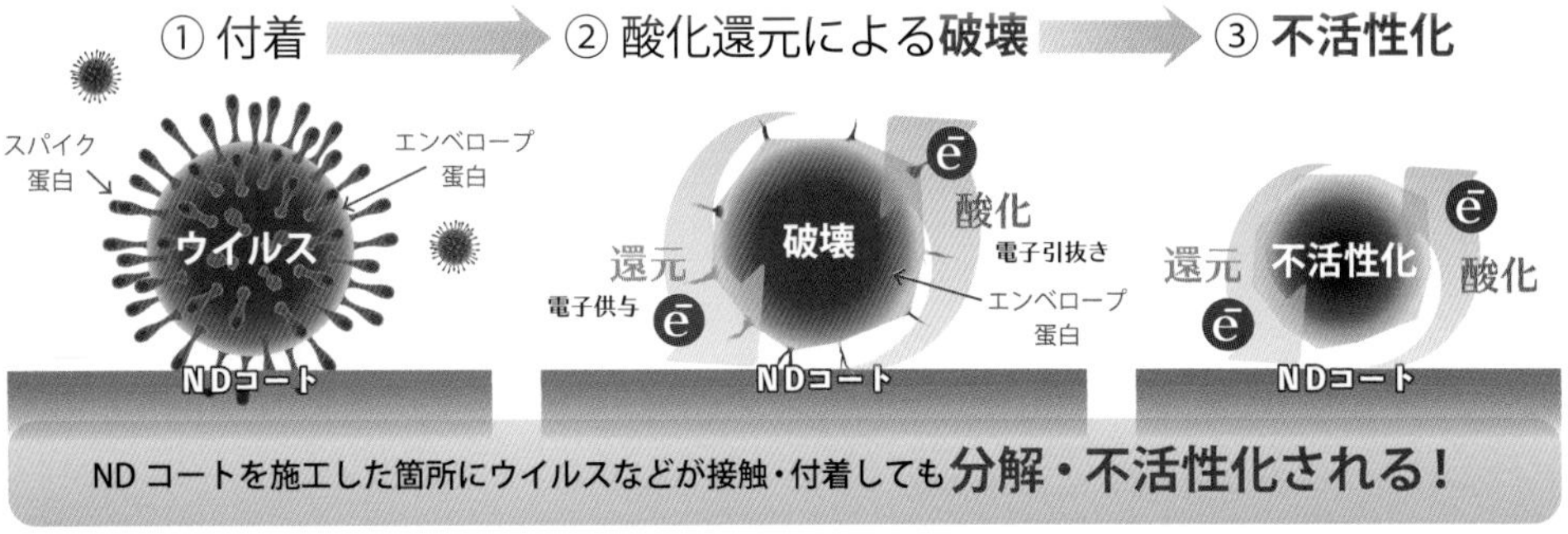

新型コロナウイルス、
インフルエンザウイルスに
対しての
抑制効果あり!

- **抗菌** 黄色ブドウ球菌、肺炎桿菌、かび抵抗性、MRSA、大腸菌、緑膿菌
- **消臭** ホルムアルデヒト、硫化水素、酢酸、ノネナール、イソ吉草酸、アンモニア
- **有害物質除去** ホルムアルデヒド、VOCを分解・除去
- **防汚** 強い撥水性
- **防カビ** 159種類のカビ菌を抑制

確かなエビデンス

新型コロナウイルスを破壊する効果が!

ウイルス減少率 10分で 91.363%

奈良県立医科大学医学部 微生物感染症学講座 矢野寿一教授に、新型コロナウイルスに対するNDコートの効果を明らかにするために研究を依頼。その結果、NDコートを新型コロナウイルスに接触させると、ウイルスの感染値は徐々に減少し、**10分後には91.363%、8時間後には99.781%の減少率**を確認。新型コロナウイルスを破壊する効果を実証し、証明書を取得した。

施工実績

医療現場、JALやJRでも採用

医師をはじめさまざまな現場でその性能が認められたNDコートは、国立病院やクリニック、JAL(日本航空株式会社)の客室内やJR駅構内のトイレなどの公共の場での施工実績がある。

・JALグループ・JR、都内地下鉄・国立病院・兵庫県芦屋市内科クリニック・広島県大規模レストラン など

NDコート施工の様子

「NDコート」に使われているナノダイヤモンドは、表面活性力が高いことが特徴。異なった電位の表面構造を持ち合わせているため、電荷移動が起こり、接触した物質に対し酸化還元反応を起こす。すると、ウイルス類や細菌類、カビ類、悪臭成分類に対して分解作用をもたらす。

また、光や温度の影響を受けることなく、安定した効果を長期間発揮。基本的には一度塗装すると、半永久的に効果を発揮するが、ドアノブやテーブルなど日常的に触れる頻度が多い部分、頻繁に物が接触するような場所は、穏やかに劣化していく。ドアノブや取っ手などの金属部分は2〜3年。その他は10年程度が目安となる。

施工は建物丸ごとでも一部(玄関だけ、トイレだけなど)でも可能だ。施工後には高い精度で汚れを確認できる機器を使って、抗ウイルス効果を数値でチェックできるので安心。

COLUMN

JALの取り組みがメディアでも注目!

FNN
プライムオンライン

飛行機の客室内にNDコートを採用した取り組みがニュースで取り上げられた。

小さな子どもでも安心

皮膚一次刺激性、眼刺激性、急性経口毒性、変異原性※の4つの試験を全てクリア。小さな子どもから肌の弱い人でも安心。

※化学物質などが生物の遺伝子に作用し、その分子構造の一部を変えたりして遺伝子的性質を変える働きのこと。

※各建材や商材の仕様などは、予告なく変更する場合がございます。

人体に害を与えないホウ酸処理でどのシロアリからも防御

大切な家を守るために必要な対策の一つとされる「防蟻対策」。
いわゆるシロアリ対策だが、輸入した材料などに紛れ込んだシロアリへの対策も必要で、
建築基準法で定められた従来の防蟻処理だけでは不十分な時代に。

すっぽりと外周すべてに
ホウ酸を塗布する。
※愛工房（P66）の
野地板には塗布しない

ホウ酸処理〈防蟻〉

世界で実証！有害物質を一切含まない「ホウ酸」。躯体全体をすっぽりと包み、ホウ酸処理します。

今、日本の住宅の土台や基礎に塗布されている防蟻剤。そのほとんどが農薬系。言い換えれば猛毒。その効き目は3〜5年でなくなり、また、人体への悪い影響もある。私たちは、人に害がなく、なおかつ半永久的に持続する素材をおすすめしている。

アメリカカンザイシロアリ

シロアリ対策というと、地中にいるシロアリからいかに土台や基礎を守るかが大切だった。しかし今は輸入した建材や家具などに紛れ込んだ「アメリカカンザイシロアリ」が瞬く間に日本全国に広がったため、その対策も必要となっている。従来のシロアリは湿気を好むものだったが、アメリカカンザイシロアリは乾材を好むうえ、羽アリのため空中からやってくるというやっかいな害虫だ。

地面から1mまでの範囲は建築基準法で防腐・防蟻処理が義務づけられ、この範囲を「地下シロアリ対策」部分といい、それより上部が「カンザイシロアリ対策」部分。「0宣言の家」では構造材すべてにホウ酸処理を施し、どのシロアリからも家を防御。農薬系の一般的な薬剤はわずか3~5年で効果がなくなるが、新築時にホウ酸処理をしておけば半永久的に効果が持続するため、費用も安価になる。

日本では、松枯れの原因とされる害虫を駆除するため、松林への農薬散布が30年以上も行われている。これにより、セミや野鳥が姿を消し、生態系に影響が及ぶという報告も。この有機リン系農薬が、タバコの有害成分であるニコチンに似たネオニコチノイド系農薬で昆虫や人の神経伝達物質を狂わせ、胎児・小児では低用量でもさまざまな影響があるという。しかし、量産ハウスメーカーによる家の床下には、ネオニコチノイド系の防蟻処理剤が大量に散布されているのが現状だ。住む人の健康や未来を担う子どもたちのため、「0宣言の家」ではこうした防蟻処理剤を使わず、人に害を与えないホウ酸処理を行っている。

※各建材や商材の仕様などは、予告なく変更する場合がございます。

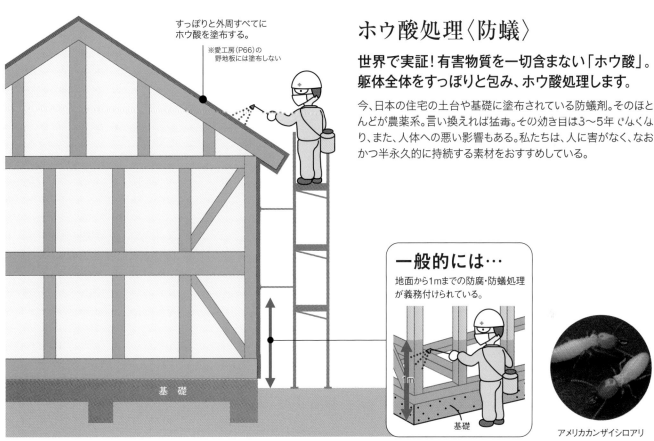

各地のモデルハウスで「0宣言の家」を体感

体に優しく、家自体が長持ちする素材で建てられた「0宣言の家」。

全国各地にあるモデルハウスで、その心地よさを体感したり、設計の自由度やデザイン性の見学が可能。

お近くのモデルハウスへ足を運んでみて。

仙台

宮城県仙台市

無添加計画

20帖ほどのリビングダイニングスペース。カーテンを開けると室内と段差のないウッドデッキが張り出し、屋内外が一体化したつながりは空間の広がりを感じさせてくれる

「0宣言の家」の外断熱パネルの標準仕様は25㎜だが、100㎜と4倍の厚みにして断熱性能を強化した仙台のモデルハウス。窓もトリプル（3層）ガラスの木製&樹脂窓を採用。建物全体を高断熱化することで消費エネルギーの削減はもちろん、一年を通して常に快適な温湿度を保つように設計された、住宅性能の高さを体感できる物件となっている。

エアコン1台で家中の温度をキープ

自然素材を最大限活用する「0宣言」の家づくりはもちろんですが、このモデルハウスを建設するにあたり最も重視したのは温熱環境です。地球環境に負荷をかけず、太陽の光や風をコントロールしながら夏涼しく、冬暖かい暮らしを実現するパッシブ（自然）設計で、ゼロエネルギーを超える"プラスエネルギー"のプロトタイプを目指しました。そのため、真夏でも2階に設けたエアコン1台で快適な空間を実現でき、家中どこにいても温度が変わりません。

株式会社無添加計画
取締役 仙台支店長 **阿部 優氏**

POINT

1. 実際の暮らしを想定して、家族の生活動線を確認しよう
2. ソファや椅子に腰かけて空間を味わってみるのもポイント
3. 家中どこにいても快適温度が保たれていることをチェック
4. 夢の設計を叶える技術・性能について聞いてみよう
5. 自然素材ならではの空気の清涼感を他社と比べてみよう

お問い合わせ・お申し込みは
住医学研究会 0120-201-239
https://jyuigaku.com

静岡

静岡県沼津市

藤田工務店

キューブ型のモダンな外観が特徴の『体験宿泊型』モデルハウス。日常を過ごすように飲料水やお風呂に使う水、寝つきの良さなどを感じることができる

大阪

大阪府箕面市

越木岩大和住宅
（グリーンライフ兵庫）

風格あるたたずまいを感じさせるチューダー調のティンバーフレーム。樹齢200年のレッドシダーを使った落ち着きのある空間は、一見の価値あり

京都

京都府京都市

リード・アーキテクト

京都初の『体験宿泊型』モデルハウス。健康に良い安心安全な建材・素材だけを使った住宅の快適さを見て、触って、実感できる

香川

香川県綾歌郡
綾川町

江郷建設

厳選した無垢材に包まれる心地よい空間が広がるLDK。クアトロ断熱による室内環境の心地よさを感じることができる体験型ショールーム

大分

大分県国東市

利行建設

天然無垢材に囲まれた癒やしの空間。「0宣言」の特徴である断熱性能の高さ、体感温度が1年中一定に保たれている空間を体感できる『体験宿泊型』モデルハウス

愛知

愛知県名古屋市

無添加計画

モデルハウスの詳細はP82に掲載

神奈川

神奈川県相模原市

相陽建設

モデルハウスの詳細はP86に掲載

各モデルハウスの見学には事前の確認・予約が必要となります。担当の会員工務店、または住医学研究会までお問い合せください。（P144-145問い合わせ先掲載）

0宣言の
モデルハウス

全国各地にあるモデルハウスの中から、今回は愛知県名古屋市と神奈川県相模原市にある
2つのモデルハウスを編集部で取材。
モデルハウスのコンセプトや性能、デザイン性など、見どころをたっぷりとご紹介。

パッシブ設計に空調計画をプラス。進化する『0宣言』の最新モデルハウス

MODEL HOUSE
01
名古屋市 守山区
Produced by 無添加計画

吹き抜け天井で気持ちよさと開放感あふれるリビング。屋外には夏の強い日差しをカットする庇に加え、天気によって開閉できるブラインドを設けた。これにより日射をコントロールするとともに、小屋裏にある家庭用エアコン１台で家全体を快適な室温に保っている

冬は日差しを取り入れ、夏は遮り、室内温度を一定に

名古屋市守山区の閑静な住宅が建ち並ぶ一角に『0宣言』のモデルハウスはあった。

施工したのは無添加計画。最もこだわったのは「太陽に素直な設計」にすることだ。高気密・高断熱住宅専門の設計士のもと、南面と東西北面の窓の大きさ、季節によって角度の変わる日射の取得や遮断による熱損失、そこに関わる光熱費などをすべて計算した上で、その家にとって最適なパッシブデザインで設計しているという。

もちろん『0宣言』の基準スペックであるクアトロ断熱、漆喰の塗り壁や無垢材などの自然素材を使用することへのこだわりはそのまま。天然木が持つ優れた調湿効果により、年間を通じて室内は適度な湿度に保たれ、空気はさらっと爽やか。健康的で快適な住空間は十分保証されている。

その上に、日射をコントロールするパッシブ設計と空調計画を取り入れた結果、極力機械に頼らず、夏は小屋裏（屋根と天井の間のスペース）、冬は床下の家庭用エアコン1台で、家のどこにいても1年中温度が変わらない、理想の省エネ住宅が実現した。

南面の窓を大きくすることで冬の日射をたっぷり取り込み、暖房効率をアップ。暖房も1台で十分！

2階から屋上に上がる階段。ホールには趣味の道具を置けるスペースも

発電・蓄電設備搭載で
省エネ&災害時には
自宅がシェルターに

バルコニーでは眺望が楽しめるとともに、周囲の目を気にせずプライベート空間を満喫できる。屋根には5.7kWの太陽光パネルと太陽熱温水器が設置されている

家に1歩入ると
爽やかな木の香りに
全身が包まれる

天井まで高さのある本棚で仕上げられた2階の主寝室。1階と2階の空気が循環する仕組みで、室内にエアコンがなくても、夏涼しく、冬暖かい。右奥にはキャットウォークが続いている

広々としたキッズルーム。ドアが2つあり、真ん中で仕切って部屋を2つに分けることも可能

木で造作した2階の手洗いスペース。趣を演出する設えで、思わず手を洗いたくなる

癒やしのトイレ空間。床下から暖気が流れてくることで、他の部屋との温度差もない

室内干し可能なランドリールーム。調湿効果の高い無垢材により洗濯物の乾きも早い

人気の半ユニットバス。上半分は木の香りがたっぷり。癒やしと高級感を味わえる

効果的な間接照明が美しい洗面台。鏡はスライド式でレトロ感を醸し出す

広い玄関の奥には土間収納が。そのさらに奥にはパントリーがあり、キッチンへとつながる

玄関ドアに雨風が直接当たることを軽減する大きめの庇を採用。ドアと色違いの木の外壁が印象的

アウトドアリビングのイメージで造られたウッドデッキ。保護剤を塗布したヒノキは100年持つとか

家の性能をここまで追求するのには理由がある。それは、近年の異常ともいえる気温の上昇とインフレによる光熱費やガソリン価格の高騰だ。

そこで、モデルハウスにはさらに太陽光パネル、太陽熱温水器、蓄電池を導入し、V2H（電気自動車が家庭の電源になる装置）も導入予定。実際にこれだけやると電気代が安くなるのはもちろん、災害時や停電が続いたときでも、日射さえあれば1週間くらいは快適に過ごすことができるという。まさに自宅がシェルターになる感覚だ。

また、無添加計画では、耐震等級3の取得と構造計算の実施を推奨。このモデルハウスでは、1階南面の開口部（窓）を広くとるため、両脇の壁の厚さを通常の2倍で設計し、制振ダンパーも設置することで、震度7の揺れも吸収できる耐力を持たせている。「ご家族の幸せな未来のために、本当の意味で"安心安全"な家づくりを」と呼びかける同社。このすべてをご自身の目で確かめてみてはいかがだろうか？

DATA

[構造]木造在来軸組パネル工法
[断熱]クアトロ断熱〈内断熱〈充填〉：セルローズファイバー/外断熱：ネオポール/遮熱塗り壁材：セレクト・リフレックス/調湿効果内壁：スペイン漆喰〉
[屋根材]ガルバリウム鋼板
[外装材]遮熱塗り壁材（セレクト・リフレックス）
[床材]無垢スギ、マツ
[内装材]スペイン漆喰

[施工]無添加計画

お問い合わせ・見学のご予約 TEL：0800-800-5060 **株式会社無添加計画**
※ご来場の注意：ご来場の際は事前にご予約をお願いいたします。

[モデルハウス概要] 住所：愛知県名古屋市守山区　**定休日**：水曜、第2・3火曜

MODEL HOUSE

02

相模原モデルハウス
Produced by 相陽建設

医学的根拠に基づいた『0宣言の家』にデザイン力をプラスした体験型モデルハウス

SOLE LIVING（相陽建設）が手掛けた体験型モデルハウスが神奈川県相模原市に完成。「5つの体験」ができるモデルハウスとして公開している。

5つの体験とは、①自然素材、木の空気感を体験できる ②家事が楽になる生活動線を体験できる ③次世代型住宅「スマートハウス」を体験できる ④夏は涼しく、冬は暖かい高性能な断熱住宅を体験できる ⑤建てた後の暮らしがわかる「宿泊」を体験できるというもの。中でも④は「0宣言の家」の性能と特徴をよく表している。まず、クアトロ断熱による調湿効果。体感温度が一定に保たれ、エアコン1台で1年中快適に過ごすことができる。その爽やかな空気感をぜひご自身で体感していただきたい。そうは言っても近年の温暖化で、夏はさすがに暑いのでは？という声が聞かれそうだが、心配には及ばない。

ポイントは大屋根と、家の中で一番日差し（熱）が入る2階の南側に大きな窓がないこと。1階のリビングには大開口の窓があるものの、大屋根の庇が深いため、高い位置にある夏の日差しは防ぎ、低い冬の日差しは庇をくぐり抜け部屋を温める。この設計が、快適性と省エネが共存できることを証明している。

白い外壁に質感と重厚感のある木製の扉が映える。扉の向こうは広々とした玄関ホールへと続く

家族が自然と集まる寛ぎの空間は、これだけの広さがありながらエアコン1台で夏は涼しく、冬は暖かく過ごせる。これも無垢材や漆喰の採用だけでなく、断熱材や基礎材など見えないところもしっかりと施工した「0宣言の家」の特徴だ

キッチンからパントリーを通って水回りへ続く動線が家事の負担を軽減させる

キッチンとカウンターをフラットにつなげ、キッチン側の床を15㎝下げることで、家事をしながら目線を合わせられる工夫も

大開口と吹き抜けによって広々とした明るい空間を演出。窓の向こうはウッドデッキから庭へと続く

玄関を開けると正面に囲い庭の緑が広がる。家に入った瞬間に景色を楽しめる、開放感ある間取りだ

外からの視線に配慮して目隠しの塀を設けた庭は、バーベキューなどを楽しむセカンドリビングとして活用

玄関横の土間を大人のホビールームにしてみませんか？

玄関から続く土間は、自転車やキャンプ道具など汚れの付いたものも持ち込みOK。油などを使う道具の手入れやDIYの作業にも向いており、趣味を楽しむにはベストの空間だ。壁はオーク材に緑色の水性塗料を施し、壁掛け収納ができる工夫も

構造体の振動を吸収する制振ダンパーを設けることで、地震に強い家になる

トイレ空間もゆとりを持たせた。カウンターはタオル掛けや収納スペースも備えている

ゆとりある洗面室。脱衣室とは分けてあり、他の人が入浴中でも気兼ねなく使用できる

浴室は最新のシステムバスを採用。打たせ湯を浴びながら優雅なバスタイムを満喫

脱衣室から出入りできるバスコート。入浴後にここで寛ぐ至福の時間を体験してほしい

このモデルハウスの魅力は、それだけではない。見学者の五感に訴える家づくりの提案が豊富になされている。たとえば〝色使い〟。壁の濃い緑色、スモーキーなミントグリーン、アイボリーなど、都会的でスタイリッシュなカラーをアクセントとして配し、部屋ごとにメリハリをもたせた。もちろん塗料を含めて全て自然素材を採用している。

また、新しい間取りの提案として土間スペースの活用がある。平日は集中して仕事ができるテレワークスペースとして、休日は日頃の疲れをリフレッシュするホビールームにもなり、充実した生活を送れる設計に。ほかにも開放感たっぷりのリビング、プライベート感を演出できる囲い庭、回遊性のある水回りなど、見どころが満載だ。

家族の理想の住まいを探しに、早速、出掛けてみてはいかがだろうか。

2階のホールからはLDKが見下ろせ、吹き抜けを通して家族の気配が感じられる

性能、間取り、デザイン、全てにこだわったフルオーダー住宅を提案

階段を上がった先にある2階ホールの窓側は、PCを開いたり読書をしたりと、1人になれる場所。窓からの日差しと風を感じながら、ゆったりとした時間が過ごせそうだ

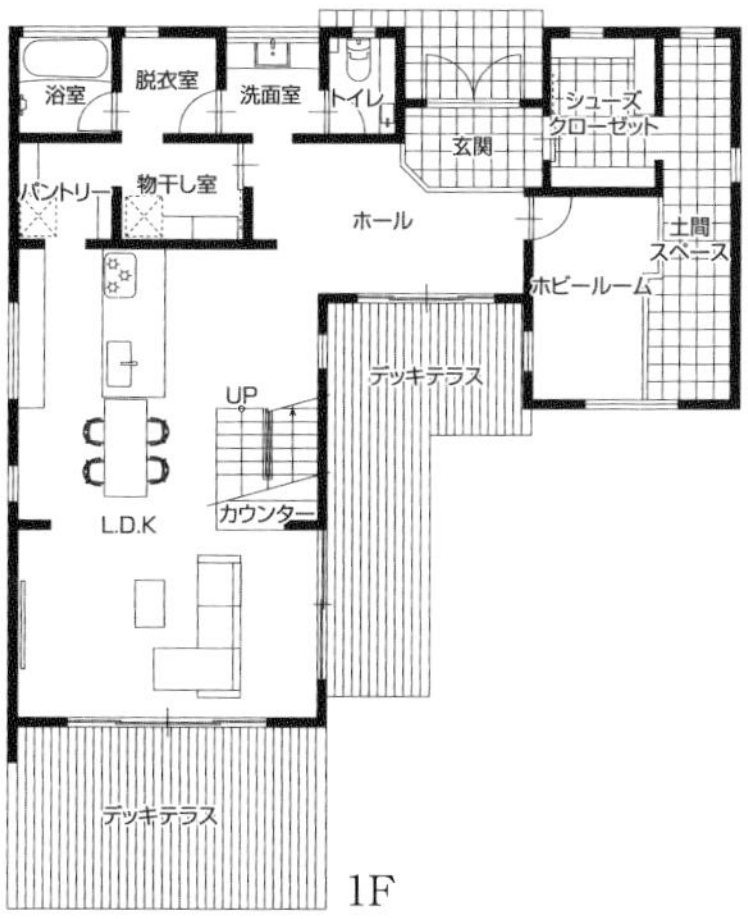

1F

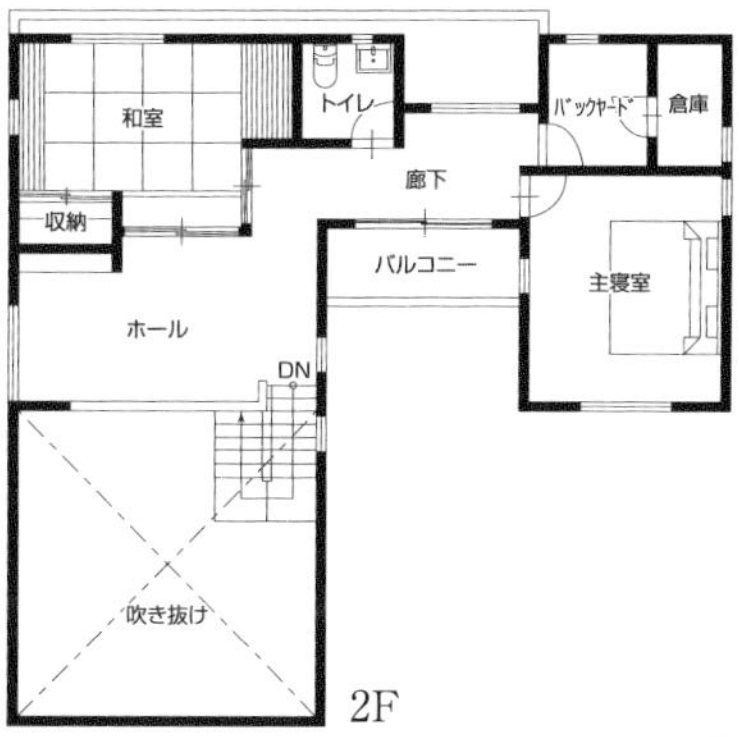

2F

白を基調にした清潔感ある主寝室。スペイン漆喰の壁と天井で室内はいつもカラッと爽やか

地窓を設けた和室は、あえて天井を低くしてこもり感を演出。天井には屋久杉材を使用した

[構造]木造在来軸組パネル工法
[断熱]クアトロ断熱(内断熱〈充填〉:セルローズファイバー/外断熱:ネオポール/遮熱塗り壁材:セレクト・リフレックス/調湿効果内壁:スペイン漆喰)
[屋根材]瓦葺き
[外装材]遮熱塗り壁材(セレクト・リフレックス)
[床材]オーク、ウォルナット、クリ、マカバ
[内装材]スペイン漆喰、パイン、ヘム、屋久杉

[施工]SOLE LIVING(相陽建設)

お問い合わせ・見学のご予約 TEL:0120-704-991

SOLE LIVING(相陽建設)
※ご来場の注意:ご来場の際は事前にご予約をお願いいたします。

[モデルハウス概要] 住所:神奈川県相模原市中央区矢部2-29-1 **開場時間**:10:00〜18:00 **定休日**:火・水曜

「0宣言の家」の仕様で叶える 断熱・健康リフォーム

住宅をリフォームする際には、経年劣化した部分の修理だけではなく、これからも快適に過ごせる状態にすることを考えてほしい。リフォームに「0宣言の家」の仕様を取り入れることで、一年中快適に暮らせ、ラインニングコスト削減も可能な住まいへ生まれ変わる。

Before　After

日本では、喫煙に次いで高血圧が成人死亡に対する危険因子の第2位に位置付けられている。このことから、室内の温熱環境の改善が血圧低下を通して健康維持増進にもたらす影響は大きいと考えられている。脳卒中死亡率の高い地域では、暖房室と非暖房空間の温度差が大きい。脳卒中患者群と対照群の住宅室温比較により、室温が高く維持されれば脳卒中の発生が減少するといった実証報告もある。

昨今よく聞く言葉に「ヒートショック」がある。ヒートショックとは、急激な温度差がもたらす体への悪影響のことで、前述のような症状や脳梗塞・心筋梗塞などを起こす。ヒートショックに対する認知度は高まってきているが、ヒートショックによる死亡者数が交通事故死亡者数よりも多いことに対する認知度は低いままだ。このことがヒートショック対策の遅れを表している。とくにヒートショックが起きやすい一般住宅の風呂場・脱衣場の気温は依然として低いのが現状だ。

また、高血圧は循環器系疾患の主要因ともされており、寒い住宅は特に居室間の温度格差が大きく、居住者の血圧を上昇させ、高血圧は循環器系疾患や脳血管疾患のような疾病の原因となることが分かっている。住宅の断熱性を向上させることは、「快適性」だけではなく、「疾病予防」にも役立つのだ。リフォームをする際にはぜひこのことも頭において、性能面も重視してほしい。

慶應義塾大学 理工学部
システムデザイン工学科
伊香賀 俊治 教授

1959年、東京都出身。早稲田大学理工学部建築学科卒業、同大学院修了。日建設計、東京大学助教授を経て、2006年より現職。建築環境工学を専門分野に、内閣官房、国土交通省、文部科学省、経済産業省、環境省、厚生労働省などの建築関連政策に関する委員を務める。著書に『CASBEE入門』『健康維持住宅のすすめ』『最高の環境建築をつくる方法』など多数。

室温が10℃下がると70歳以上では8mmHg血圧上昇

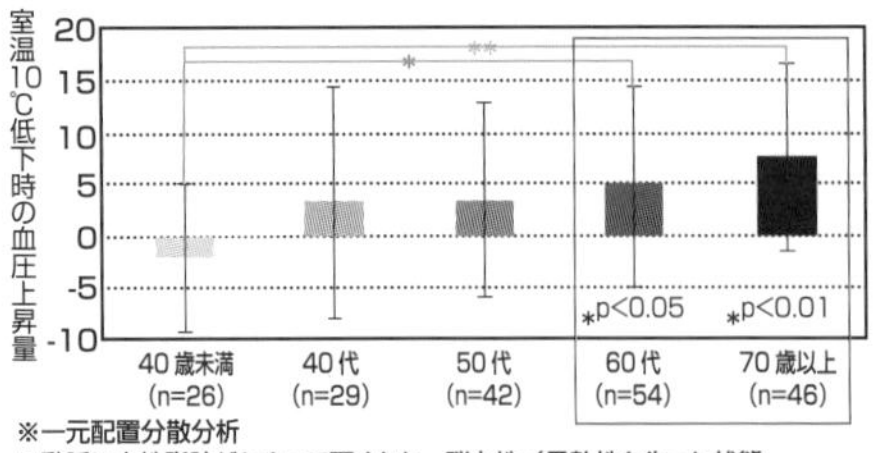

※一元配置分散分析
※動脈に中性脂肪がたまって硬くなり、弾力性／柔軟性を失った状態
室温 10℃低下時の年代別の血圧上昇(慶應義塾大学伊香賀俊治研究室〈海塩渉・安藤慎太郎〉)

1年間の住宅内での死亡者数の推移(疾患別)

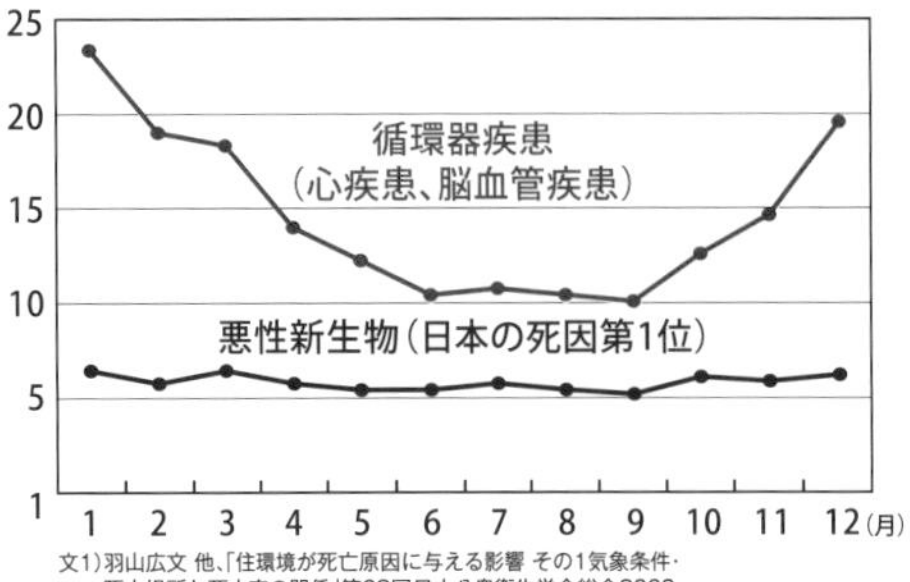

文1)羽山広文 他、「住環境が死亡原因に与える影響 その1気象条件・死亡場所と死亡率の関係」第68回日本公衆衛生学会総会2009

血圧と循環器疾患の発生率の関係　588人、32年間の追跡調査

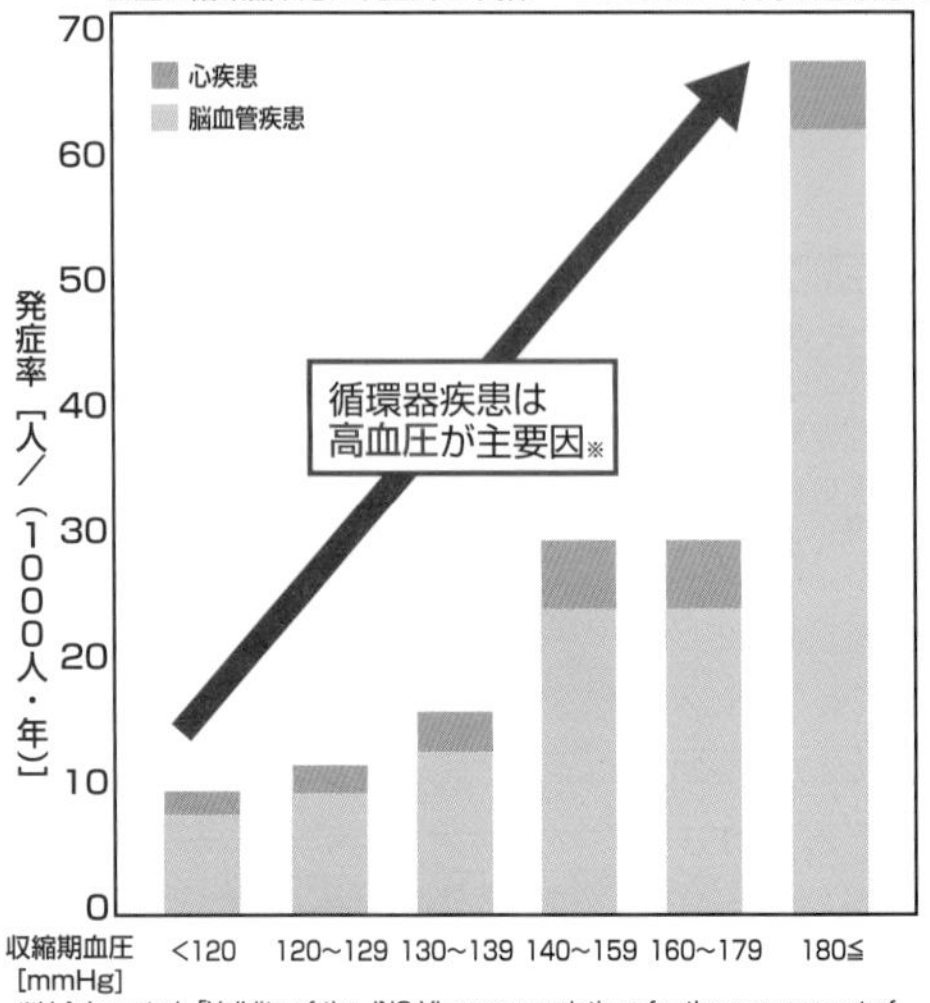

※H.Arima et al. 「Validity of the JNC VI recommendations for the management of hypertension in a general population of Japanese elderty The Hisayama Study」 2003

出典：柴田祥江、北村恵理奈、松原斎樹(京都府立大学大学院生命環境科学研究科)住宅内温熱環境の実態と居住者の意識に関する研究(その8)高齢者のヒートショック対策意識と行動、居住者の寒さに対する意識と室間の温度差に関する研究より／安村直樹(東京大学田無演習林)健康居住の実現に向けた木造住宅供給のあり方より／羽山広文、斉藤雅也、三上遥　健康と安全を支える住環境より

断熱・健康リフォームの施工箇所

工法と建材に徹底的にこだわる「0宣言の家」の断熱改修 住みながらの施工も可能

断熱改修を行うとなると、いったいどの部分を工事するのか。「0宣言の家」の断熱改修は、既存の外壁の上から断熱材を張り付け、更にその上から断熱効果も併せ持つ塗料を施工。壁の内側にも断熱材を入れ、屋根裏に遮熱シートと断熱材を施工することで完成する。これらは住みながらでも工事が可能だ。

また、断熱改修はその施工方法や断熱材、外壁塗料の選択が住宅会社によってさまざま。建材も妥協なく正しいものを選びたい。

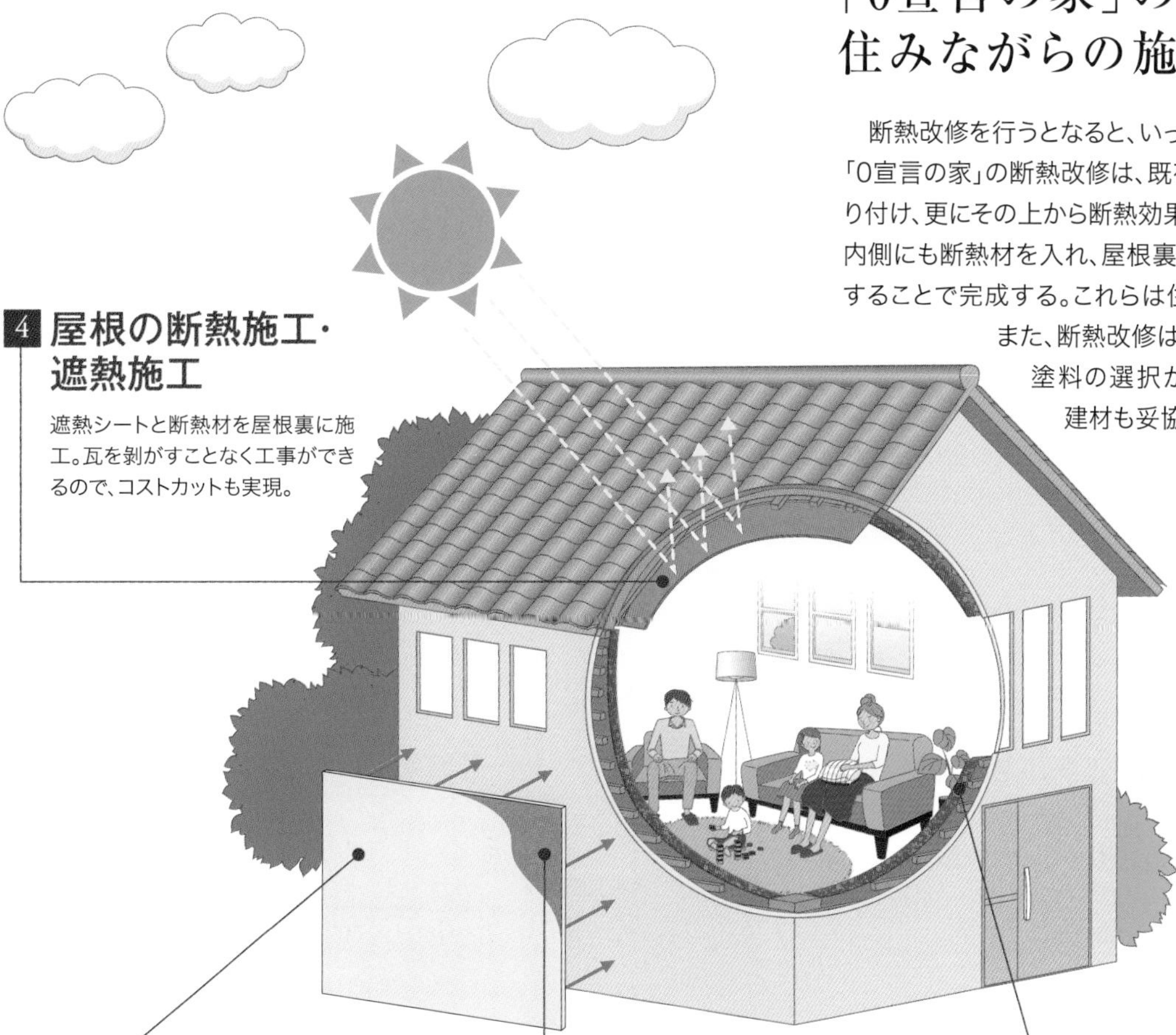

4 屋根の断熱施工・遮熱施工

遮熱シートと断熱材を屋根裏に施工。瓦を剝がすことなく工事ができるので、コストカットも実現。

1 外壁の断熱施工

劣化してひび割れやカビの生えたサイディング、モルタル、ALCパネルなどの上から張り付け。

2 外壁塗り壁材による遮熱

外壁の断熱施工を行ったあと、その上から遮熱塗料や光触媒漆喰などを施工する。

3 内壁の断熱施工

既存の壁の中へ断熱材を壁内充填により施工。断熱効果はより盤石なものとなり、調湿効果も発揮する。

健康リフォーム

一部屋漆喰リフォーム

漆喰のもたらす調湿効果・空気清浄で室内環境の改善を一部屋からでも

吸放出性能が非常に高いスペイン漆喰は「呼吸する壁」と呼ばれ、調質性能に優れている。主成分の石灰はアルカリ性のため抗菌性が高く、カビなどの発生を抑止。接着剤等の有機物質を使用しない無機成分だから劣化せずに長期間、効果を維持してくれる。家中全ての壁をスペイン漆喰にすることが難しい場合、リビングや寝室など長時間過ごす場所だけでも施工することをお薦めする。

マンションリフォーム

マンションでもその効果を実感 これからの暮らしを見据えた自然素材リフォーム

医学的なエビデンスに魅力を感じ「0宣言の家」仕様のリフォームを行ったA様邸。「マンションのリフォームで効果が得られるのか不安でしたが、室内の空気がきれいでホコリも激減しました。暑さや雨などに影響されず、安定した室内環境があるのは、これからの人生を考えると大切なことですね」とA様ご夫妻。

断熱・健康リフォームの施工内容と効果

1　外壁の断熱施工　高い安全性を誇るドイツ生まれの高断熱材 ネオポール

断熱パネルにネットを張って一体化。だから地震にも強い!

外壁材としての仕上げは複数行程におよぶ。「ネオポール」の上に、ナノ単位の粒子状の液体を加えた特殊なモルタル（コンクリート）を下塗りし、その上に割れ防止のネットを張り、全体を一体化させる。耐アルカリ性のネットを使うので、モルタルを用いても溶けることはない。さらに特殊モルタルをネットが薄く隠れる状態まで塗り、最終仕上げの上塗りを行う。

ネオポール 5つの特徴

①遮熱効果が高い　②省エネ効果が高い　③低コストを実現
④優れた結露防止効果　⑤高い安全性（環境への配慮）

ネオポールの大きな特徴は、自由自在に曲げることが可能だということ。表面にナノ単位の粒子を含むモルタルを薄く塗ることにより、両手で強く曲げても折れる心配がない。この性質がさらに地震の揺れに強い住宅を生むのだ。

2　外壁塗り壁材による遮熱　日射反射率72%の遮熱材 セレクト・リフレックス

強アルカリ性の中空セラミックがもたらす快適な住環境

温熱環境にかなり大きな影響を与えるのは太陽光による赤外線や紫外線。一般的な外壁は真夏には60℃くらいまで温度が上昇する。遮熱塗り壁は外壁の温度が30℃程度までしか上がらない。熱だまりのない、快適な温度には欠かせない素材だ。

セレクト・リフレックスの4つの特徴

①遮熱効果が高い
②柔軟性、透湿性がある
③汚れにくい
④防カビ剤が入っていない

遮熱一般塗り壁の表面温度の比較

写真右側。青色に近づくほど表面温度の上昇が少なくなることを示します。

1+2 遮熱塗り壁+外張り断熱材の効果

外張り断熱に遮熱材をプラスすることにより、断熱効果はさらにアップ。
右記のグラフからもわかるように電力消費量は約半分に抑えられる。

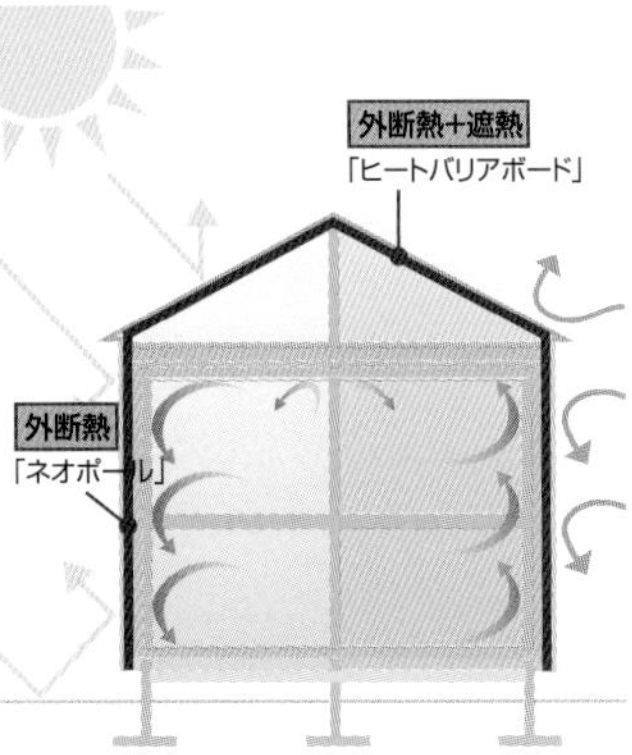

月別エネルギー消費量比較グラフ（仙台におけるシミュレーション）

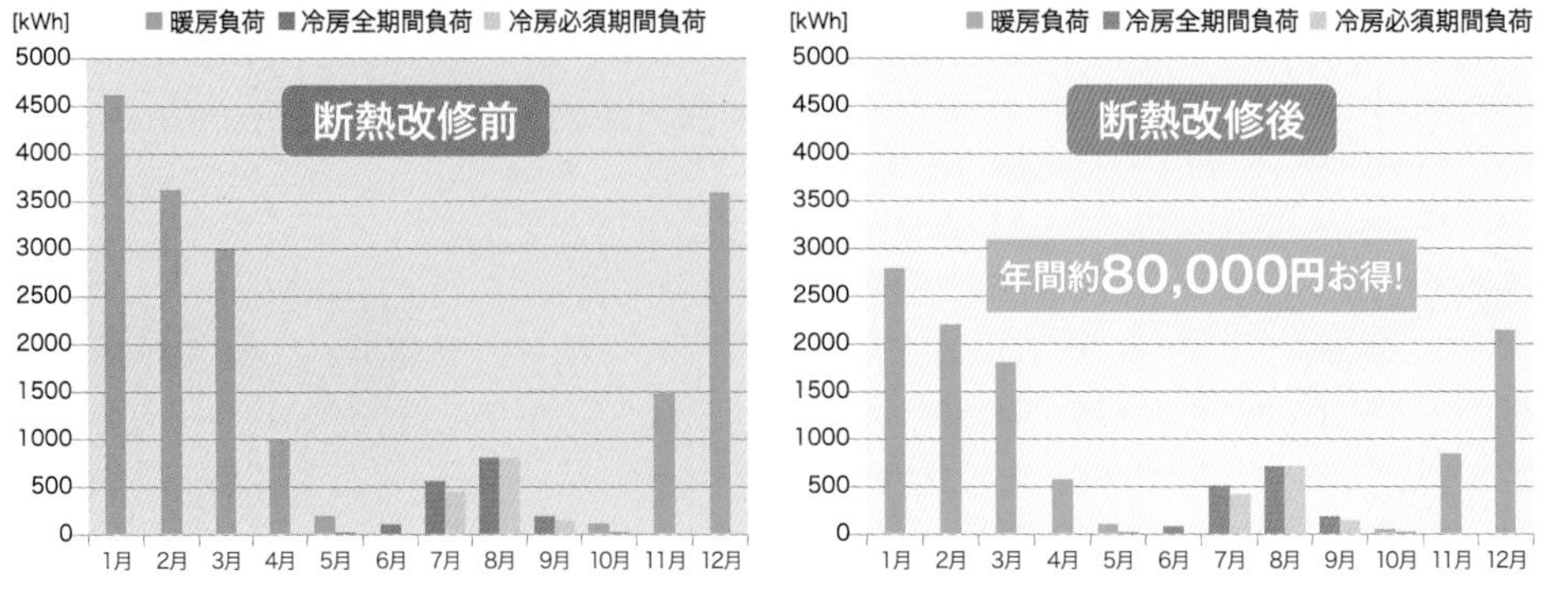

3　内壁の断熱施工

天然素材の壁内結露0の充填断熱材

セルローズファイバー

安全性も認められた多機能性を併せ持つ素材

100%大豆インクを使用した米新聞紙の古紙から造られている断熱材。施工方法は壁を壊さずに断熱材を壁内に充填。「0宣言の家」で使用しているセルローズファイバーは断熱材で唯一、EPA(米国環境保護庁)によって安全性が認可されている。

セルローズファイバー4つの特徴

①断熱効果が高い
②調湿効果が高い
③防火効果が高い
④防虫・防カビ効果が高い

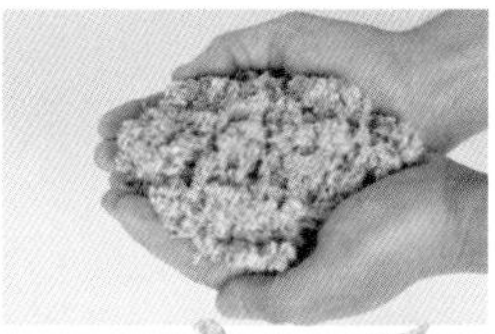

4　屋根の断熱施工・遮熱施工

断熱性・遮熱性に優れた屋根の断熱材

遮熱シート+ネオポール→ヒートバリアボード

優れた施工性を誇り、施工後の効果も抜群!

瓦を剥がさずに屋根裏にヒートバリアボードを施工。騒音も出ず、リフォーム費用も低コストに。夏は屋根に当たる日射熱を跳ね返し、冬は天井裏から熱が逃げていくのを防ぐことで、家全体の断熱効果を高めてくれる。

ヒートバリアボード3つの特徴

①遮熱効果が高い
②柔軟性・耐久性に優れている
③低コストを実現

5　壁の塗装

体に優しい天然素材の内装材

スペイン漆喰(モルセムダーP)

調湿・耐久・抗菌性に優れ、快適な住空間に!

アルカリ性で抗菌性が高く、調湿性能を持つ消石灰を主成分とした無害な天然素材で、接着剤等の有機物を使わない無機物なので劣化もしない。欧州でも大きなシェアを誇り、その実績と経験が生かされた施工性の良さを、壁面、天井面、あるいは外壁においても発揮。最小限の工程で上質な仕上がりに。

スペイン漆喰(モルセムダーP)4つの特徴

①湿気を吸放湿する調湿性能
②強アルカリ性でカビなどの菌の繁殖を防ぐ
③嫌な臭いを吸着・消臭
④静電気が発生せず汚れにくい防汚性能

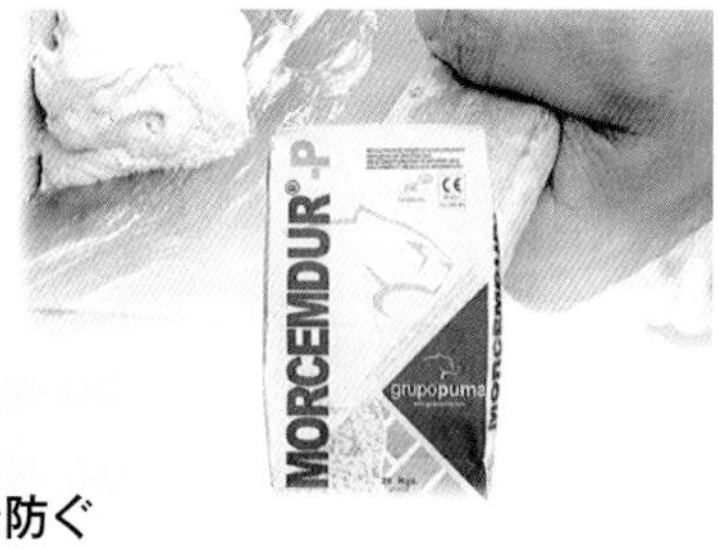

▷ リフォーム実例はP46~49、P138〜143へ

※各建材や商材の仕様などは、予告なく変更する場合がございます。

天窓のある開放的なリビングダイニングは人が集まる社交の場。漆喰の壁は梅雨の時期でも室内をカラッとした爽やかさに保つ。友人を招いて演奏会をしても大丈夫な防音効果には驚いたそうだ

01

兵庫県西宮市
Y様邸

敷地面積：406.19㎡（122.87坪）

延床面積：152.78㎡（46.21坪）

工期：7カ月

家族構成：ご夫妻＋娘

施工
越木岩大和住宅（グリーンライフ兵庫）

CORPORATE GUIDE P146

レトロなガラスキャビネットの中には漆作家である娘さんの作品が並び、床に塗装された漆と共に気品が漂う

キッチンの横には大容量のパントリー。勝手口も設けたので買い物の荷物が運びやすい

窓からの光が差し込む明るいキッチン。肉や魚を焼いても翌日には臭いが消えているので漆喰の壁の効果を毎回感じている

趣味を最大限生かした自慢の空間

漆作家の娘さんが漆を塗った床に、お母様が大切にしている絨毯を合わせた。既存の家具が室内の雰囲気にしっくりとなじんでいる

願い事リストが実現！人と人が交わる明るい住まい

「こんな家に住みたい」と書いていた願い事リストが実現でき、感動したと語るY様ご家族。漆の創作活動を通して低温乾燥の魅力を知っていた娘さんは、澤田升男氏の著書を読んでから「家を建てるなら愛工房の杉を使った家に住みたい」と考えるようになったという。新聞広告で知った大和のモデルルームを見学した際、室内の清々しい空気を実感し、「『0宣言の家』で建てたい」と即決で依頼した。

家づくりにおいては、打ち合わせという形式張ったものではなく、いろいろと雑談をする中でY様ご家族の生活リズムや希望を汲み取っていき、それを見事に反映した。将来的にゲストハウスとしても使えるよう、全ての部屋にトイレやシャワーの配管設備を設け、リビングは人が集まりやすいように、扉を設けず開放的にしている。断熱効果が高いので、部屋数が多くても部屋の扉を開けておけば、リビングのエアコン1台で快適に過ごせるという。

さらに「家の完成に関わりたい」という願いも叶ったという。それは愛工房の床に娘さんが自ら漆を塗ったこと。漆作家としてこれまで一番大きい作品でもあり、漆の色味はアンティーク家具とお母様が趣味で集めた古布との相性も抜群。多くの人に見てもらいたい、自慢の家になったようだ。

部屋の各所にお母様が趣味で集めた貴重な古布をディスプレー。訪問者を楽しませている

多機能な和室を備えた開放的なLDK

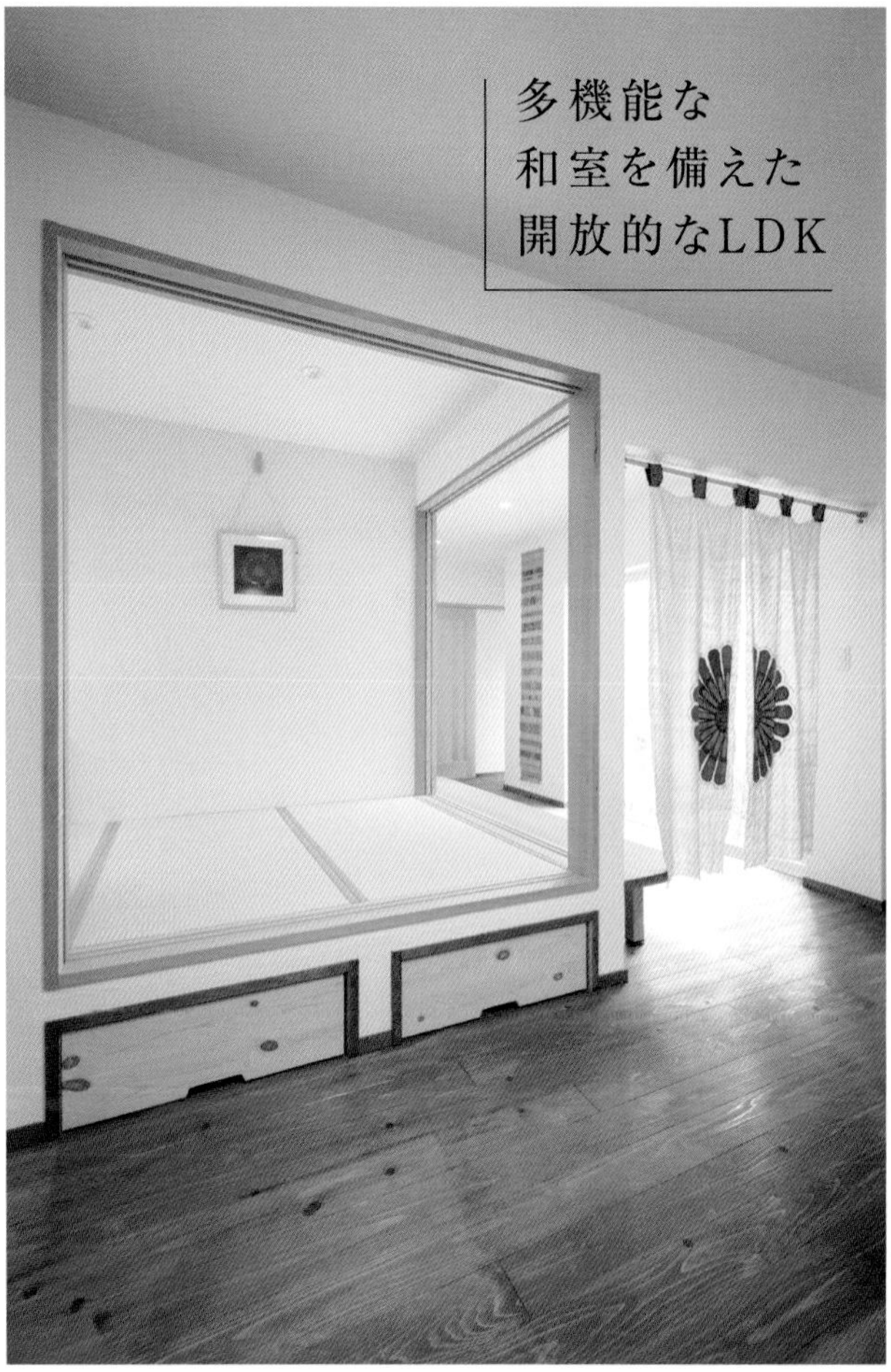

リビングに併設された小上がりの和室は、少し横になって休むのに最適な場所。ここからは庭も一望でき「ゆっくりくつろげる」と家族みんなの憩いのスペースに

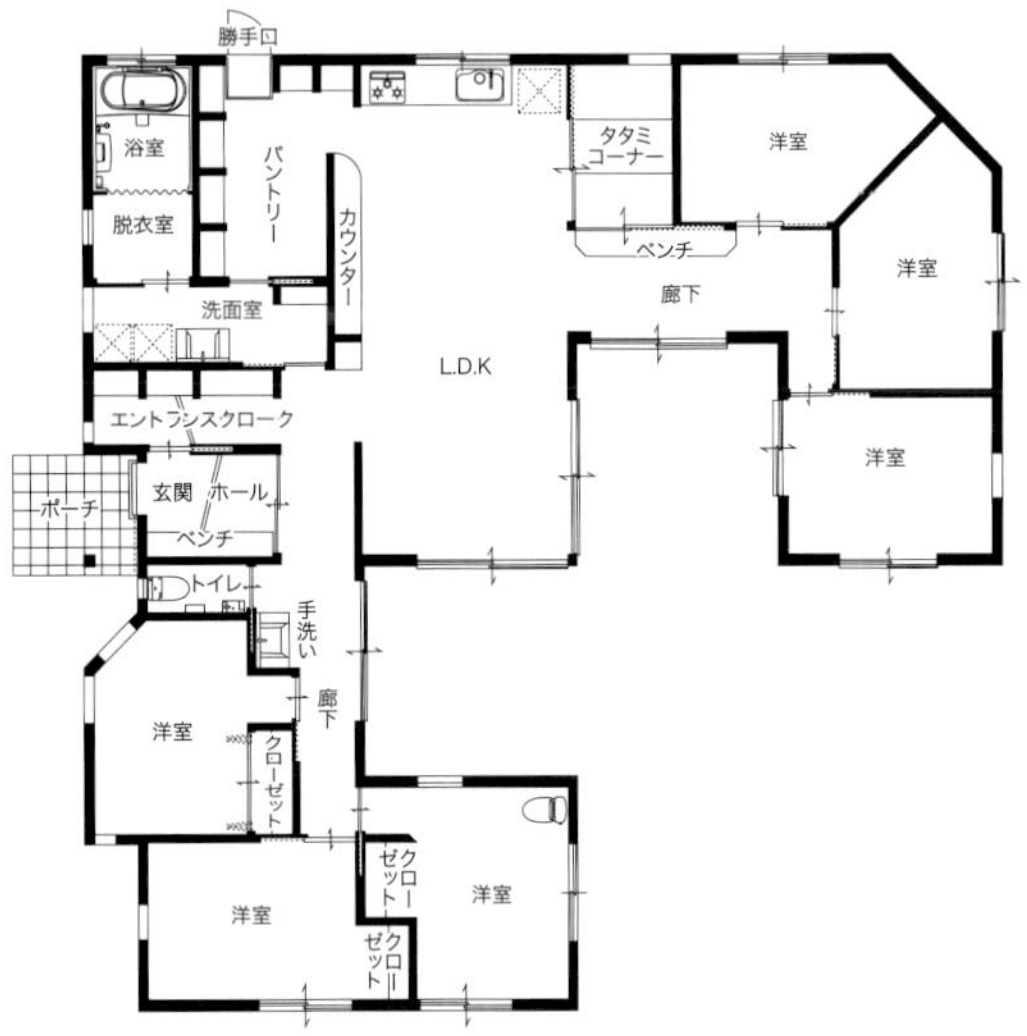

明かり取り用に設けた洗面室の天窓。北側とは思えないほど明るくて暖かい

漆を塗った床の色味とアンティーク家具は相性抜群。「これから部屋のコーディネートが楽しみ」と娘さん

絨毯を敷く洋室は、お母様が趣味で集める明治～大正期の貴重な古布を展示する部屋としても使える

多目的に使える洋室は急な来客にも対応できる。どの部屋も空気が気持よく、娘さんは友人をよく招くそうだ

お父様の部屋には将来の介護に備えて水洗トイレを設置。においは漆喰の壁が吸収してくれるので快適に過ごせる

草花に囲まれた人と人がクロスする家

レンガを敷き詰めたアプローチ。左手の壁は既存のものを残し、その壁に這うようにモッコウバラを植える計画中

庭には果実が実る木も植えた。鳥がたくさん来るので「人より先に鳥が食べてしまう」と笑顔のお母様。次は池でメダカを育てる予定だという

庭に多くの草花や木が植えられているY様邸は各部屋から庭が眺められる不思議な形で、上から見ると真ん中が十字（クロス）になっている。つまり「人と人が交わりクロスする家」ということだ。

「0宣言の家」を手掛ける大和は、高性能な家は当たり前という考えを持ち、「より幸せに、より快適に」という思いを込めて、Y様邸にはカタチの作用を取り入れている。たとえば、古くから吉祥文様は縁起が良いとされているように、カタチにはエネルギーがあるとされ、クロスの形もそのひとつ。

実際にY様邸では家を新しく建ててから、アフリカ出身の友人を招いて太鼓の演奏会をしたり、リビングでヨガ教室を開催したり、お好み焼きパーティーを開くなど、多くの人が集まって日々を楽しく過ごしているそうだ。建築中に近所の方から「木のいい香りがする。完成したら家の中を見せてください」と声をかけられたと話す娘さん。愛工房の建材に自身で漆を塗った際、「やはり低温乾燥は違う」と体感でもわかったという。生活を始めると「室内の空気がスーッとして、とてもリラックスできる」と満面の笑み。「子どもの頃はアトピーに悩まされ、症状が出ることも多かったけど、『0宣言の家』ではその兆候もなくて。凄いですね」とお母様も同調した。

庭に敷いたタイルは職人さんからもらったもの。歩くとシャリッと音がするのも楽しい

先の事を考え、車椅子になったときのために、玄関は引き戸にしてスロープを設けた

玄関を入ると木の香りに包まれる。少しでも採光できるよう、明かり取り窓のある扉をセレクト

靴や上着、傘、バッグなどがまとめて収納できるエントランスクローク

玄関ホールには娘さんの漆の作品を展示。あまりの美しさについ見入ってしまう

DATA

［構造］木造在来軸組パネル工法
［断熱］クアトロ断熱（内断熱〈充填〉：セルローズファイバー／外断熱：ネオポール／遮熱塗り壁材：セレクト・リフレックス／調湿効果内壁：スペイン漆喰）
［屋根材］ヒートバリアボード　［外装材］遮熱塗り壁材（セレクト・リフレックス）　［床材］愛工房の杉（無垢）　［内装材］スペイン漆喰

［施工］越木岩大和住宅（グリーンライフ兵庫）

「淹れたてのコーヒーの香りがこの空間に漂うだけで豊かな気持ちになれる」とご主人。思い思いの場所にいても“いつも一緒”がS様ご夫妻の理想だ

1階の天井の高さは通常より30cmも高い270cm。リビングはさらに勾配天井で吹き抜け感を演出し、開放的な空間を実現

02

神奈川県相模原市
S様邸

敷地面積：162.26㎡（49.08坪）

延床面積：133.86㎡（40.49坪）

工期：5カ月

家族構成：ご夫妻＋子ども3人

施工
SOLE LIVING（相陽建設）

CORPORATE GUIDE P147

妥協せずにここまでできた！ご夫妻の思いが詰まった納得の家づくり

家族がつながる
アイランドキッチンには
奥様のこだわりが満載!

1階の顔であるアイランドキッチン。吊り下げ天井からもれる光のラインは奥様のデザイン。気分に合わせて明度を変え、ランダムに落ちる光を楽しんでいるそう

ダイニングスペースに設けたデスクコーナー。デスク下の目隠しの奥には床下エアコンがある。目隠しの造作はご主人が設計したもの

黒・茶・褐色が重なり合う、インテリア性の高いシステムキッチンは奥様がセレクト。熱や傷に強い素材で実用性もたっぷり

「和室がほしい」というご主人の希望を叶えた一室。吊り押入の下には床の間も。扉で仕切れば客間として使用できる

暮らしの真ん中に〝家族の笑顔〟が集まるS様のお住まい。『0宣言の家』に出合ったのは、家を建て直すためにハウスメーカーを回っていたとき。決め手は、自然素材と設計の自由度の高さだったという。

「私たちはわがままを言いたい放題。大屋根を入れてダイナミックな外観にしたい、1階の天井は270㎝まで高くしたい(一般的には240㎝)、私はどこかに吹き抜けがほしい、でも、妻は玄関の吹き抜けは冬が寒そうで嫌だと(笑)。そんな夫婦の思いを両方汲み取ってくれたのは、相陽建設さんだけでした」(ご主人)。

なかでも「ここがすごい!」とご主人が語るのは、大屋根の傾斜を利用したリビングの、ひと際高い天井だ。「大屋根・高い天井・吹き抜けの開放感、すべてをこの空間で叶えてもらいました」と大満足の様子。

対する奥様は、床下エアコンの暖かさに驚いたという。「以前の家は底冷えがして、毎年のように腰痛を起こすと2、3日動けなくなり、冬が来るのが怖かったのですが、たった1台のエアコンで、トイレ、浴室の床まで暖かい。おかげで腰痛も出なくなり、家族も風邪をひかなくなりました。最初、無垢材に床暖房は難しいと言われましたが、あきらめなくてよかったです」

階段も上り下りする度に足触りの良さを感じさせてくれる。採光を考えた窓からは光が降り注ぐ

2階は梁を見せる天井にこだわったというS様。壁にはキャットステップを設けた。「誰にも邪魔されない高い所からいつも私たちを満足そうに見下ろしています（笑）」と奥様

遊び心がいっぱいの キャットステップは 愛猫の特等席

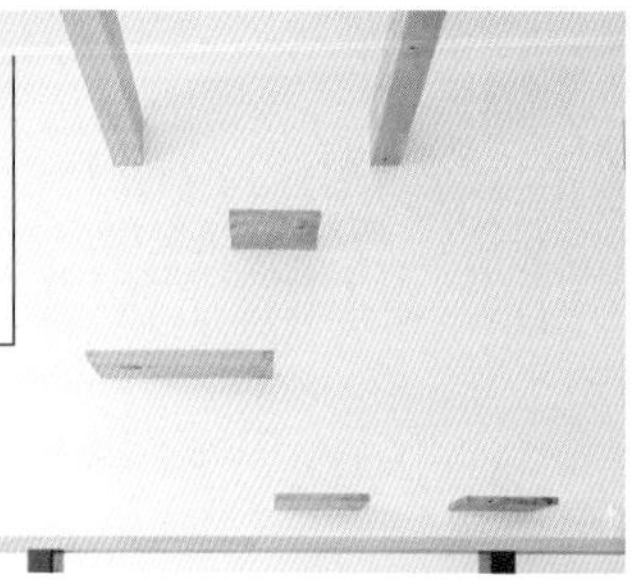

将来、お子さんたちが独立したあとは壁を取り払い、大きな部屋にできるよう予め設計した

子ども部屋は1人1部屋。梁見せにするかどうかは本人に任せた結果、全員が「梁見せ」に決定

家族共用のウォークインクローゼット。衣類のほか、季節によって出し入れするものもここへ

勾配天井で立体的な広がりを見せるご夫妻の寝室。照明は壁側のライトとダウンライトに絞り、落ち着きを持たせた

ほかにも随所にこだわりがちりばめられている。動線の良さを重視し、玄関から和室、LDK、パントリー、ランドリールーム、浴室、脱衣室、トイレまで回遊できるように。また、照明は極力抑えてダウンライトや間接照明を採用。1階メインの照明は奥様が自らデザインした。夜になると4本のラインからもれる光が壁で交わり、漆喰のウェーブ模様にも反射して幻想的な雰囲気をつくり出すという。

間取りで工夫したのは、剣道の防具室。「家族全員で剣道をやっているのですが、どうしても汗臭くなるし、数も多いので、専用の部屋をつくってもらいました。前の家では屋根裏収納に運んでいたことを考えると、今は本当に楽です」とご主人。

2階の屋根は軽量のガルバリウム鋼板に。補強のため、制振ダンパーも入れて家としてのしなやかさを保つよう設計したという。

「素人考えで、これは無理だろうと勝手に決めるのではなく、やりたいことを何でも投げかけると『こうすればできますよ』と、自分たちでは思いつかない答えが返ってくる。いろいろな願いがカタチになったこの家を、この先もずっと楽しんでいきたいですね」（ご主人）。

吹き抜け感をつくる大屋根と自然光が足元まで入る縦長の窓がポイント

勾配角度の異なる3つの屋根が印象的。外壁の一部に配置されたモザイクストーンはご主人のアイデア。変化に富んだスタイリッシュな外観をつくり出した

玄関口には三和土を照らす間接照明が。「モデルルームで見て一目で気に入りました！」と奥様。足元が光っているので靴の脱ぎ履きがしやすい

暮らしやすさに細部までこだわり抜いた満足のいく家づくり

玄関脇に設けたニッチには、ご家族の写真が。家の外壁に使ったものと同じモザイクストーンをリンクさせ、統一感を出した

開放的で明るい浴室。窓の外に坪庭をつくる予定で、完成すれば癒やしの空間になりそうだ

洗面スペースは玄関とトイレの近くに。帰宅してすぐに手洗い・うがい・洗面が1カ所で賄える

タンクレスのすっきりとしたトイレ。手洗いのボウルはあえて設けず、空間の広さを優先した

DATA

[構造]木造在来軸組パネル工法
[断熱]クアトロ断熱(内断熱〈充填〉:セルローズファイバー/外断熱:ネオポール/遮熱塗り壁材:セレクト・リフレックス/調湿効果内壁:スペイン漆喰)
[屋根材]ガルバリウム鋼板(下屋のみ平板瓦)
[外装材]遮熱塗り壁材(セレクト・リフレックス)
[床材]オーク、パイン
[内装材]スペイン漆喰

[施工]SOLE LIVING(相陽建設)

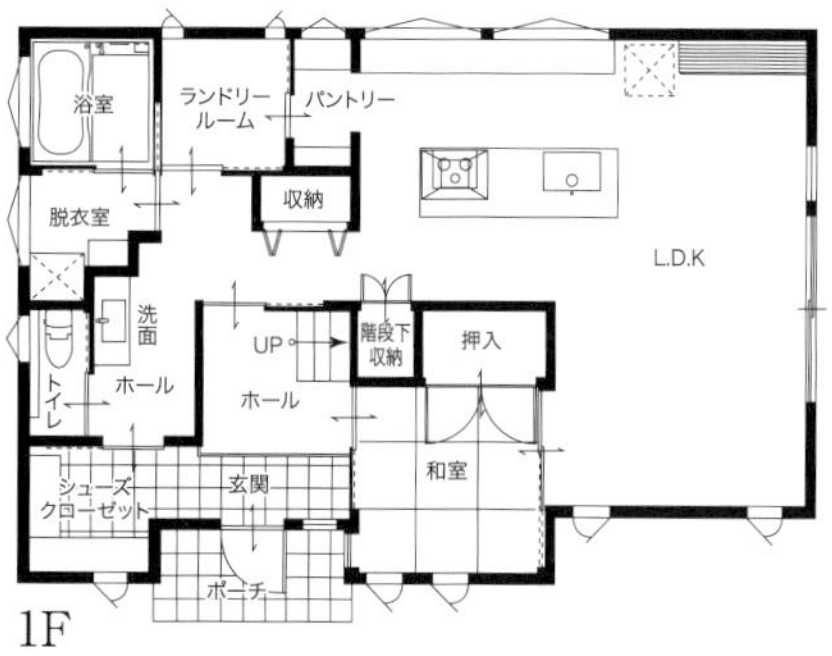

1F

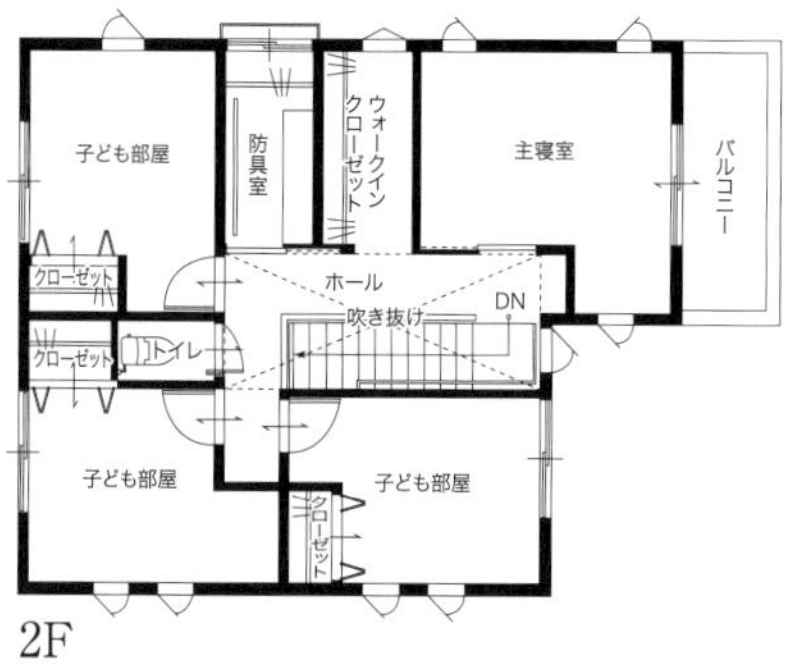

2F

03

宮城県仙台市
M様邸

敷地面積：211.33㎡（64坪）

延床面積：139.11㎡（42坪）

工期：6カ月

家族構成：ご夫妻＋子ども2人

施工
無添加計画 仙台支店

CORPORATE GUIDE P148

建ってから2年
それでもなお
木の香りが充満

キッチンカウンターの板（レッドシダー）は、ご家族4人で色味を見て1枚1枚選び、配置順も決めた

21帖の広々としたリビング。南側の大きな窓が日の光を取り込むだけでなく、9帖を超える大きな吹き抜けになっているため、実際の広さ以上に開放感がある

キッチンからパントリーを抜ける動線もこだわりのひとつ。洗面室、脱衣室に一直線で、玄関にもつながる

キッチン背面にある下部の収納は長さが5m以上もあり、ワークスペースとしても機能する

家族+施工会社で話し合い
“魔法のような家”が完成

M様邸を訪れた人は、玄関のドアを開けた瞬間から、爽やかな木の香りを吸い込み、幸せな気持ちになるだろう。建ててから2年が経つが、かぐわしい香りが家中を満たしている。

「そんなに香りがしてますか？ 私たちはもう慣れちゃって、わからないんですよね（笑）」と、不思議そうに顔を見合わせるM様ご夫妻。

モデルルームを見て回る中で、2人の娘さんが初めて「なんかいい！」と前向きな反応を見せたのが、無添加計画の「0宣言の家」だった。「私たち夫婦も若くはなく、健康や体調面に目がいく歳になっていたこともあって、この家がいいなと思いました。その後は澤田さんの講演会に行って具体的なお話を聞いたり、長く住んでいる方から建てたばかりの方まで、見学会で3、4軒見せていただき、無添加計画さんに決めました」と奥様。その後は家族4人で、間取りや動線から棚の高さ、窓の大きさなど細部に至るまで、長い時間をかけて話し合った。

ご主人は「無添加計画さんの担当の皆さんは『早く決めてくれ』とは一切言わず、私たちが納得いくまで時間を取ってくれました。それが私たちにはすごく合っていて、ゆっくりいいものをつくった、つくっていただいた、という感じですね」と笑顔で話す。

天然無垢材と漆喰の内壁で清々しい空気に

「子どもたちがお友達を呼んで遊んだりする空間になれば」とのご夫妻の思いもあって造られた、2階のセカンドリビング。実際に娘さんがクリスマスパーティーを開くなど、来客時のおもてなしの場にもなっている。人気ブランド・Marimekko(マリメッコ)のカラフルで巨大なアートボードが、白い壁によく映える

左右対称に配置した姉妹の部屋は、インテリアも同じ素材で色味を変えているというこだわり

子ども部屋も落ち着いた雰囲気。娘さんたちが特に気に入っている開放感ある勾配天井

広々としたウォークインクローゼット。「0宣言の家」なので、衣類のカビの発生も抑制される

「主寝室は天井も床も全てスギにしたんですよ」と奥様。そのおかげか、2人とも熟睡できるようになったそう

時間をかけてこだわり抜いてつくられ、高い機能性や美しいデザインを備えるこの家は、同時に家族全員の体と心に、良い影響を及ぼし続けている。

「以前は私以外の3人は鼻炎がひどくて、いつも鼻をかんでいたんですけど、ここに住んでからはそれが全くなくなりました」と奥様。「私自身も仕事の帰りが遅くて毎日5時間ぐらいしか眠れませんが、朝起きて『まだ眠い』というのがなくなったのをすごく感じています。安眠できているんでしょうね」と皆の体調が良くなっていることを喜ぶ。さらに「やりたいことが増えました。子どもたちと4人で一緒にインテリアを見に行ったりもして。それもこの家があるからこそですよね」とうれしそうだ。ご主人も「ここに住んでから明らかに夫婦の喧嘩が減りましたし、家族が仲良くなりました」と笑う。「この家はけっこう広いのに、空間が抜けているので、誰がどこにいてもお互いの声が聞こえるんですよ。だから家族の会話が増えたのもよかったです」。

日の光と木の香りと清涼な空気があふれるこの家では、切り花からも根が生え、みずみずしく咲き続ける。人や花、そこで暮らす全ての存在に、活力を与え続ける魔法のような家だ。だが、M様ご家族にとって、もはや魔法ではない。それが日常なのだから。

ドアを開けた瞬間、木の美しさと香りに驚かされる。オープンタイプのシューズクローゼットも完備

脱衣室の隣にある、大きな鏡を備えた洗面室。棚や照明など、細部までこだわっている

脱衣室に洗濯機と乾燥機を置くことで、生活感が見えないように工夫している

1階のトイレも広々。ここに限らず、漆喰の塗り方は多くのパターンからこだわって選んだそう

美しい照明で各部屋がより美しく

漆喰の壁に、アオダモの緑の葉とその影が映える。このシンボルツリーが今後何十年も、この家と、この家に住む人々の成長を見守ってくれる

上部にレッドシダーを使用した、重厚感のある玄関。石目調のタイルと白い壁とのコントラストが美しい

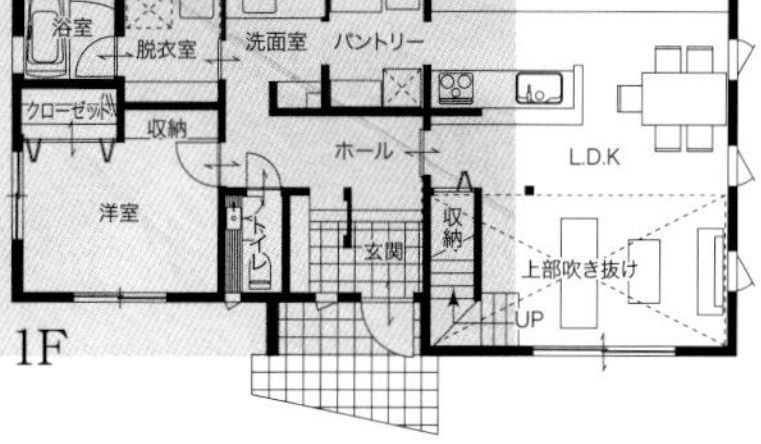

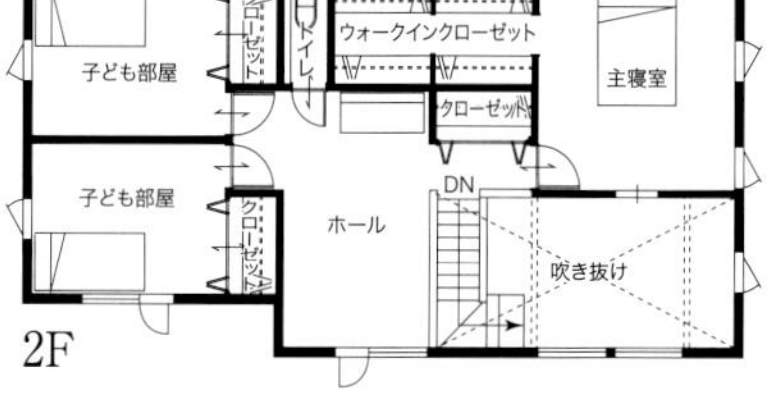

DATA

[構造]木造在来軸組パネル工法
[断熱]クアトロ断熱(内断熱〈充填〉:セルローズファイバー/外断熱:ネオポール/遮熱塗り壁材:セレクト・リフレックス/調湿効果内壁:スペイン漆喰)
[屋根材]陶器瓦　[外装材]遮熱塗り壁材(セレクト・リフレックス)　[床材]スギ・パイン　[内装材]スペイン漆喰

[施工]無添加計画
仙台支店

吹き抜けのリビング横にフリースペースを設け、さらに開放感がアップ。自然素材の中で和やかな雰囲気に包まれる

04

栃木県大田原市
K様邸

ライフスタイルの変化に応じ
家族が快適に暮らせる家

敷地面積:233.72㎡(70.6坪)

延床面積:121㎡(36.6坪)

工期:5カ月

家族構成:ご夫妻+子ども2人

施工
無添加計画 宇都宮OFFICE

CORPORATE GUIDE P148

暮らしに合わせて フレキシブルに 使える空間

18帖のLDKの横に3.5帖のフリースペースを確保。現在はお子さんたちの格好の遊び場となっているが、シンプルな空間はその時々で多目的に利用できる。「いずれはこのスペースを妻が好きに使える部屋にできればいいと思っているんです」とご主人

動線に配慮した シンプルで 明るいキッチン

対面式のキッチンなので料理や洗いものをしながらでも、リビングやフリースペースで遊ぶお子さんたちに目が届く。収納場所も多く設け、機能的で使いやすい

家を建てるなら、自然素材の家がいい。K様ご夫妻は以前からそう考えていたそうだ。「妻にはアトピーの症状があり、私自身もアレルギー性の喘息で通院していました。2人ともアレルギーがあるので、子どもたちも強くないかもしれません。それで、家には自然素材を使いたいと思っていました」とご主人。

ご夫妻が「0宣言の家」を知ったのは、奥様がたまたま手にした1冊の本がきっかけだった。「家づくりの参考になる情報を探していたときに、澤田升男氏の『住宅展示場では教えてくれない本当のこと。』という本を見つけました」と、奥様は振り返る。そして、本の内容からご夫妻の「0宣言の家」への期待が膨らんだ。ご主人は「どのハウスメーカーに依頼しても同じ間取りはできるかもしれないけれど、住み心地は違うだろうと感じました」と話す。

ご夫妻の住むエリアで「0宣言の家」を手掛けている無添加計画に相談。実際に住宅見学会に参加してみると、期待は実感に変わった。「どこのお宅に伺っても木のいい香りがして、気持ち良かったですね」とご夫妻。「見学会では住んでいる方からお話が聞けますし、間取りやデザインなども参考になります。マイホームを考えている方は、参加してみるといいと思います」。

コロナ禍以前より在宅勤務の日もあったというご主人。書斎の設計では、仕事での使い勝手や収納などにもこだわって要望を出したそうだ

娘さん2人の子ども部屋は、現在は1部屋として広く使用。将来、それぞれの部屋として使用することも想定して間取りを考えた

主寝室に続くウォークスルークローゼットは十分な収納力。廊下側からも出入り可能だ

主寝室には空気環境を健やかに保つ「奇跡の杉」を採用。「リラックスして安眠できればいいかなと思って」とご主人

屋根の勾配を生かした天井が2階ホールにも開放感をもたらし、吹き抜けは室内の空気の循環にも役立つ

プランづくりは、設計担当者に一つ一つの要望を伝えるところからスタート。例えば、吹き抜けのあるリビング、対面キッチン、パントリー、書斎、ウォークスルークローゼットなど、「自分たちの『あったらいいな』を組み合わせたらこのような形になりました」とご夫妻は話す。中でもK様邸の特徴と言えるのが「多目的に使えるフリースペース」と「仕切りのない子ども部屋」だろう。今はお子さんの遊び場となっているフリースペースは、将来的には奥様の家事や趣味の部屋にできればと考えている。子ども部屋は、お子さんの小さいうちは1部屋で、成長に応じて2部屋に分けられる間取りにした。ご家族のライフスタイルが変化しても、心地よく暮らしていけるよう工夫されている。「いろいろな要望を聞いていただきました。住んでいて楽しいです」と奥様。

住みはじめてちょうど1年が経った。実際の住み心地はどうだったのか。「以前の住まいとは夏の暑さ、冬の寒さの体感が違います」とご主人。また、喘息の症状にも変化があったそうだ。「外での会議に出席すると咳が出たりするのですが、家では出なくなりましたね」と話す。自然素材のつくり出す健やかな空気に包まれながら、K様ご家族の心地よい暮らしは続く。

玄関ホールのすぐ隣が洗面室。白を基調にした空間に外光が注ぎ、清潔感を醸し出している

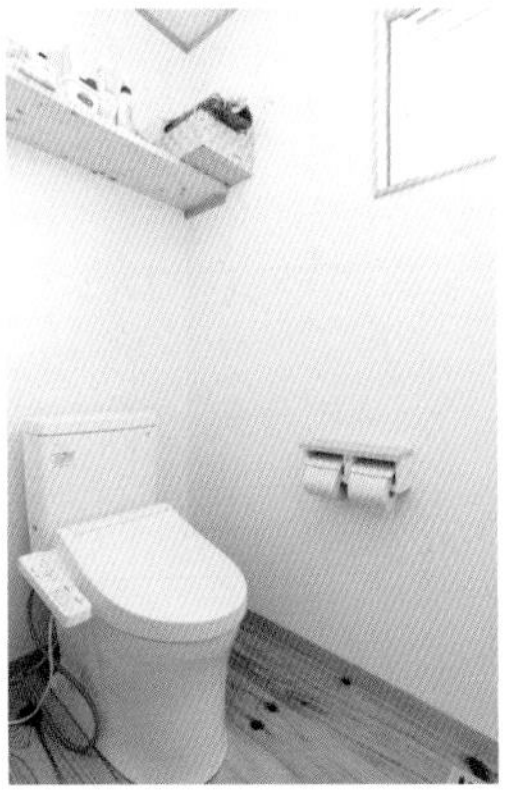

漆喰壁と無垢材のナチュラルな雰囲気を生かしたトイレ。すっきり清々しい空気が満ちている

脱衣室は余裕の広さ。洗濯、乾燥の動きもスムーズで、家事が効率的に進められる

洗面室のシンクよりも深さがあるスロップシンクを設置。お子さんの靴などの手洗いにも便利

シャープな印象と優しさが程よく融合

直線を生かし、すっきり美しく仕上げられた外観。オフホワイトの壁は優しい印象。家全体を穏やかな空気で包み込んでいるようだ

玄関ポーチの入り口にはアーチ型のデザインを採用。シャープなデザインの中にも優しさが感じられる

玄関から続くシューズクローゼット。家族の靴や雨具類、普段使いの持ち物など十分な収納力を発揮

三和土に造り付けの玄関ベンチを設置。荷物を置いたり、座ったり、小物を収納したり、多目的に活用できる

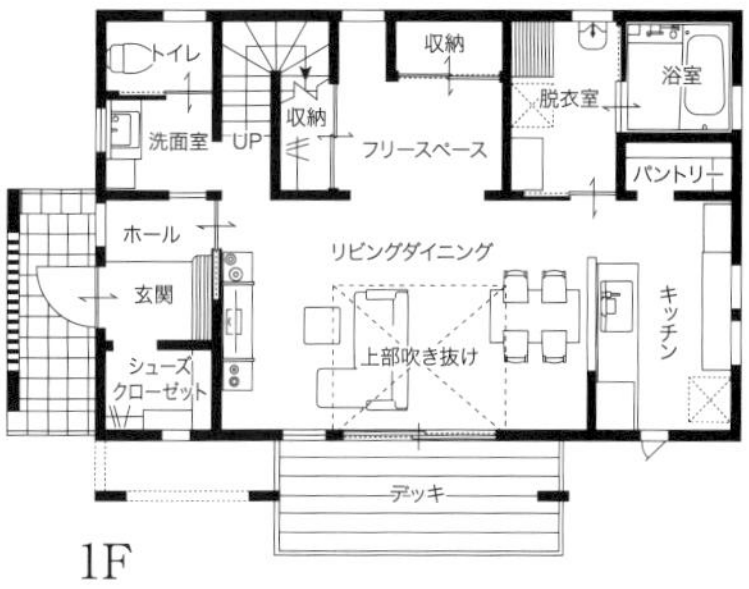

1F

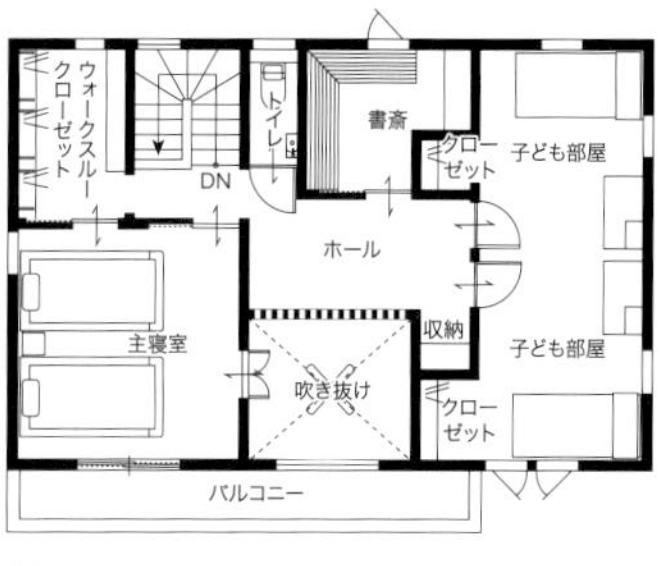

2F

DATA

[構造]木造在来軸組パネル工法
[断熱]クアトロ断熱(内断熱〈充填〉:セルローズファイバー/外断熱:ネオポール/遮熱塗り壁材:セレクト・リフレックス/調湿効果内壁:スペイン漆喰)
[屋根材]粘土瓦　[外装材]遮熱塗り壁材(セレクト・リフレックス)　[床材]あずみ野松1階:30㎜、2階:15㎜　[内装材]スペイン漆喰

[施工]
無添加計画
宇都宮OFFICE

05

東京都世田谷区

T様邸

敷地面積：160.1㎡（48.43坪）

延床面積：113.17㎡（34.23坪）

工期：7カ月

家族構成：ご夫妻＋子ども1人（猫2匹、犬1匹）

施工

無添加計画

CORPORATE GUIDE P148

ホテルライクで明るい大空間
ちぃが始めた幸せな家の物語

T様邸の玄関ドアを開けると、かぐわしい木の香りとともに、3歳のオス猫「ちぃ」が出迎えてくれる。

「この家は、『猫御殿』なんです。猫のために建てたんですから」と奥様。ある日、T様ご家族は、旅先でちぃと出会った。家族の一員として迎え入れることになったが、住んでいる仙台のマンションはペット禁止だった。どうしようかと悩んでいたところ、いきなりご主人の東京転勤が決まり、そこからはトントン拍子で物事が進み、気がつけば家が建っていた。

「もともとマンション派で、家を建てるつもりはありませんでした。だから本当に、招き猫というか、間違いなくちぃがこの家を運んできてくれたんだと私たちは思っています」とT様ご夫妻は口をそろえる。

運命的な　猫御殿”を建てるにあたり、軸に考えたのは「ホテルライク」。木材をふんだんに使いながらも、ログハウスやカントリー調ではなく、洗練された空間にすること。もともと奥様は独身時代、ホテルに泊まるためだけにヨーロッパ各地を旅するほど、ホテルやインテリアが好きだった。奥様の現在の満足度は90点。「建物は満点なんですけど、まだ自分の理想とするインテリアが完成していないので。そこはちょっとずつですね」と奥様。

高い天井と
広々とした空間が
開放感をもたらす

大きな引き違い窓と3枚のFIX窓から日の光がたっぷりと降り注ぎ、室内に明るさをもたらす。朝からお昼にかけ、庭の木が窓を通して2階の白い壁に美しい影を落とす

娘さんのスタディースペースは奥行が60cm、幅が2m以上あり、教科書を広げるスペースもたっぷり

リビングに置いたサンドバッグや柱に取り付けたブランコは、娘さんやその友達が大喜びで遊ぶ場所に

ご夫妻が「ここは１００点満点だよね」とうなずくのは、キッチン。「もう、大満足。大きさも広さも完璧です。オープンキッチンに見えるけど、作業するスペースがちょっとだけ下がっているので、生活感が隠れるんですよ」と奥様。もう1つ、ご夫妻が本当にうれしい、と話すのが、においがこもらないことだ。料理のにおいも、犬と猫を飼うことによる〝ペット臭〟もなく、ご主人のスーツについた嫌な臭いも、部屋にかけておくと、翌日には消えている。「事前に聞いたときは、ちょっと大げさに言ってると思っていたんですけど（笑）。不思議ですけど、これが本当の意味での〝健康住宅〟ってことなんでしょうね」と奥様。

他にも、娘さんの友達が集まれること、マンション時代には悩まされていた結露やカビが今では全くないこと、ご主人が眠れないほど悩まされる花粉症も今年は改善されたこと、同じオール電化でも仮住まい時は月に3万円した光熱費が、現在は約７０００円に抑えられていることなど、新居のメリットは数え上げたらキリがない。

「私たちはできるだけ人生をここで完結させることを考えたので、この家に投資をしました」とご主人。

ちぃが始めたこの幸せな家の物語は、この先、何十年も続いていく。

玄関に設けた壁はシューズクローゼットの目隠しに。子どもが登るロープを設け遊び心をプラス

玄関ポーチの片側は全面鏡張り。下部の間接照明は機能性を持ちつつ、洗練された空間を演出

老後まで考えて設計したため、車椅子でも入れるように、広々としたスペースを確保したトイレ

コロナ後でもあり、洗面脱衣室は帰宅後、真っ先に手を洗えるように、玄関からすぐの場所に配置

老後を見据えて設計した階段。手すりと広く幅をとった踏み板もこだわりのポイント

書斎の奥に設けたウォークインクローゼット。棚などは設置せず、シンプルな空間を作った

ご主人の仕事部屋。娘さんが大きくなって部屋が必要になった場合は、譲る予定だ

絵を描くのが好きな娘さん用スペースは、アトリエをイメージ。"秘密基地"になるテントも

庭の柚子、金柑、梅の3本の木の根元には照明を設置。夜にはライトアップされ、まるでリゾート地のような幻想的な光景を生み出す

広い庭で優雅なひとときを夜は照明で幻想的な風景に

特に春、暖かな日差しのもと、テラスで食べる朝食は「最高です！」とご主人もお気に入りのスペース。ほぼ毎週末のように訪れる友人たちとともに、夜にはバーベキューを楽しむことも

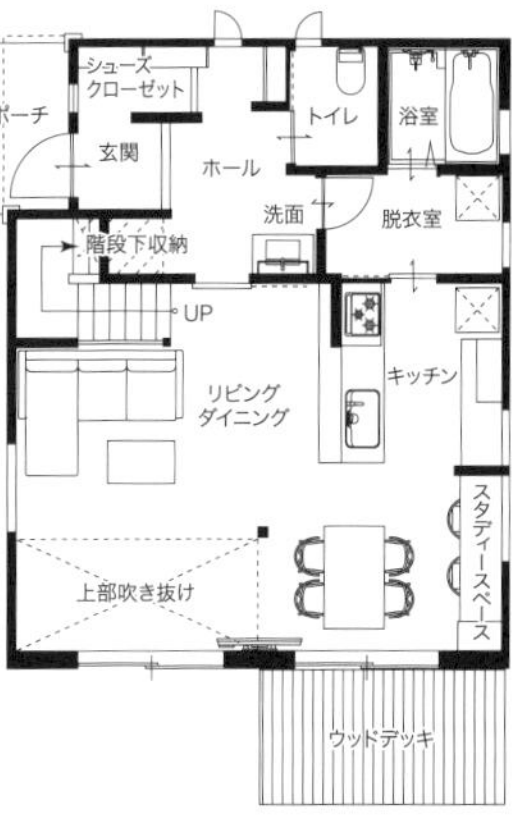

1F

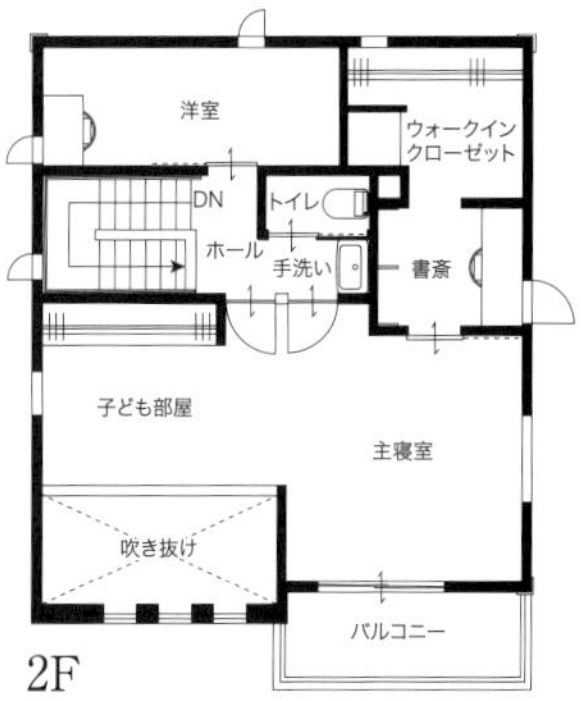

2F

DATA

[構造]木造在来軸組パネル工法
[断熱]クアトロ断熱(内断熱〈充填〉:セルローズファイバー/外断熱:ネオポール/遮熱塗り壁材:セレクト・リフレックス/調湿効果内壁:スペイン漆喰)
[屋根材]ガルバリウム鋼板　[外装材]遮熱塗り壁材(セレクト・リフレックス)　[床材]あずみの松　[内装材]スペイン漆喰

[施工]無添加計画

06

京都府京都市
K様邸

敷地面積：77.41㎡（23.41坪）

延床面積：84.46㎡（25.54坪）

工期：5カ月

家族構成：ご夫妻+子ども1人

施工
リード・アーキテクト

CORPORATE GUIDE P149

子どもが健康で、安全に育つ
身体に優しい家づくり

1階の間取りはLDKと和室、トイレのみ。和室部分を下がり天井にすることで、LDKとの空間をさりげなく隔てている。

収納はすべて造り付け
綿密な事前計画が快適な
家づくりの成功の秘訣

「広々とした空間を確保するため、余計なものを"一切出さない・見せない"ことを徹底した」と奥様。そのため、打ち合わせの時点で何をどこにしまうか、必要なサイズもすべて提示し、設計士を驚かせたという。直線的な四角い家の特徴を生かし、すっきり見せる工夫が随所にちりばめられている

20坪程度の住宅が主流だという京都市内に25坪弱の土地を購入し、念願のマイホームづくりに着手したK様ご夫妻がこだわったのは家の性能だった。『住宅展示場では教えてくれない本当のこと。』(澤田升男著)で「0宣言の家」の存在を知った奥様は、子育て中ということもあり、優れた断熱と調湿、接着剤を使わない安心安全と心地よさに魅力を感じたという。京都で「0宣言の家」を扱うリード・アーキテクトを探し当て、設計・施工を依頼した。

「延床面積が狭いので、いかにやりくりして空間を広く見せるか。四角い部屋にどう凹みをつくるかを苦心しました」とご主人。同社と一緒に考えながら、どこに何をしまうかを綿密に計画し、造り付けの収納やニッチを配置することによって見事に物を収めることに成功した。また、1階部分は天井とドアの高さを合わせ、部屋を仕切らないことで視覚的にすっきり見せる効果を狙ったとのこと。

その住み心地をうかがうと、「木の香りがすごくして、無垢の木の肌触りも心地よく、赤ちゃんがどこでも寝転がれる」と大満足の様子。さらに健康面では、ご主人の鼻炎が改善するうれしい変化もあったようだ。

階段裏のスペースを生かした収納&カウンター。床まである窓は、明かり取りも兼ねている

キッチン横につなげたテーブルはテレワーク用。お互いの仕事に合わせてシェアしているそう

ゴミ箱を壁にはめ込むアイデアは奥様の発想。縦・横・奥行きのサイズも指定した

工夫を凝らして、家族が使う場所を大切に

天井と屋根の間にある小屋裏収納はゆとりのある広さ。天井下なのに涼しいのは優れた屋根断熱のおかげ

子ども部屋は約9帖もある広さ。現在はお子さんの遊び場だが、将来、もう1人家族が増えたときのため、2部屋に仕切れるようになっている

2階の洋室。夜は布団を敷いて家族が寝る主寝室に、日中は大きな洗濯物を干すスペースとして有効活用

1階のトイレは空間の広さを優先し、あえて手洗いをなくした。便器の奥は隠し収納になっている

「家族で使う水回りは広くしたかった」とご主人。上部には換気と明かり取り用の窓も

洗面脱衣室の奥に設けたウォークインクローゼット。家族全員分の衣服はここに収納

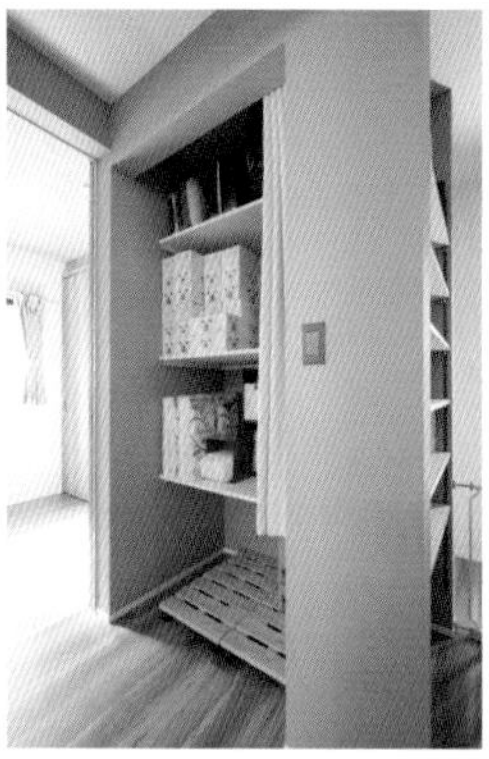

日用品のストックはここにまとめて収納。可動式のすのこに載せれば床の掃除も楽々！

階段を上り切ったところには明かり取り窓を設置。自然光が降り注ぐ明るい室内に

「もともと、ハウスダストにアレルギー反応があり、朝起きたらまず鼻をかんでいたのが、引っ越し後、1〜2カ月で症状が治まったんです（笑）」とご主人。奥様も「今の家は不思議とホコリが立ちません。漆喰や無垢の木を使うことで静電気が起きにくく、ホコリが出にくいのだそうです。前の家では毎日掃除していましたが、今は2週間に1度くらい。まさかこんな効能があるとは思いませんでした」と笑顔で語る。

デザイン面では和室の出窓以外、あえて大きな窓をつくらないようにしたという。その理由を聞くと、「家の近くには電車も走っているし川もある。うっかり目を離した隙に子どもが窓から出てしまったら……と考えると心配で」と奥様。しかし、その決断が思わぬ効果をもたらした。窓を小さくすることで、夏の強い日差しが室内に侵入するのを防ぎ、冬は熱が逃げないよう制御することにつながったのだ。クアトロ断熱との相乗効果で、外がどんなに寒くても家に帰ると暖かく、ホッとするという。

休日は和室の壁にプロジェクターの映像を直接投影し、大画面で映画などを楽しんでいるというK様ご家族。新しい環境をフルに生かした理想の子育てと共に、一家団らんは始まったばかりだ。

狭い土地でも
工夫次第で
広々とした家に

クリームのような淡黄色の外壁。窓の大きさを抑えたことで「意図していなかったけれど、夏は強い日差しを防ぎ、冬は熱を逃がさない快適な暮らしにつながった」とK様ご夫妻

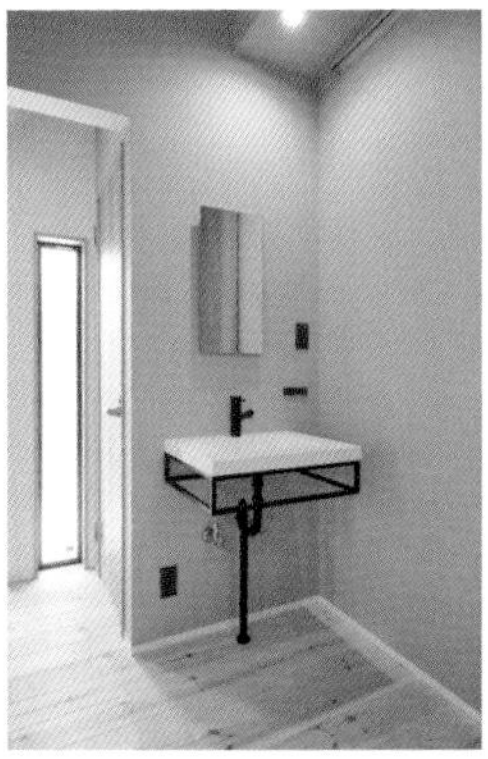

ホール脇に設置した手洗い器。トイレの手洗いと外出先から帰ったときの手洗いを兼ねている

玄関ホールに入った途端、木の爽やかな香りに包まれる。梅雨時や夏も室内の空気は快適

玄関内側の様子。ベビーカーが出入りしやすいよう、玄関ドアは引き戸を選択したという

やさしく人を迎え入れる玄関アプローチ。このゆとりの空間がより家を大きく感じさせ、とても25坪弱の狭小土地とは思えない

DATA

[構造]木造在来軸組パネル工法
[断熱]クアトロ断熱(内断熱〈充填〉:セルローズファイバー/外断熱:ネオポール/遮熱塗り壁材:セレクト・リフレックス/調湿効果内壁:スペイン漆喰)
[屋根材]スレート板　[外装材]遮熱塗り壁材(セレクト・リフレックス)　[床材]1階:パイン、2階:フローリング　[内装材]漆喰一部クロス

[施工]
リード・アーキテクト

07

岡山県岡山市
T様邸

敷地面積：427.73㎡（129.38坪）

延床面積：115.82㎡（35.04坪）

工期：5カ月

家族構成：ご夫妻

施工
住まいる工房

CORPORATE GUIDE P150

全面を無垢材仕上げにした寝室。キャットウォークは猫同士が安全にすれ違えるよう幅を広めにし、ドア横の壁には猫専用の出入り口も設けた

無垢材を全面にあしらった
愛猫思いの設計が光る2階

造作洗面台を設置した猫たちの専用部屋から寝室にかけてキャットウォークを巡らせているため、猫たちが思い思いの場所で自由に過ごせる

夫婦と愛猫が伸び伸びと暮らせる
ジャストサイズの健やかな家

お祖父様が建てた大きな日本家屋で暮らしていたT様ご夫妻。子どもたちが独立し、二人で暮らすには広すぎる上、夏は暑く冬は寒いことに悩んでいたこともあって建て替えを望んでいた。そんなときに奥様が書店で目にしたのが澤田氏の著書で、「こんな家が建てたい」、とさっそくセミナーに参加。体に優しい自然素材を使い、クアトロ断熱で高い断熱性を実現する「0宣言の家」に魅力を感じたT様は、その後もセミナー参加を何度か重ね、0宣言仕様の設計・施工を近所で手がけていた住まいる工房で建て替えることを決意した。

以前の家で悩んでいた断熱性の向上と、昼間でも暗かったため明るい家にすること、2人サイズの広さであること、当時11匹いた愛猫が伸び伸び遊べる家にすることがT様の要望だった。1階は南側に設けた窓からの日差しが、白い漆喰壁に反射して明るさをもたらすLDKと、仏壇のある洋室、水まわりを配置。2階はご主人の書斎とウォークインクローゼット、愛猫用ケージを置く猫部屋、12帖の寝室を配置。愛猫たちが自由に動き回れるよう数多くのキャットウォークが設置されているのも特徴だ。

さらに、将来にわたる安全性も考慮し、浸水に備えて床の高さを上げ、地震の際に重い瓦屋根が落下して被害が出ないよう、屋根瓦は軽量の洋瓦を選択した。

空間に無駄のない機能的なLDKは常に明るさ十分

昼間は常に明るく、お孫さんたちが遊びに来たときもゆったりと過ごせるLDK。キッチン収納も機能的に造作し、ご夫妻2人の暮らしに過不足ない空間構成を貫いた

システムキッチンはクールな印象の黒を選択。無垢材と漆喰壁で構成した空間に美しく映える

LDKではダイニングテーブルと椅子も木で統一し、スギの無垢材を全面にあしらった床との統一感を持たせた。木の香りがほんのり漂い、思わず寝転がりたくなるほどの心地良さに包まれている

時にはゲストルームにもなる仏壇のある洋室には押入も確保。後から畳を置けば和室として使うこともできる。暑い夏場は、ご主人が寝室代わりに使っているという

階段下に確保した1階のトイレ。ここにも将来を見据え、安全のための手すりを設置した

お施主様支給のシンクを使って造作した洗面台。表面は奥様お気に入りのタイル張り仕上げに

土間仕上げにした勝手口には、階段下のデッドスペースを活用した収納棚も設けられている

ご主人の書斎も天井が高いため、開放感を増して感じられる。壁の可動棚は天井近くまで最大限空間を活用して造作した

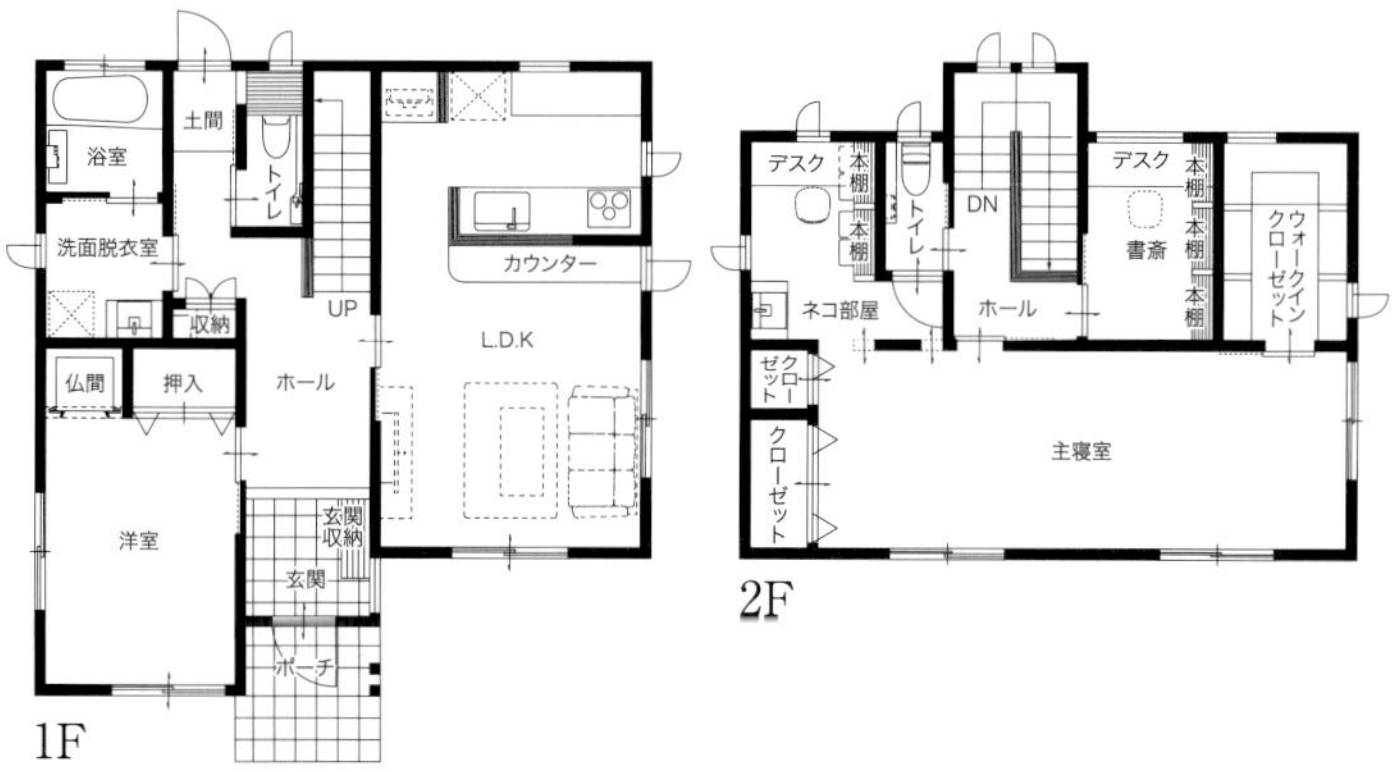

完成したT様邸は、ご夫妻2人での暮らしに適した広さ。目を引くのは、2階寝室の床、壁、天井すべてに使われた無垢材で、梁を見せた勾配天井は開放感たっぷりだ。漆喰が持つ吸臭効果の影響か、猫特有のにおいも感じられず、寝室から専用部屋まで、愛猫たちが気ままに行き来する姿を見守るご夫妻の表情にも満足感がにじむ。キッチンは、使い勝手が良いように吊り戸やキャビネットを造作し、洗面台のタオルハンガーや鏡などは、T様ご自身が雑貨店で見つけたこだわりのアイテムを設置。階段を緩やかな傾斜にし、システムバスは安全に入浴できるよう浴槽の両側にバーのあるものを選択するなど、将来を見据えた安全性にも配慮した家づくりを行った。

昼間は常に明るいため照明は不要で、酷暑だった夏もエアコンの設定温度は28℃で十分涼しかったため、電気代を大幅に節約できたことにも断熱の力を感じているというT様。近くに暮らすお孫さんたちも本能的に家の心地よさを感じ取っているからか、頻繁に泊まりに来たがるという。「年齢を重ねてくると、健康的に暮らせる家に住みたいもの。無垢材の床も心地よいし、階段の手すりが八角形になっていて握りやすいなど、細やかな部分の配慮もうれしいですね」と、望み通りに完成した家で愛猫たちと暮らせる喜びを実感している。

洋瓦葺きの屋根が 南欧を感じさせる コンパクトな住まい

広い敷地の中で、本当に必要な広さを吟味して建てたT様邸。白い外壁と軽量の洋瓦で葺いた屋根は、南欧の雰囲気を感じさせる

テラコッタタイルを敷いた玄関。窓を開口することで、暗くなりがちな玄関内にも自然光の明るさを取り込めるようにした

DATA

[構造]木造在来軸組パネル工法
[断熱]クアトロ断熱(内断熱〈充填〉:セルローズファイバー/基礎断熱:アイシネン/外断熱:ネオポール/遮熱塗り壁材:セレクト・リフレックス/調湿効果内壁:スペイン漆喰)
[屋根材]洋瓦　[外装材]遮熱塗り壁材(セレクト・リフレックス)　[床材]スギ無垢材　[内装材]スペイン漆喰、スギ無垢羽目板

[施工]
住まいる工房

和風建築の要素を随所に生かしながら、欧風アンティークのインテリアとのマッチングも考慮。K様ご夫妻のライフスタイルへのこだわりが詰まったリビング

部屋ごとに異なる天井のデザインは、K様邸のこだわりのひとつ。国産ヒノキとスギを使った板張りの格天井が、リビング空間に豊かな表情を添えている

08

静岡県富士宮市
K様邸

敷地面積：606.42㎡（183.44坪）

延床面積：145.19㎡（43.91坪）

工期：6カ月

家族構成：ご夫妻＋子ども2人

施工
藤田工務店

CORPORATE GUIDE P151

富士山を愛でて日々暮らす
スローライフを楽しむ家

富士の美しさを眺める
家族お気に入りの場所

和の風情を醸す広い縁側で、リビング・和室・子ども部屋が緩やかにつながる。庭づくりは現在進行中。雄大な富士山を借景にした美しい庭がもうすぐ出来上がる

ブラウン系でまとめたキッチンは、床のチーク材ともマッチする。K様邸のキッチンは冷蔵庫の左右が通り抜けられる効率のいい動線。勝手口も近くに設けている

漆喰と無垢材の組み合わせから生まれる、穏やかな佇まいの和室。和モダンなテイストの漆喰を使った格天井は、ご主人と棟梁との話し合いから生まれたそうだ

リビング側から冷蔵庫が見えないように、目隠しの壁を設えた。壁の上部が開いているのは、空気の循環を妨げず開放感を持たせる工夫

縦ラインをうまく生かした建具デザインは、ご主人のアイデア。場所ごとに異なるデザインが使われているのもK様邸のこだわりのひとつ

玄関ドアを開けると、清々しい木の香りが来訪者を迎え入れ、まるで森林浴に訪れたような、心地よい空気が常に満ちているK様邸。「ずっと生活していると、香りに慣れてしまいますね」と、ご主人。ただ、この心地よさが『0宣言の家』でマイホームを建てる決め手になったという。他の工務店でマイホーム建築を計画していたところ、たまたま『0宣言の家』のことを知ったK様ご夫妻。「最初は家づくりの参考になれば、くらいの思いで資料を取り寄せました」と、奥様は振り返る。「見学会に参加させてもらうと、家に入った瞬間の体感がすごく良くて。それで、この家を建てようと決めました」と、ご主人が言葉を続ける。

もともと神社や仏閣などの古い建築に興味があり、古民家をリノベーションすることも考えたとか。ご主人は、「古くていい家というのは、ずっと残るものですよね。それに比べると、今の木造住宅は寿命が短くて、30年程度しかもたないと聞きます。建築技術が進んで家の寿命が延びるというならわかりますが、短くなるのは不思議ですよね」と話す。だからこそ、素材にも工法にもこだわった、いい家をつくりたい。その思いは『0宣言の家』のコンセプトと見事に一致。K様ご夫妻の家づくりがスタートした。

子ども部屋は主寝室と分けてL字型の間取りの一番奥に配置。ご主人は「将来、夫婦2人で暮らすようになったときの生活動線を考えてこの配置にしました」と話す

玄関を入った先にある主寝室は、自然素材に包まれた心地よい空間。シンプルな室内に、板の横目を生かしたデザインの建具が程よいアクセントに

家づくりを進めていくなかで、K様ご夫妻には大きな要望が2つあった。1つは、どの部屋からも富士山がきれいに眺められること。L字型の特徴的な間取りも富士山の眺めを考慮してのことだ。そしてもう1つは、将来的に暮らしやすい家であること。2人のお子さんが成長しそれぞれ独立した後は、ご夫妻2人の暮らしとなる。高齢になっても2人が心地よく暮らせるよう、生活に必要な空間をまとめ、移動のしやすい間取りとなるよう考慮した。

そして、住まいのディテールにもご主人のこだわりが散りばめられている。「建築に興味があったので、自分で調べたり大工さんに相談したりしながら家づくりを楽しむことができました」と、ご主人。完成した住まいの住み心地をうかがうと、ご夫妻そろって「快適です」という返事。「家づくりは一生に一度ですから、自分の建てたい家を建てたほうがいいですね。健康や家の耐久性のことを考えれば、本物の素材を使っている工務店さんを選ぶといいと思います」と話すご主人に、奥様も笑顔でうなずいた。ご夫妻には、畑で作物を育てながら、スローライフを楽しみたいという思いがある。富士山を愛でつつ、人と家がゆっくり歳月を重ねてゆく。そんな暮らし方をご夫妻で楽しみにしておられるようだ。

木の温もりに包まれて 家と共に年月を重ねる 楽しさを味わいたい

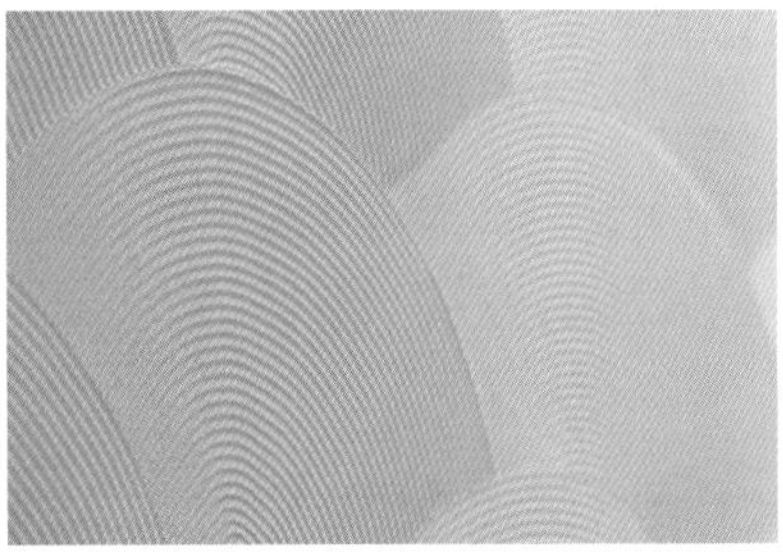

漆喰の塗り方も同様に、場所に合わせて塗り方を変えている。こうした遊び心の一つ一つが家に豊かな表情をつくり出す

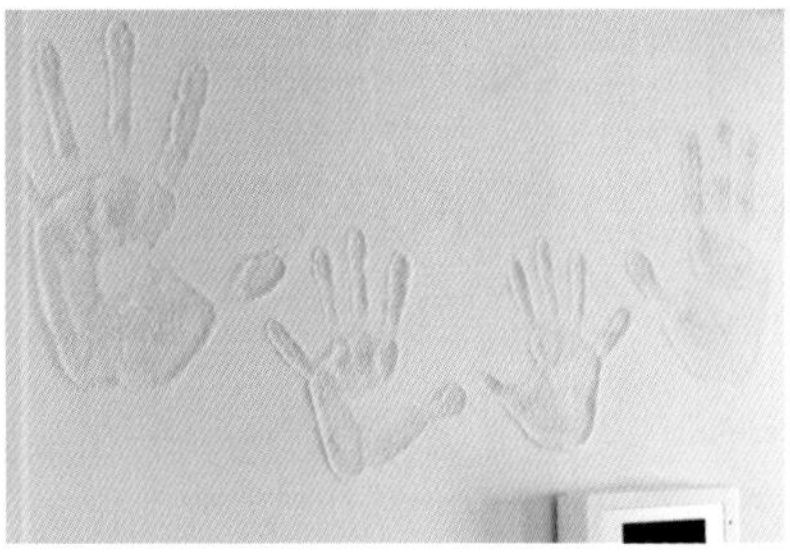

マイホームの記念にと、漆喰の壁にご家族の手形をペタリ。木の温もり溢れる家が、ご夫妻と共にお子さんたちの成長を見守っていく

無垢材の板目を生かした手洗いキャビネットが、トイレ空間に豊かな表情を添える。自然素材の優しさに包まれ、くつろいだ雰囲気が漂う

浴室に続くランドリースペース。漆喰の壁は吸湿性が高く、洗濯物を部屋干ししても乾きが早い

『0宣言の家』標準仕様の浄水器で水の違いを実感。「顔を洗うとお肌がしっとりします」と奥様

洗面室に向かうホール部分には、透明瓦の天窓を設置。優しく降り注ぐ自然光が気持ちいい

瓦屋根が堂々とした風格を感じさせる玄関。縦格子の玄関ドアとの組み合わせがモダンな雰囲気を醸す

木と漆喰の表情が絶妙に調和した玄関ホール。式台には独特な「なぐり加工」を施した一枚板を採用

DATA

[構造]木造在来軸組パネル工法
[断熱]クアトロ断熱(内断熱〈充填〉:セルローズファイバー/外断熱:ネオポール/遮熱塗り壁材:セレクト・リフレックス/調湿効果内壁:スペイン漆喰)
[屋根材]瓦
[外装材]遮熱塗り壁材(セレクト・リフレックス)
[床材]チーク、ヒノキ、タモ
[内装材]漆喰、サワラ、スギ

[施工]藤田工務店

黒い玉砂利を敷いたアプローチにデザインの入った丸い飛石を置き、和の趣を演出

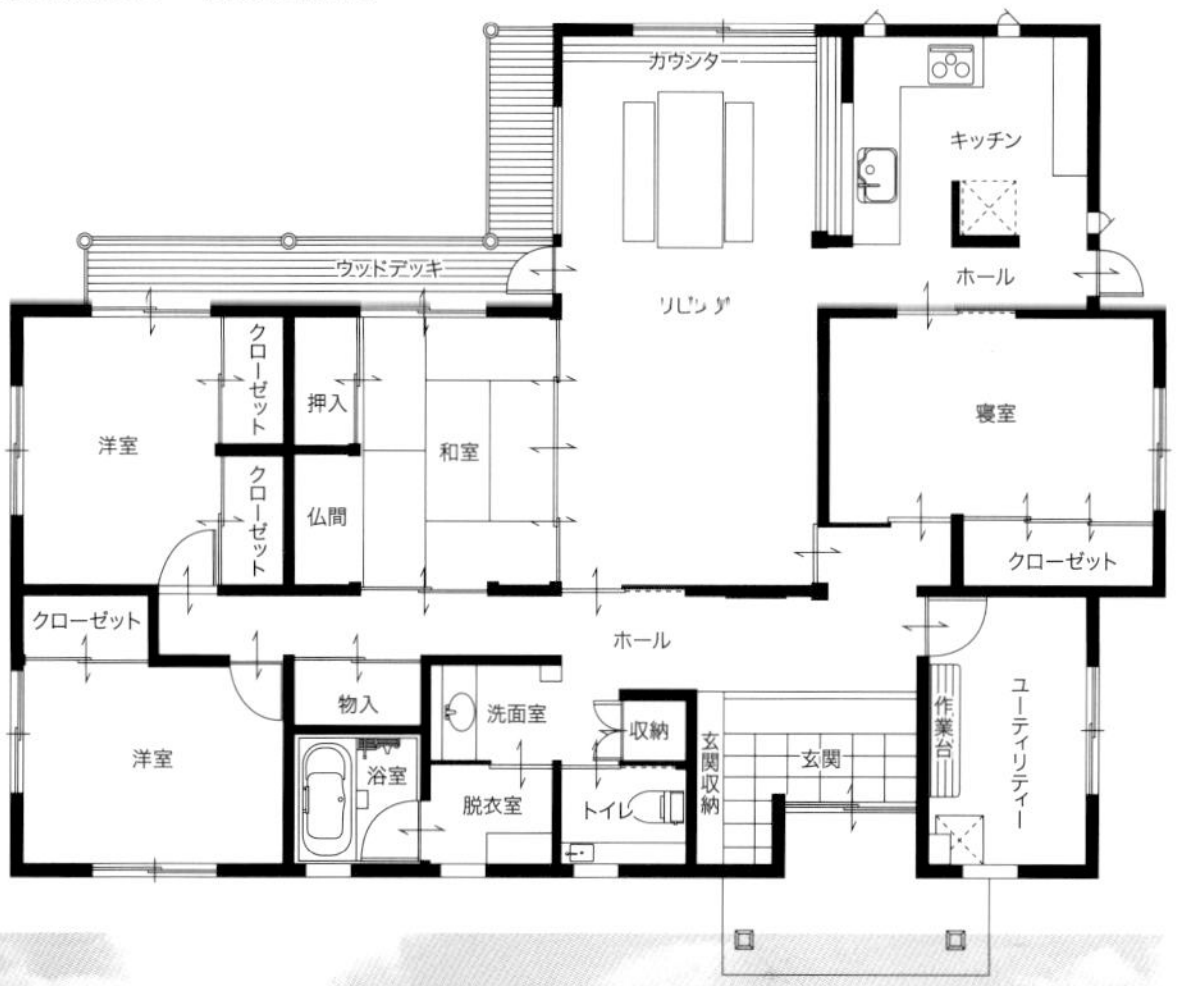

堂々と存在感を放つ趣ある入母屋造りの新和風平屋住宅

和の風格漂う入母屋造りの外観。壁の白と瓦の黒のコントラストが凛とした美しさを放つ。K様ご夫妻の思いとこだわりの詰まった住まいだ

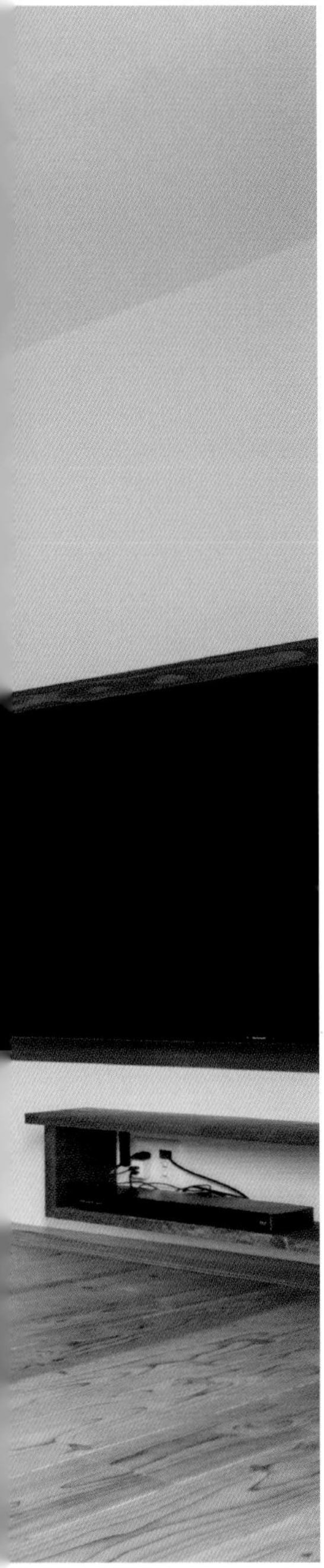

階下にはゆとりのあるリビング空間が広がる。吹き抜けの窓から外光が降り注ぎ、室内は明るく穏やかな空気で満たされる

無垢材と漆喰の
コラボから
生まれる心地良さ

シンクに並ぶ形でダイニングテーブルを配置するのも、ご夫妻のこだわりのひとつ。出来立てをすぐに食卓に並べられて、後片付けも簡単！

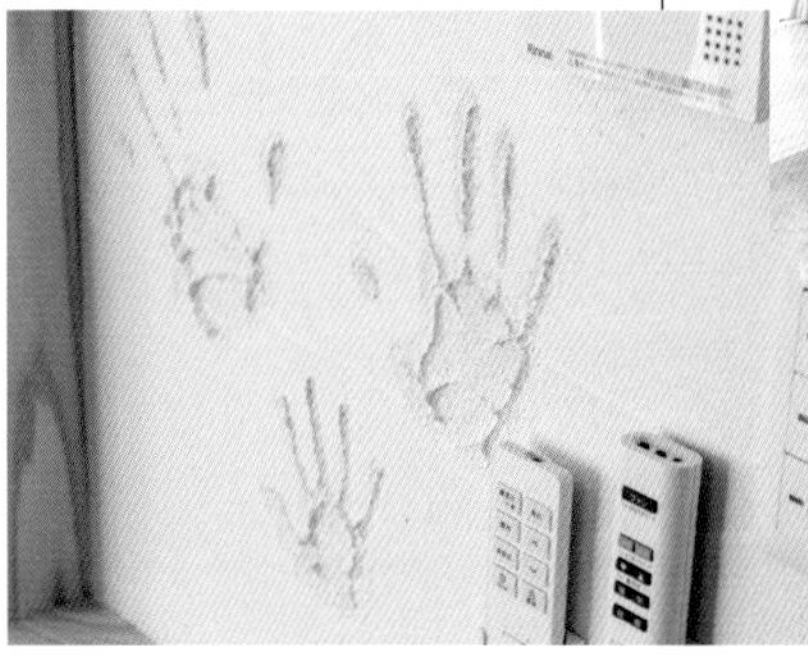

リモコンニッチの漆喰壁に記念の手形を残した。ご家族とマイホームが紡ぐヒストリーは始まったばかりだ

09

自然素材の優しさに包まれて
心も体も健やかに暮らせる家

静岡県島田市
O様邸

敷地面積：190.05㎡（57.62坪）

延床面積：98.54㎡（29.81坪）

工期：6カ月

家族構成：ご夫妻＋子ども1人

施工
大井建設

CORPORATE GUIDE P152

「初めて『0宣言の家』を見学したとき、他のハウスメーカーの家では落ち着きのなかった娘がとてもリラックスしていました。目に見えない何かを感じているのかも知れませんね」と奥様

娘さんの成長に伴ってマイホームを考えるようになったというO様ご夫妻。どんな家を建てようかと考えたとき、真っ先に浮かんだのが「健康になれる家」だった。

「娘が1歳を迎えるころ、顔や腕にアトピー症状が現れはじめ、それが健康に興味を持つ大きなきっかけになりました」と、ご主人は振り返る。ちょうどコロナ禍の時期とも重なって、ご自身や奥様の健康も気遣うようになったそうだ。しかし、いざ相談するハウスメーカーを探してみると、いろいろな会社が出てきて選択が難しい。迷っていたところに知人から教えられたのが「0宣言の家」だった。O様の地元では、大井建設がこの家を建てていると分かり、早速、資料を請求。「ひと口に健康住宅といっても、何が違うのかがよく分からなかったのですが、なぜ無垢の床がいいのか、日本の漆喰とスペイン漆喰は何が違うのかなど、一つ一つの説明に納得がいきました」と、ご主人。

そして、同社で家を建てる決め手となったのが、実際の「0宣言の家」を見学した際の体感だったとご主人は言う。「家に入った瞬間から他のハウスメーカーの家とは空気が全く違いました。『この家を建てたい』と、もう迷いはありませんでした」。

清らかな空気に満ちた 住まいで 健やかに暮らす

吹き抜けに大きな採光用の窓を設置した。冬も温かな日差しをたっぷりと家の中に取り込める。「主人も私もリビングの床に寝転がって、吹き抜けの窓から空を眺めるのが好きなんです」と奥様。ご家族で心地よい日々を満喫しているようだ

O様邸の間取りで特徴的なのは、まず、玄関を入ってすぐに「ファミリークローゼット」があること。2階の寝室から下りてきた後は、朝の身支度も1階で完結。生活動線をスムーズにする工夫のひとつと言える。また、床面をできるだけ広く使うための工夫も特徴的。例えば、リビングのテレビは壁掛け式に。テレビ台は置かず、床面から少し浮かせて収納棚を設えている。「ソファなど、リビングの床にものを置かないと決めたら、予想以上に開放感がありました」と、ご主人。

マイホームの完成から約半年ほどが経つ。住み心地は「快適です」と話すO様ご夫妻だが、何より良かったと感じているのは、娘さんのアトピーの症状が改善していることだ。「0宣言の家」に住む前の娘さんは、お風呂上がりに必ず保湿剤を塗らないとかゆくて眠れなかったそうだ。ところが「新居に越してからは一度も保湿剤を使っていませんし、一度もかゆいと泣かれたことがないんです」と奥様。ご主人もうなずいて「嘘だと思う人もいるかもしれませんが、本当に体感していることです」と言葉を続けた。「娘のまわりにもアトピー症状のある子はたくさんいます。食べ物だけでなく、住環境も大事だということを、周囲にも伝えていけたらと思っています」。

壁と天井はスペイン漆喰。床は無垢材。シンプルながら、穏やかな温もりが感じられる空間

O様邸の水は全てナノバブル化されている。「初日のメイク落としから違いました」と奥様

壁と天井は吸湿性に優れたスペイン漆喰。湿気のこもりがちなスペースもサラリと快適だ

リビングのハンモックは奥様のご要望。「友人が遊びに来ても、みんなハンモックで揺られているうちに寝てしまいます」と、奥様が楽しそうに話してくれた

ライフスタイルに合わせて空間づくりを工夫

2階の洋室は、将来2つに分けて使うことも想定してドアを2箇所に設置した。自然素材が醸すきれいな空気が、娘さんの健やかな成長を見守っていく

階段を上がったところに多目的に使える和室がある。吊押入で床面を確保することで、空間が広く見える

1階のファミリークローゼットだけでなく、2階の寝室にも大きめの収納スペースを確保

O様邸では、月齢伐採された天竜杉を床材に採用している。同じ杉でも、満月から新月までの期間に伐採すると良質な木材になるそうだ

DATA

[構造]木造在来軸組パネル工法
[断熱]クアトロ断熱(内断熱〈充填〉:セルローズファイバー/外断熱:ネオポール/遮熱塗り壁材:セレクト・リフレックス/調湿効果内壁:スペイン漆喰)
[屋根材]S瓦
[外装材]遮熱塗り壁材(セレクト・リフレックス)
[床材]天竜新月伐採杉材(一部、流通している杉無垢材使用)
[内装材]スペイン漆喰

[施工]大井建設

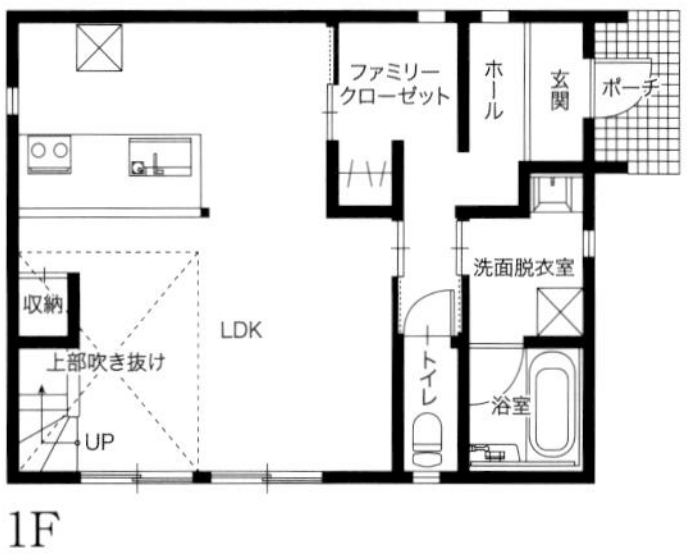

1F

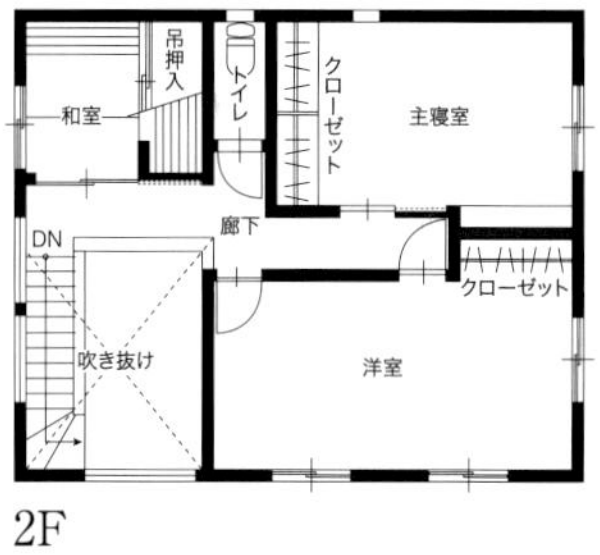

2F

シンプルでおしゃれな外観のデザインは「北欧風がいい」という奥様の好みともマッチした。物づくりが得意なご主人は、これから庭側のウッドデッキづくりに挑戦するそうだ

ドアを開けた瞬間、木の香りに包まれる。アーチをくぐるとファミリークローゼットがある

白い塗り壁に黒い瓦の庇がアクセント。落ち着いた表情の玄関が訪れる人を優しく迎え入れる

南向きに面したLDKは、自然光がたっぷり差し込む明るく伸びやかな空間。キッチンで料理しながら天然芝の美しい庭を眺めることができる

本物の健康住宅だけが叶える
家族との健やかな毎日

10

福岡県糸島市
H様邸

敷地面積：316.35㎡（95.69坪）
延床面積：106.84㎡（32.32坪）
工期：5カ月
家族構成：ご夫妻+子ども1人
施工 津留建設

CORPORATE GUIDE P153

リビング上部に吹き抜けを設置。漆喰の白壁が高窓から注ぐ自然光を拡散させ、家全体に光を届ける。天井の無垢材も温もりを演出している。エアコンの効率を高めるため、シーリングファンも設置した

自然素材が育む
家族の絆と
健やかな日々

キッチンは対面式を採用。前面に腰高の壁を設置して手元を隠すことで生活感を抑え、すっきりした見た目に

毎朝、ダイニングでコーヒーを飲みながら外の景色を楽しむのが日課というご主人。「木の温もりに包まれている空間がさらにリラックスさせてくます」とにっこり

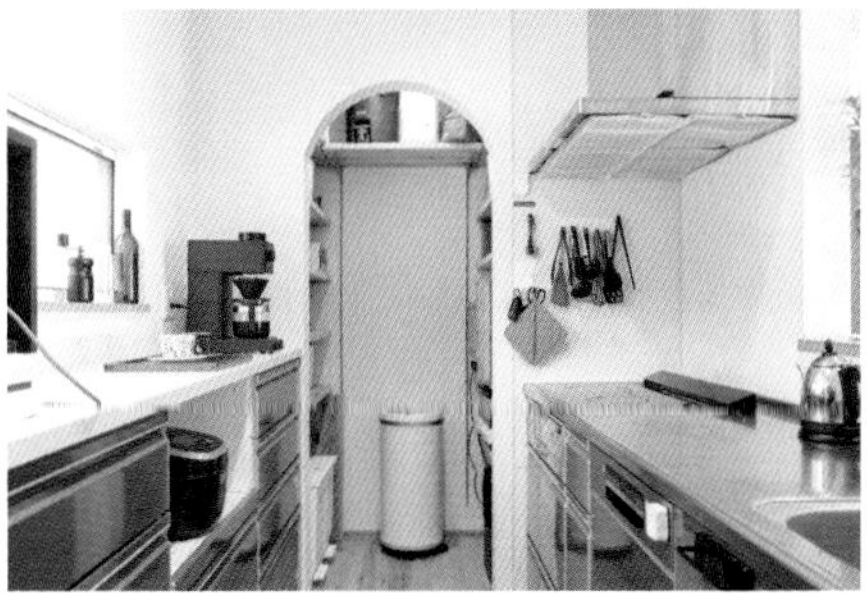

キッチン奥には奥様の要望でパントリーを設置。ゴミ箱やストック品などが収納でき、整理整頓しやすい

引戸を閉じればゲストルームに。引戸の千本格子は、職人による造作

リビング横の4.5帖の和室。シンプルモダンな空間なのでLDKとの統一感があり、引戸を開けば大空間に。将来はご夫妻の寝室にする予定

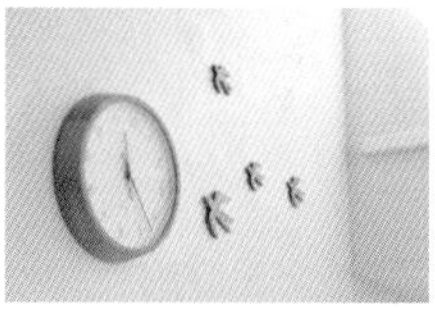

H様が『0宣言の家』に興味を持ったのは約10年前。『0宣言の家』で使用されている「奇跡の杉」を通して、自然素材にもさまざまな種類があることを知った。「〝漆喰〟と一言でいっても、どういう漆喰を使うのか。ここまで健康を追求する家があるのだと驚きました」と、当時を振り返るご主人。贈答用の胡蝶蘭の生産者という仕事柄、自然素材への徹底したこだわりや病気や老化の原因にもなる「酸化」を防ぐ家づくりに感銘を受けたという。加えて、奥様に喘息の持病があり、息子さんも病気を持って生まれたことから、マイホームは絶対に『0宣言の家』で建てようと決めた。

　それから約10年。いよいよ念願のマイホームを建てることに。そこで、「健康住宅」をうたう多くのハウスメーカーから検討した結果、たどり着いたのは、『0宣言の家』を手掛ける津留建設だった。

　「高気密高断熱、省エネ、無垢材ならどこも実践している。分電盤やラジエントヒーター、水にまでこだわっているのは津留建設だけでした」とご主人。毎日使うものにまで健康を考えている家づくりに脱帽したと話す。また、モデルハウスでの宿泊体験で快適さを実感。社長や社員の誠意ある対応も決め手となった。こうしてH様の『0宣言の家』づくりがスタートした。

大切にしたのは、どこに居ても心地よい空間づくり

主寝室の天井はパイン材で仕上げ、野地板は低温乾燥窯でじっくり乾燥させた愛工房の杉を使用。「リラックス効果が高い」とご主人も効果を実感している

2階の階段横のフリースペースにデスクを設置。窓から見える山の景色が心地よい。現在はお子さんの学習スペースに

家族の季節の衣類を収納するWSCは室内干しも可能。「漆喰のおかげですぐに乾きます」と奥様

脱衣室にパイプハンガーを設置。洗濯後、すぐに干すことができ、乾いたらハンガーのままWTCへ

清潔感のあるシンプルな洗面室。壁に設けたニッチが小物の収納に便利。隣にトイレを設置した

トイレの壁には、消臭効果の高い漆喰を採用。芳香剤なしで爽やかな空間をキープできる

設計にあたってH様が要望したのは、子育てをしながら胡蝶蘭の栽培を手伝ってくれている奥様のために、「家事の負担が少ない家」だった。そこで、洗濯・干す・たたむという家事を楽にするため、脱衣室の横にウォークスルークローゼット（以下ＷＴＣ）を設置。洗濯物は脱衣室で干し、乾いたらハンガーのままＷＴＣで収納できる間取りを実現。漆喰の吸湿効果で室内干しでも洗濯物が早く乾くという。キッチンも食洗機やディスポーザーなど最新設備を導入した。「家づくりは主人に任せていましたが、ここまで使い勝手の良い家が完成するとは思っていませんでした」と笑顔がこぼれる奥様。なかでも、ラジエントヒーターを使うようになってから「野菜の甘みが全然違う」とご主人も大満足のようだ。

ご主人が何よりもうれしいのは、家族の体調が良くなったことだ。奥様は喘息に悩まされることが激減。中学生になったお子さんも、以前は体調を崩して病院に行くことが多かったが、『0宣言の家』で暮らしはじめてからは病院に行くことがなくなった。ご主人も疲れやストレスのない毎日を実感していると話す。

「この気持ち良さがずっと続き、家族が健康に過ごせる家で暮らせることが本当にうれしい。まさにストレスゼロです」と笑顔で語ってくれた。

緑と青空が
白壁を引き立てる
北欧風の外観

外壁は左官職人による塗り壁を採用。庭の天然芝や植栽とマッチした北欧テイストの佇まい。玄関ポーチの木の雰囲気がさりげないアクセントに。リビングにつながるテラス部分には屋根を設け、足下はタイル敷きにしている

アンティーク風のレンガを使用した玄関アプローチはヨーロッパをイメージ。外観や植栽、庭の天然芝とも調和

自然とともに生きる
その思いを家づくりにも反映

H様は水と無農薬にこだわり抜いた、美しい胡蝶蘭の園芸農園を営む。「人間も胡蝶蘭も同じ。良いものを取り入れて、悪いものを排除すると元気になる」とH様

自然素材への
こだわりが生み出す
優しい表情

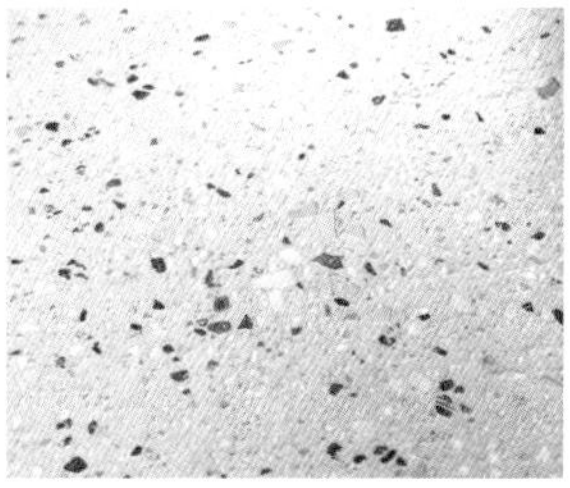

たたきの洗い出しはさまざまな色のガラスも埋め込み、洋風の雰囲気に仕上げた

アウトドアやサイクリングが趣味というご主人の要望から、玄関奥に収納棚を設置

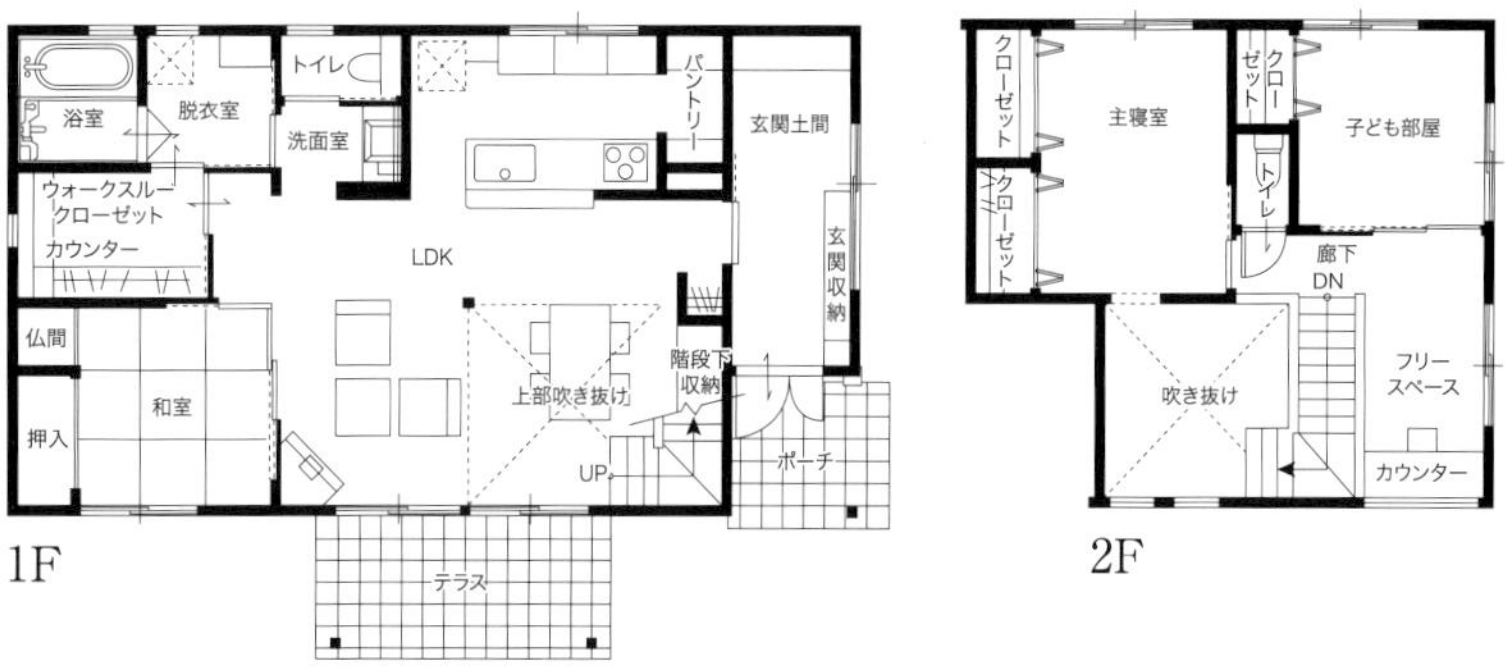

DATA

［構造］木造在来軸組パネル工法
［断熱］クアトロ断熱（内断熱〈充填〉：セルローズファイバー/外断熱：ネオポール/遮熱塗り壁材：セレクト・リフレックス/調湿効果内壁：スペイン漆喰）
［屋根材］三州瓦　［外装材］遮熱塗り壁材（セレクト・リフレックス）　［床材］パイン　［内装材］スペイン漆喰

［施工］津留建設

明るさたっぷりの南向きに配置されたLDKは家族が長い時間を過ごす和みの空間。パイン無垢材を敷いた床は温もりに満ち、漆喰壁の調湿効果が室内を快適に保つ

11

香川県高松市
M様邸

敷地面積：200.04㎡（60.51坪）

延床面積：119.24㎡（36.07坪）

工期：6カ月

家族構成：ご夫妻＋子ども2人

施工
江郷建設

CORPORATE GUIDE P154

リビング横の和室。障子を開け放すとリビングと一体化して使うこともでき、視覚的にも広さを感じさせてくれる

エアコンと組み合わせて使い、省エネしながら室内を快適に維持するエコウィンハイブリッドを設置

奥様がメーカー指定して採用したパナソニック製のキッチン。勝手口からも自然光を取り込めるため明るい

和室とつながる
広々リビングは
空気感の良さも◎

約18帖の広さをもつLDK。キッチン背後のカウンター横には便利なパントリーを設け、扉は木製で統一して温もり感を創出。リビング横の和室の障子は簡単に破れないよう樹脂製のものを採用した

「0宣言」の家づくりで重視したのは広いリビングと高い収納力

「建てるなら夏涼しく冬暖かい家を」と思っていたM様は、かつて大手ハウスメーカーで営業を担当。「建築費にモデルハウスや宣伝費などが含まれるハウスメーカーよりも、家の中にしっかりお金をかけられる工務店で建てたい」と考えていたところ、澤田氏の書籍で「0宣言の家」を知り、断熱の重要性を実感した。それから数年後に土地を確保し、県内で「0宣言の家」仕様の家を手掛けはじめた株式会社江郷建設を訪問。実際に建てられた家を訪ねて空気感の良さを実感し、漆喰の調湿効果など暮らし心地のよさを聞いて建築を決断した。

1階はLDKの隣に和室を配置し、リビングと一体化して広く感じられるよう工夫。玄関の土間収納や小屋裏収納を確保したのは、ご主人が営業マンの頃、家の建築後にこれらの収納がないことがお施主様の不満に感じた点の上位に挙げられていたからだった。洗面台を切り離した脱衣室は、室内干しが十分にできる広さを確保。2階には中学生の息子さんの部屋2室と寝室、大容量のウォークスルークローゼットをL字型に配置し、回遊性を持たせた間取りを構成。ご主人にハウスメーカーでの豊富な経験があったため、建てたい家のイメージを明確に持って家づくりを行うことができた。

息子さんの部屋と寝室&収納を2階に配置

あえてベッドは置かず、布団を敷くスタイルの主寝室。床に近い位置で寝ている分、無垢材の温もりや心地よさをダイレクトに実感。右の扉はウォークスルークローゼットにつながる

東側と南側に窓を開口し、明るさたっぷりの息子さんの部屋。ベッドと勉強机も木製に統一され、快適な空間で勉強に打ち込める

階段と手すりも無垢材で、足触りも手触りも心地よい

2方向から出入りできる、広いウォークスルークローゼット。左の扉の内部も収納スペース

「やりたいことがほとんど実現できた家は、とても過ごしやすく快適です」とご主人。夜もしっかり睡眠が取れていることを実感しているそうで、泊まりに来たご主人のお姉様は、就寝中に歯を食いしばるため翌朝はあごの疲れを感じていたが、ここではそれを感じなかったという。また、思春期を迎えた息子さんは以前少し反抗的な面もあったが、新居で暮らすようになってからは落ち着きが出てきて穏やかになったという。体に悪影響を及ぼすとされる電磁波が発生する分電盤も、電気をテラヘルツ変換して質の良い電磁波に変えるものを採用。「分電盤や空気感の良さなど、気持ちを落ち着かせる家の力で子どもの雰囲気が変わったように感じます」とご主人。家で過ごす時間も以前より長くなったそうだ。

これまで完成見学会を3回行い、そのうち2人が実際に建築に至ったとのこと。これから家を建てる方に対し、「家を住み継ぐことを考えると、将来的にメンテナンスがかからない家を建てることはコストパフォーマンスの良さにもつながります。イニシャルコストだけを考えず、長い目で見て家づくりをしてほしいですね」というご主人のアドバイスには、確かな実感がこもっていた。

カウンターと手洗い器を設置した1階のトイレ。タイル張りの床は、2階と異なる質感を選択

2階のトイレ。窓の横にトイレットペーパーなどを収めておける扉付きの収納棚を設置

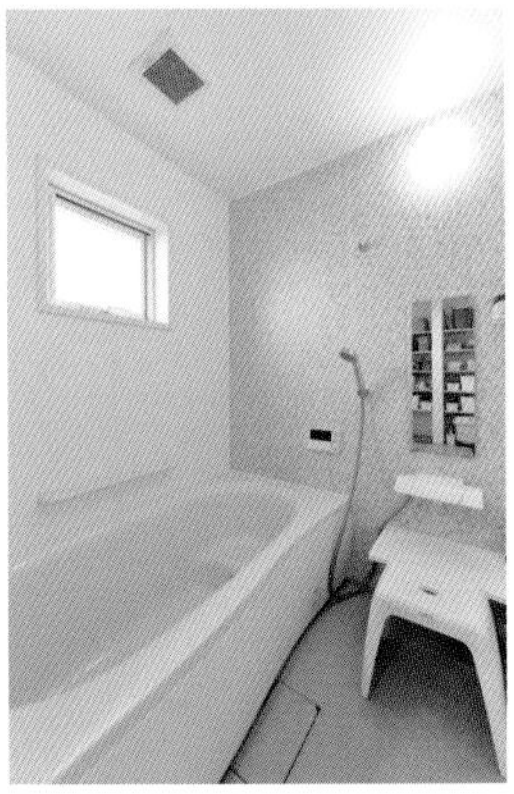

足を伸ばしてゆったり入浴できる浴室。窓を開口し、換気もしっかりできるようになっている

下着などの着替えやタオルを収納できるよう可動棚を造作し、室内干しも可能にした脱衣室

青空に映える白壁は
防汚&遮熱効果も抜群

家の形はスタンダードな切妻屋根でシンプルに仕上げたM様邸。駐車スペースはゆったり2台分を確保した。遮熱効果を持つセレクト・リフレックスを使った白い外壁は汚れにくく、長年にわたって美しさを維持してくれる

LDKの外側にはウッドデッキを設置し、さまざまな植栽で外構に彩りを添えている。室外機にも囲いを付けて目隠しをし、生活感が出ないよう工夫

短時間の来客対応には十分な広さ。上がり框の角をやや丸く仕上げることで安全面にも配慮

ゆとりある広さをもたせたタイル張りの玄関。引き戸の奥は大容量のシューズクローゼットになっている

靴やアウトドア用品などをたっぷり収納できるシューズクローゼット。可動棚のため、棚の間隔も調整可能

1F

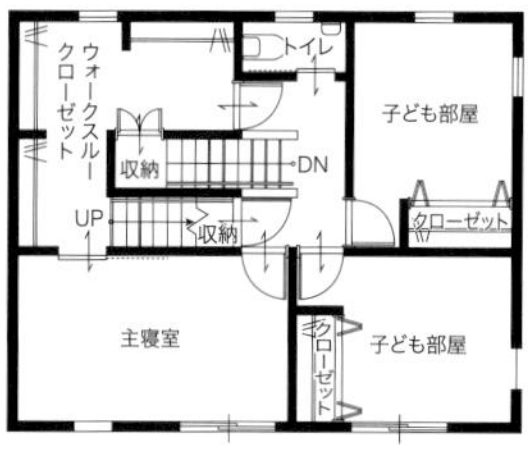

2F

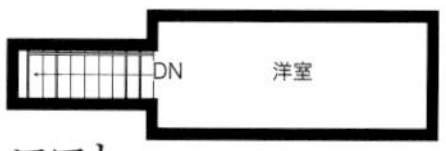

ロフト

DATA

[構造]木造在来軸組パネル工法
[断熱]クアトロ断熱(内断熱〈充填〉:セルローズファイバー/外断熱:ネオポール/遮熱塗り壁材:セレクト・リフレックス/調湿効果内壁:スペイン漆喰)
[屋根材]平板瓦　[外装材]遮熱塗り壁材(セレクト・リフレックス)　[床材]パイン無垢材　[内装材]スペイン漆喰

[施工]江郷建設

都会の真ん中とは思えない、周囲を緑に囲まれ、落ち着いた環境に建つビルの一室。無垢材の床、漆喰の壁に合わせた木の家具も優しさにあふれている

REFORM 01

東京都千代田区
医療クリニック

延床面積：52.65㎡（16.92坪）

工期：2カ月

施工
のぞみ

CORPORATE GUIDE P155

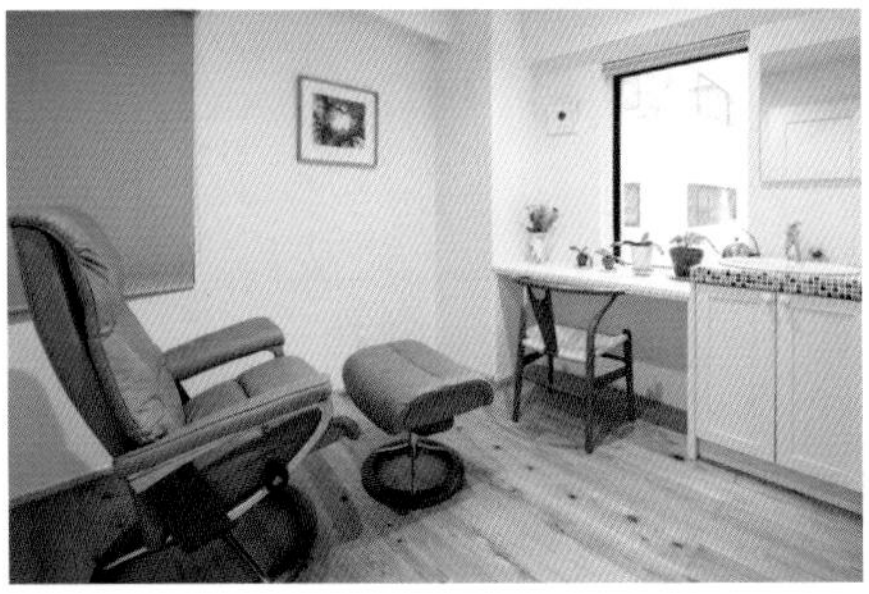

将来的に、精神分析（患者と精神分析家が密で深い交流を実践すること）をしようと設けられた空間

どれだけ長くいても疲れない 患者も医師も癒やされる空間に

「まるで自然の中にいるような、心からリラックスできる環境で患者さんを迎えたかった」と話すI先生。統合医療を専門とするI先生にとって、特に身体感覚に敏感な患者さんが、心落ち着く診療環境にすることが、リフォームの第一条件だったという。

そこで出合ったのが「0宣言の家」だ。「以前、私が診た化学物質過敏症の方が、住まいを自然素材の家に変えてから症状が改善していくのを目の当たりにし、住環境の大切さを改めて実感しました。クリニックを開業することになったとき、私も絶対、化学物質などを使わない空間にしようと、『0宣言』のリフォームにしました」とのこと。

診療を始めて感じたのは、空気のきれいさだと言う。「実は自分が一番癒やされていると思います（笑）。ここは周囲の環境もいいのですが、クリニックに入った瞬間から清々しい空気に包まれ、心がホッと穏やかになるんです。何より、何時間ここにいても、病院勤務時代とは比べものにならないほど働くことへのストレスが減りました。おかげで体調も良く、リラックスした状態で患者さんと向き合えています」。患者さんの反応も良好で、「ここに来るのが楽しみ」と言われるのがうれしいとI先生。患者さんにとってもかけがえのない空間になったのは間違いないようだ。

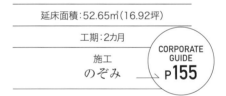

住まいと同様、働く環境も 空気の質に 意識を向けることが大切

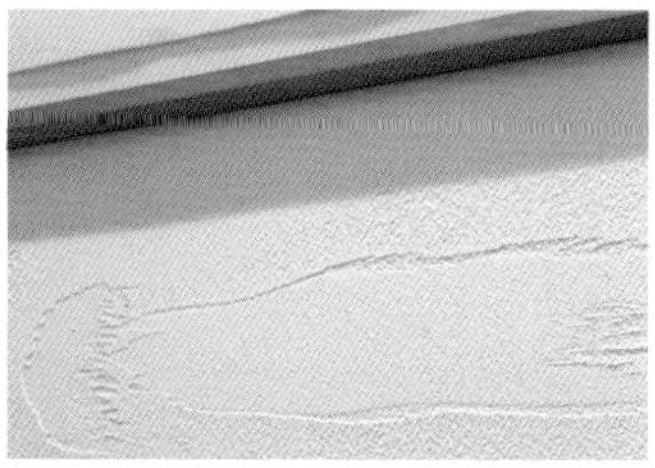

壁面は全てスペイン漆喰を使用。ランダムに塗り上げた立体パターンは、左官職人のなせる技

ビルの扉とは別に内扉を設置することで、無機質さを払拭。患者さんを温かく迎え入れる

Before

リフォーム前のがらんとした状態から木の温もりいっぱいのクリニックへ。「特に待合室はできるだけ広く、安心感のある空間にしたかった」とI先生

精神療法や統合医療の実践を行う診療室。じっくり時間をかけ、1対1でコミュニケーションをとる場所だけに、患者さんの心が自然と落ち着く心地よさにこだわったという

診療室と待合室を分ける仕切り壁を新たに設置。白い壁にはI先生お気に入りの銅版画が飾られ、室内にはクラシックが静かに流れている

DATA

[構造]RC造
[床材]スギ無垢フローリング(厚み30㎜)　[内装材]スペイン漆喰

[施工]のぞみ

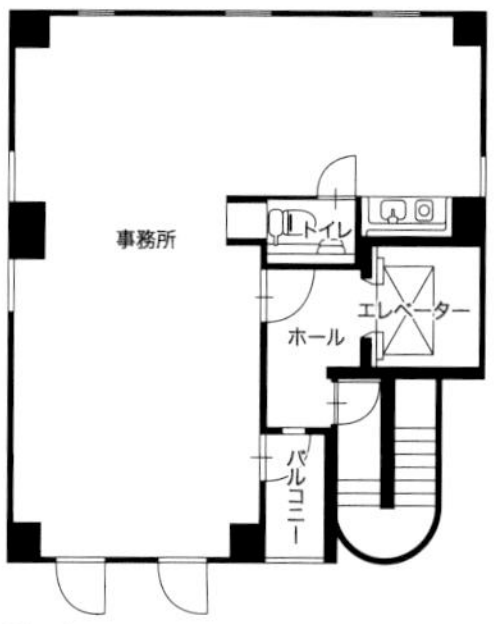

Before

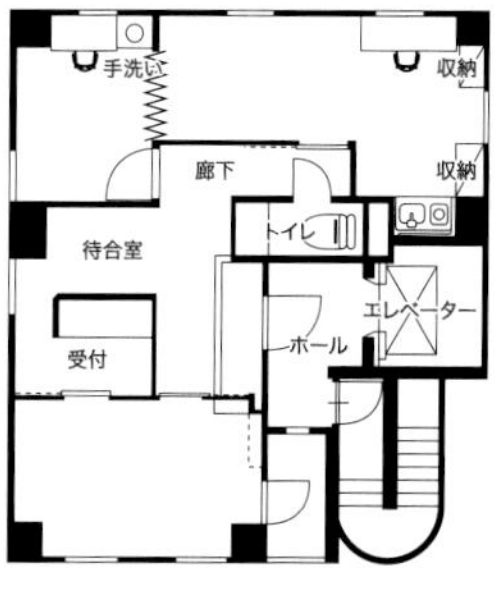

After

REFORM 02

埼玉県越谷市
S様邸

敷地面積：201.12㎡（60.84坪）

延床面積：180.14㎡（54.49坪）

工期：4カ月

家族構成：母+息子+娘夫妻+孫3人

施工
のぞみ

CORPORATE GUIDE P155

片流れの屋根が印象的な、モダンな佇まいのS様邸。20年ほど前にS様ご夫妻、息子さん、娘さんの4人が暮らす家として建てられた。今回のリフォームを計画したきっかけは、結婚して近所に住んでいた娘さんご家族との同居だったそうだ。

当初は大手のリフォーム店に相談をしたが、途中でプランに疑問が生じたという。「その時に、息子が親戚の経営している住宅会社、ウッドライフに行って話を聞いてみようと言ってくれて、みんなで出掛けることにしたんです」と奥様。同社は、郡山にある「0宣言の家」を手掛ける会社だった。「健康に害のある素材を使わないという話を聞いて、いいなと思いました。というのも、私のサロンでご紹介している化粧品も『肌に負担をかけるものは使いたくない』という考えで作られているものだからです。それだけに、『0宣言の家』の考え方がスーッと入ってきました」と奥様は話を続けた。息子さん、娘さんご家族も賛成し、「できるところは自然素材を取り入れよう」という結論に。ただ、S様邸があるのは埼玉県でウッドライフが遠方であることから、同じ「0宣言の家」を取り扱っている株式会社のぞみを紹介してもらい、改めてリフォームを相談することになった。

人が集い、和む時を包み込む 心地よい自然素材リフォーム

穏やかな空気に満ちた空間が訪れた人を癒やす

奥様が開いている自然派化粧品サロンは、2階から1階に移動させた。なじみのお客様が遠方からも来られるそうだ

サロン内に設置された洗面台。ナチュラルな風合いの内装に丸い鏡がマッチする

リフォームの際、リビングの壁と天井を真っ白な漆喰に。ピアノスペースのアクセントに無垢材を張った。白いピアノとのコントラストが美しい

別室に分かれていたキッチンとリビングを1つにつなげ、広々としたLDKに。対面式キッチンはリビングにいるご家族と会話しながら食事の準備ができる

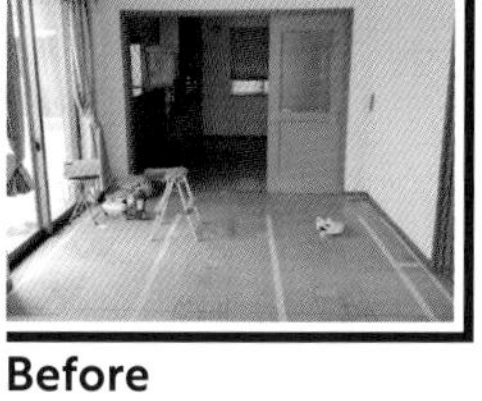

Before

Before

キッチンがあった部屋の壁を取り払い、明るく開放感のある空間に。白で統一されたキッチンとナチュラルな木の組み合わせが柔らかな雰囲気を醸し出す

一人一人が個性を生かして
自分らしい快適空間を実現

アメリカンヴィンテージをイメージして壁紙やインテリアをセレクト。統一感のあるおしゃれな空間に仕上げている

隠れ家のような遊び心が感じられる洋室。優しい色の内装と木の温もりの組み合わせが、心地よい雰囲気をつくり出す

ブルーを取り入れて、すっきりとシンプルな印象に。壁面のクローゼットを壁と同じ色にすることで、部屋がより広く見える

娘さんご夫妻の寝室の上部に取り付けた内窓。廊下からも光や風を取り入れることができ、部屋の中はさらに明るく快適に

ほのかなピンクの壁がかわいらしい。屋根の高さを上げたことで、部屋の隅まで広く使えるスペースとなった

リフォームの際、廊下も含めて2階の床と建具は「0宣言の家」仕様の無垢材を使用。廊下には室内干し用のハンガーバーを取り付けた。「風通しが良いのか、洗濯物がよく乾きます」と娘さん

今回のリフォームでは、1階部分はLDKと離れの和室、浴室、トイレ、玄関ホールを変更。2階部分は、4部屋あった間取りから6部屋（奥様・息子さん・娘さんご夫妻・お孫さん3人）の間取りへと変更した。その他に屋根の一部改修やバルコニーの増設、外壁の塗り替えなども行った。また、リフォームした各所の床や壁、扉などに、できるだけ「0宣言」仕様の無垢材や漆喰を採用している。「外からの見た目はあまり変わらないですが、家の中は大きく変わりました」と娘さん。「職人さんからいろいろな提案もいただいて、一緒につくっているような気持ちでした」と振り返る。たとえばリビングの床を広げる際に、構造上撤去できない筋交いをあえて見せることにしたのもその一つ。筋交いを隠すための壁を造らず、建材のみを残しているため、空間を遮るものがなく、リビングはより開放的な空間になった。

リフォーム後の住み心地をうかがうと、奥様も娘さんも「いいです！」と笑顔。そして奥様からは「他界した主人はこの家を建てる時に、『にぎやかで人の集まる家にしたい』と言っていたんです。リフォームしても、その気持ちは守れたかなと思います」と満足そうな笑顔だった。

Before

片流れの屋根の一部分を改修（写真奥）。屋根の高さを上げることで、部屋として使えるスペースを確保

玄関の下駄箱や三和土などはリフォーム以前のまま。サーフボードが収納できる場所を、玄関ホールに新たに設置した

Before 2F

After 2F

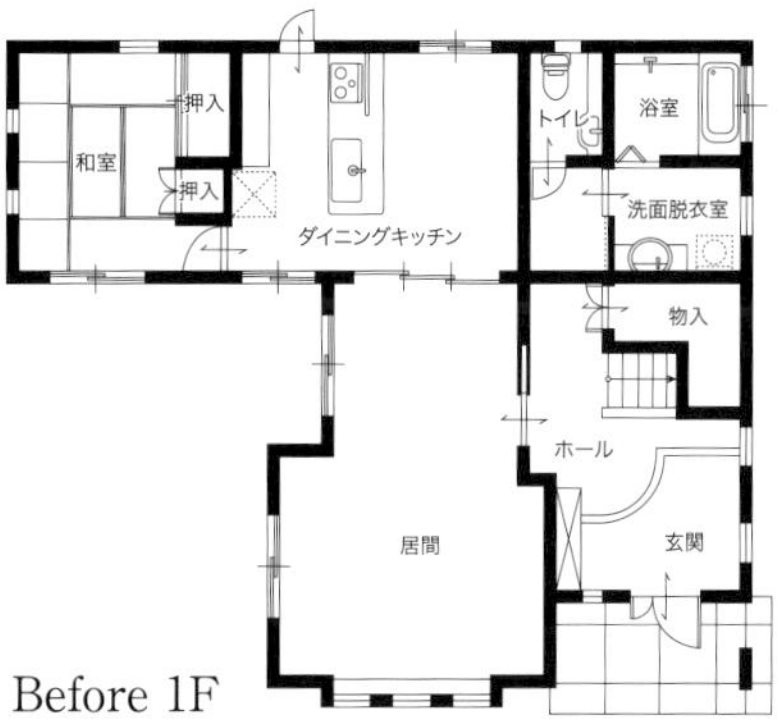

Before 1F

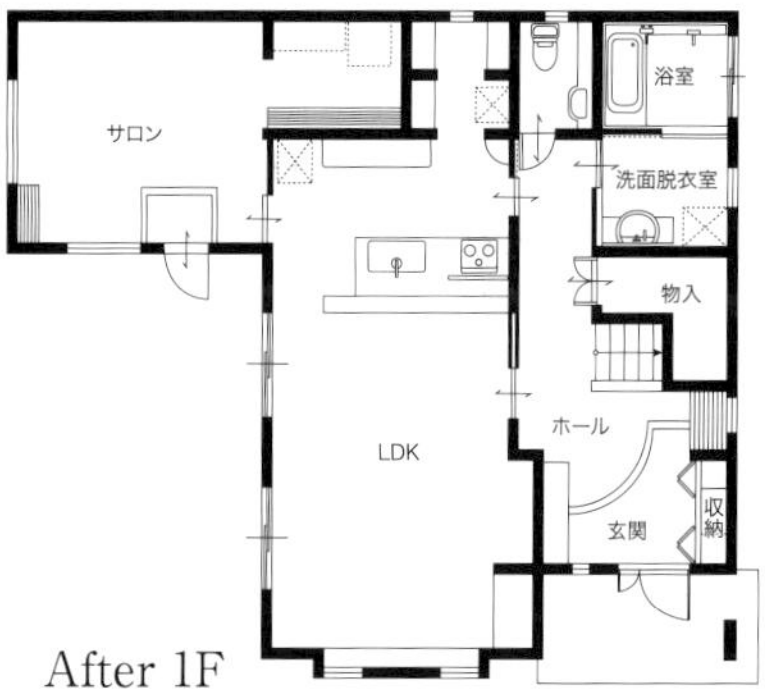

After 1F

白でまとめたトイレは明るく清潔感に満ちている。木の手洗いカウンターが優しく調和する

1階浴室につながる洗面脱衣室は爽やかな雰囲気。浴室前に洗濯機を設置することで家事の効率もアップ

白×グレーの色使いがモダンな浴室。「家族が多いので入浴も大変です」と娘さんが笑顔で話した

DATA

［構造］木造在来軸組パネル工法　［断熱］遮熱塗り壁材：セレクト・リフレックス／調湿効果内壁：スペイン漆喰
［屋根材］ガルバリウム鋼板　［外装材］遮熱塗り壁材（セレクト・リフレックス）　［床材］スギ無垢材・パイン無垢材　［内装材］スペイン漆喰

［施工］のぞみ

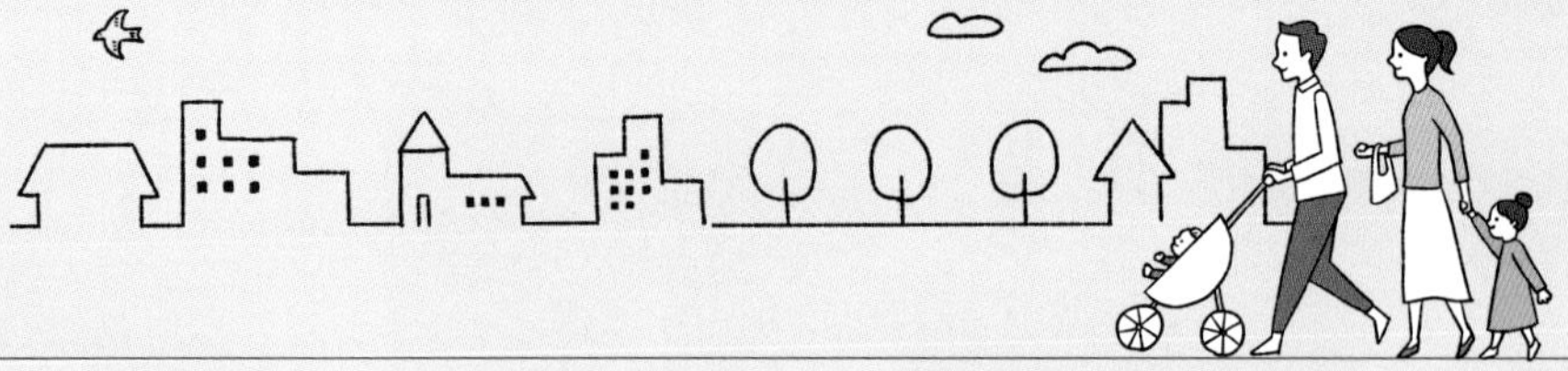

住医学研究会

〒163-0637 東京都新宿区西新宿1-25-1 新宿センタービル37階 0120-201-239 https://www.zero-sengen.com/

家づくりナイスホームズ 株式会社	〒310-0852 茨城県水戸市笠原町245-1	☎029-305-3688	℻029-305-3766
株式会社 江郷建設	〒761-2201 香川県綾歌郡綾川町枌所東253	☎087-878-2548	℻087-878-2546
株式会社 のぞみ	〒156-0052 東京都世田谷区経堂2-31-20 ライオンズマンション経堂第5 105	☎03-6413-7336	℻03-6413-7370
有限会社 田布施不動産	〒742-1502 山口県熊毛郡田布施町大字波野362-4	☎0820-53-1744	℻0820-53-1794
各務建設 株式会社	〒501-3521 岐阜県関市下之保2986-2	☎0575-49-2006	℻0575-49-3587
株式会社 藤田工務店	〒410-0873 静岡県沼津市大諏訪505-1	☎055-923-3869	℻055-922-9910
有限会社 ウッドライフ	〒963-0101 福島県郡山市安積町日出山2-162	☎024-956-9811	℻024-956-9800
株式会社 マエダハウジング	〒731-0113 広島県広島市安佐南区西原4-25-25	☎082-962-0322	℻082-962-1522
株式会社 バイオ・ベース	〒395-0301 長野県下伊那郡阿智村春日3071-3	☎0265-43-2458	℻0265-43-2460
株式会社 team-K風間	〒327-0015 栃木県佐野市金井上町2269-2	☎0283-86-7070	℻0283-24-5493
明工建設 株式会社	〒437-1612 静岡県御前崎市池新田7742-1	☎0537-86-2674	℻0537-86-8559
株式会社 フレア	〒730-0834 広島県広島市中区江波二本松1-16-27	☎082-232-3414	℻082-233-6286
株式会社 きごころ工房 夢家	〒649-2621 和歌山県西牟婁郡すさみ町周参見3711	☎0739-55-3283	℻0739-55-3884
株式会社 廣瀬住建	〒501-6115 岐阜県岐阜市柳津町丸野1-59	☎058-322-8954	℻058-322-8964
株式会社 土手加藤材木店	〒111-0025 東京都台東区東浅草1-13-6	☎03-3876-2296	℻03-3876-0267
株式会社 沢野建設工房	〒929-1122 石川県かほく市七窪ホ5-1	☎076-283-3360	℻076-283-8266
株式会社 上内設計工務	〒679-4302 兵庫県たつの市新宮町香山1410-2	☎0791-77-1136	℻0791-77-1155
AKIRA HOME	〒039-2158 青森県上北郡おいらせ町向山南3041-44	☎0178-32-6832	℻0178-32-6832
長崎建設 株式会社	〒746-0014 山口県周南市古川町10-5	☎0834-63-0564	℻0834-64-0032
風舞庭 株式会社	〒390-0851 長野県松本市島内4023	☎0263-88-8280	℻0263-88-8291

家づくりの相談は
住医学研究会会員工務店へ

住まう人の健康のため、「住宅=環境」が健康増進と密接に関わっていること、
住環境を改善することで健康になること、日本の家づくりの現状を知っていただくため、
考えに賛同した住医学研究会会員工務店をご推薦します。
もちろん、合板や集成材、木工用ボンドなどの長持ちしない建材や健康に害のある建材を排除した家づくりを行い、
住むだけで健康になる家づくりを推進しています。

株式会社 無添加計画	本社	〒336-0025 埼玉県さいたま市南区文蔵1-8-8	☎048-711-8200	📠048-711-8201
	岐阜支店	〒500-8436 岐阜県岐阜市東明見町27	☎058-215-5115	📠058-215-5150
	仙台支店	〒981-1107 宮城県仙台市太白区東中田3-2-34	☎022-306-2422	📠022-306-2420
	宇都宮OFFICE	〒320-0846 栃木県宇都宮市滝の原2-5-29	☎028-678-3945	📠028-678-3946
SOLE LIVING 相陽建設 株式会社	注文住宅事業部	〒252-0131 神奈川県相模原市緑区西橋本5-3-11	☎042-772-0021	📠042-771-0533
	モデルハウス	〒252-0232 神奈川県相模原市中央区矢部2-29-1	☎042-704-9901	📠042-704-9903
住まいる工房 株式会社	本社	〒739-0024 広島県東広島市西条町御薗宇718-31	☎082-431-3700	📠082-431-3725
	岡山営業所	〒701-0133 岡山県岡山市北区花尻あかね町8-107-103	☎086-250-9155	📠086-250-9156
	福山営業所	〒720-0077 広島県福山市南本庄3-7-7	☎084-999-2588	📠084-999-2587
越木岩大和住宅株式会社		〒662-0075 兵庫県西宮市南越木岩町15-1 ルーブルコート苦楽園2階	☎0798-73-8158	📠0798-73-8157
リード・アーキテクト 株式会社	本社	〒601-8421 京都府京都市南区西九条藤ノ木町97	☎075-693-2880	📠075-693-2881
	沖縄営業所	〒900-0006 沖縄県那覇市おもろまち4-7-2 アーベイン21 101	☎098-894-8027	📠075-693-2881
株式会社 maru工房		〒790-0824 愛媛県松山市御幸2-12-12 FLEURET102	☎089-960-6101	📠089-960-6106
大井建設 株式会社		〒428-0104 静岡県島田市川根町家山4153-4	☎0547-53-2013	📠0547-53-3445
有限会社 利行建設		〒873-0524 大分県国東市国東町横手1849-1	☎0978-72-3340	📠0978-72-3342
株式会社 津留建設	本社	〒832-0813 福岡県柳川市三橋町棚町236	☎0944-74-2840	📠0944-73-5231
	天神支店	〒810-0001 福岡県福岡市中央区天神2-13-18 天神ホワイトビル4階	☎0944-74-2840	📠0944-73-5231
株式会社 イズモ工務店		〒579-0924 大阪府東大阪市吉田6-6-33	☎072-943-1842	📠072-968-9702
株式会社 モアプラン		〒857-0811 長崎県佐世保市高梨町21-31	☎0956-22-1677	📠0956-22-1377
株式会社 永賢組		〒486-0829 愛知県春日井市堀ノ内町4-1-20	☎0568-81-6179	📠0568-84-4281
有限会社 堀田瓦店		〒727-0624 広島県庄原市上谷町447	☎0824-78-2673	📠0824-78-2730

兵庫　大阪

越木岩大和住宅
株式会社（グリーンライフ兵庫）

P42 掲載　P80 掲載　P94 掲載

PICK UP POINT

阪神・淡路大震災の経験を活かし、「高耐震ベタ基礎」を採用

家を支える基礎部分は、国内最高レベルの「高耐震ベタ基礎」を標準装備として採用。一枚の大きなベタ基礎に建物がのることで、地盤に対して均等に荷重がかかる。

追加料金なしで、「愛工房の杉」をふんだんに!

45℃の低温乾燥で呼吸したままの状態を保つ「愛工房の杉」。家の中の空気を浄化し、保湿・調湿効果があるこの木は、本来なら追加料金が必要だが、こちらでは追加料金なし。標準装備の建材としてラインアップ。

CONSTRUCTION GALLERY

綿密な採光計画で明るく、開放的な家に

大阪府豊中市 J様邸

漆喰と無垢材で仕上げたJ様邸。天井高を3メートル近くとったことで、玄関に入った瞬間に広々とした開放感が得られる空間となった。天窓や高窓などを駆使した採光計画による、自然光を効率的に取り入れたデザインが特徴的。

自然素材に囲まれた心身ともにリラックスできる場所

兵庫県尼崎市 H様邸

ご主人のお仕事が医療関連で、体力も神経も使うことから「心身ともにリラックスできる場所をつくりたかった」というH様。空気を浄化する「愛工房の杉」や、調湿性に優れた漆喰を使うなど、健康のことを考え抜いた住まいづくりを実現した。

杉の酵素と香りが心地よい自然光を感じる住まい

兵庫県西宮市 Y様邸

45℃で低温乾燥させた杉を全ての床部分に敷き詰めたY様邸。シロアリを寄せ付けないと言われている杉の酵素と香りの作用により、人にとって心地よく、快適な環境を実現。気持ち良い自然光が入る大きな窓もこだわりの一つ。

越木岩大和住宅株式会社
グリーンライフ兵庫

本社／兵庫県西宮市南越木岩町15-1
ルーブルコート苦楽園2階
0120-184-670
FAX0798-73-8157
http://www.greenlife-hyogo.com/

代表取締役社長
細川 鎮裕 氏

住む人が自然治癒力を発揮する「100%自然素材の家」を推奨

日本一の健康住宅を目指し厳選した自然素材と最適な工法で　「住む人の自然治癒力を発揮する家」を実現する工務店です。私自身がシックハウス症候群を経験し、国が認める安全素材の家なのになぜ病気に?と調べていくうちに健康になる「0宣言の家」に出合いました。その後工務店に転身、今では関西で100軒以上の「0宣言の家」を手掛けています。

Web Site

SOLE LIVING
相陽建設株式会社

P80 掲載
P86 掲載
P98 掲載

PICK UP POINT

2022年 新モデルハウスオープン

新ブランド“SOLE LIVING(ソールリビング)”をスタートし、モデルハウスをオープン。「SOLE=たったひとつの」「LIVING=暮らし」には、ご家族の想いや暮らしに寄り添える存在でありたいという願いが込められている。

満足度93%の プランニング

家づくりに着手する前に、お客様にインタビューをする。家を建てたあとの「暮らし」に焦点を当てることで、家事動線や生活動線を想像し、家づくりに反映させていく。同社のプランニングは、90%以上のお客様から「満足」との回答を得ている。

CONSTRUCTION GALLERY

庭の緑を取り込んだ カーテン不要の無垢材の家

東京都 A様邸

「自然を感じながら暮らしたい」という希望から、眺望重視のプランを提案。南面の庭に向かって大きな窓を配し、美しい緑景が望めるように。希望に応えるだけでなく、プロならではの提案や丁寧な説明、お施主様目線に立った対応にA様ご家族も喜んでいる。

まるで森の中に建つ別荘 一年中快適な暮らしが楽しめる家

東京都 S様邸

屋根には希望の瓦を採用し、白い塗り壁と植栽との相乗効果で、住宅街の中でも目を引く美しい外観に。室内は入った瞬間に木の香りを感じ、清々しい空気に包まれている。「夏でもエアコンを使わずに過ごせる日があるほど快適」と、断熱性能の高さにも満足。

家事ラクにも配慮した おしゃれで快適な二世帯住宅

神奈川県 I様邸

広く開放感のあるリビング、多目的に使えるロフト、家事をラクにする洗濯動線など、暮らしやすさとデザイン性にもこだわった。「無垢の床はそれほど冷たくなく、子どもは一年中素足。結露もないです」と気密・断熱性能を実感する暮らしを楽しんでいる。

SOLE LIVING
(相陽建設株式会社)

モデルハウス/神奈川県相模原市中央区矢部2-29-1
注文住宅事業部:TEL042-704-9901
0120-704-991
https://sole-living.soyo-inc.co.jp/

本社／神奈川県相模原市緑区西橋本5-3-11
TEL042-772-0021(代表)
メンテナンス部:TEL042-772-6339
不動産部:TEL042-772-4871

田名事務所／神奈川県相模原市中央区田名5602
建築事業部:TEL042-772-0021

代表取締役
古橋 裕一 氏

建物の主治医として —相談できる建設屋—

私達は、お客様の人生に「感動」や「やすらぎ」を生み出すことを目指しています。近年、建物による健康被害が注目されるようになりましたが、まだまだ建設業界全体として命の視点で建物を見る目が未熟と感じています。だからこそSOLE LIVING(相陽建設)は「命の視点から建物を見る」、この視点にこだわって、安全で安心できる建物を提案させていただきます。

Web Site　Blog

埼玉 宮城
岐阜 栃木

株式会社
無添加計画

P24 掲載 P80 掲載 P82 掲載 P102 掲載 P106 掲載 P110 掲載

PICK UP POINT

省エネ設計で快適に、経済的に 0宣言×パッシブデザインを提案

等時間日影図の作成からのゾーニング検討、南面と東西北面の窓の大きさや、日射取得および日射遮蔽による熱損失、燃費をQ-PEXで計算。夏は小屋裏、冬は床下の家庭用エアコン1台で全館冷暖房できる家づくりを提案している。

お客様家族との絆を大切に 専用コミュニティサイトも開設

マイホームが完成した後もお客様とのつながりを大切に。その後のライフプランの検討などのサポートも充実。施主様専用のコミュニティサイト「モコミ」を運営するほか、毎年実施されているお客様感謝祭も好評だ。

CONSTRUCTION GALLERY

猛暑の夏の寝苦しさも解消 パッシブ設計の快適な家

岐阜県関市 T様邸

0宣言×パッシブ設計の家は、猛暑の夏でもエアコンは省エネ運転で家の中は快適に保たれる。リビングの表情豊かなヒノキの丸太は、家のシンボル的な存在。奥様のための効率的な家事動線をはじめ、家族の暮らしやすさに配慮した間取り。

吹き抜けのLDKが開放的な シンプルモダンの家

山形県山形市 S様邸

無垢材と漆喰の優しい色調をベースに黒のパーツやインテリアを効果的にあしらい、シンプルモダンな雰囲気を漂わせている。開放的なLDKからパントリーや水回りまで動線がつながり、小さいお子さんたちの格好の遊び場になっている。

家の「表と裏」を意識した 穏やかな雰囲気を醸す家

埼玉県越谷市 T様邸

リビング側から見えるキッチンの「表」に収納はつくらず、見えない「裏」に広い収納スペースを確保するなど、家の中の各所に「表」と「裏」の役割を配置し、家族の心地よい暮らしを実現。木の温もりを活かした家の外観も特徴的だ。

株式会社無添加計画

本店／埼玉県さいたま市南区文蔵1-8-8
0800-800-5060
FAX048-711-8201
https://www.re-trust.com

仙台支店／
宮城県仙台市太白区東中田3-2-34
0120-010-880

岐阜支店／
岐阜県岐阜市東明見町27 2階
0800-333-1116

宇都宮OFFICE／
栃木県宇都宮市滝の原2-5-29
0800-333-0666

代表取締役
瀬野 剛史 氏

何があってもなくても無添加計画 お客様とそんな関係を築きたい

将来にきれいな自然を残す。建替えでも構造材などが再利用できる。暮らしや地球環境に配慮した建材は総じて人体にも優しい。こうした理由から私たちは「環境共生」をベースに家づくりを行います。そして、家が完成した後も「何があっても、なくても、無添加計画に」と言っていただけるよう、お客様との関係づくりに取り組んでいます。

Web Site YouTube

京都 沖縄

リード・アーキテクト
株式会社

P80 掲載 P114 掲載

PICK UP POINT

天然無垢材に囲まれた空間で大切な家の長寿命化も可能

天然無垢材と天然素材を中心とした、木の香りと清々しい空気に癒やされる家づくりを提案。オリジナル断熱法による調湿効果で体感温度が一定に保たれ、家の長寿命化にもつながる。

地震・水害・台風に強い全棟耐震等級3を標準仕様

現在最も耐震性能が高いとされる「耐震等級3」を取得した家づくりが標準仕様。設計段階で、柱及び梁等の材木や金物を選定し、耐力壁の長さとバランスの良い配置等を考慮してプランニングしている。

CONSTRUCTION GALLERY

漆喰と無垢材に囲まれおいしい空気に満ちた二世帯住宅

沖縄県那覇市 A様邸

無垢材や漆喰、天然素材で心地よい空間に仕上げた二世帯住宅。太陽光パネル+蓄電池も採用している。敷地が三角地かつ崖上ということもあり、配置や建物形状など多くの工夫が必要だったが、同社の設計力で暮らしやすい二世帯住宅が実現した。

古民家風のインテリアでほっこりくつろげる家

京都府京都市 K様邸

健康意識が高く、新築を建てるなら健康に配慮した家にしたいというK様ご夫妻。同社に相談に来られ、ご希望された古民家風のデザインも、自由設計によりすべて叶うことから建築を依頼。ご夫妻のご希望に沿った満足いただける家が完成した。

宿泊体験可能!京都の健康モデルハウス

京都府京都市 モデルハウス

漆喰や無垢材などの健康素材、自然素材を中心に建てた、宿泊可能な健康モデルハウス。木の香りに満ちた空間の居心地のよさはもちろん、クアトロ断熱により高断熱仕様になっているため、エアコン1台で家全体を一年中快適にしている。

リード・アーキテクト株式会社

本店／京都府京都市南区西九条藤ノ木町97
TEL075-693-2880
FAX075-693-2881
https://lead-a.co.jp/

沖縄営業所／
沖縄県那覇市おもろまち4-7-2 アーベイン21-101
TEL098-894-8027

代表取締役
遠藤 達彦 氏

自然素材を中心とした住み心地のよい健康住宅を提供

2023年に創立20周年となった当社は、これまで数多くの注文住宅、リフォーム・リノベーション、特殊建築などを手掛けてまいりました。「家に住むことで健康になれる」を目標に、本当に良い家を建てたいメンバーとともに、医学的根拠に基づいた健康住宅をつくっております。今後も心から愛着の持てる健康的な住まいをつくり続けるため、日夜精進してまいります。

Web Site

広島 岡山

住まいる工房
株式会社

P118 掲載

PICK UP POINT

3つの営業所を拠点として 広い施工エリアを担当

本社は広島県東広島市に置きながら、福山市と岡山市にも営業所を構えている。主な営業エリアは広島県と岡山県としていますが、時には山口県や鳥取県の一部でも施工を担当するなど、広い施工エリアを誇っている。

上質な無垢材を使って 建具や家具をオーダーメイド

建具や家具、キッチン、洗面台なども住宅に不可欠なもの。これらもお施主様の要望を細かく聞いた上で、職人が高い技術力で製作している。質の高い無垢材を使ったオリジナル造作で、空間とのトータルコーディネートが可能。

CONSTRUCTION GALLERY

健康的な空気環境の中で 愛犬と心地良く暮らす

岡山県岡山市 M様邸

犬を飼うのが夢だったM様は、床、天井、建具全てに無垢材を使い、漆喰壁の塗り方にもこだわった。リビングは天井が高く開放的で、輻射熱を利用した冷暖房システム「エコウィン」とクアトロ断熱で通年快適性を維持。漆喰の消臭効果も実感している。

天井高4.6mの 解放感あふれる虹色空間

鳥取県米子市 M様邸

「健康に良いことをできる限り実行したい」というM様が選んだのは無垢材と漆喰に包まれた「0宣言の家」。天井高4.6mを超える解放感たっぷりのLDKには、ボルダリングウォールや雲梯なども設置。心地よさだけでなく、遊び心満載の家が完成した。

ログハウスへの憧れと 家族の健やかな生活を実現

広島県府中市 U様邸

ご夫妻のログハウスへの憧れから屋根は切妻屋根とし、天井と床にパインの無垢材を全面採用。奥様はキッチンや食器棚は造作にこだわり、ラジエントヒーターの設置と断熱効果で電気代が大幅削減でき、ご主人のアトピー症状も緩和された。

住まいる工房株式会社

本社／広島県東広島市西条町御薗宇718-31
0120-072-252
TEL082-431-3700
FAX082-431-3725
https://atelier-smile.jp

福山営業所／
広島県福山市南本庄3-7-7
TEL084-999-2588

岡山営業所／
岡山県岡山市北区花尻あかね町8-107-103
TEL086-250-9155

代表取締役
浦 勝彦 氏

新築もリフォームも 職人とともにこだわって施工

リフォーム中心だった当社が「0宣言の家」の施工に携わって10年以上。現在は新築だけでなく「0宣言の家」仕様のリフォームも手がけるようになりました。常に当社スタッフと職人さんが力を合わせ、手間ひまかけてこだわりの家をつくりあげています。これからもご家族の笑顔の絶えない、長持ちする快適な住まいを提供し続けていきます。

Web Site

株式会社
藤田工務店

P80 掲載 P122 掲載

PICK UP POINT

自信があるからこそ もっと現場や工場を見ていただきたい

大工・素材・技術のすべてにこだわった木造注文住宅を手掛ける工務店。妥協しない家づくりを、お客様に見て、感じていただけるように、見学会やイベントなども随時開催。事前に問い合わせをすれば、現場や工場の案内も行う。

私達の家づくりは 住む人を第一に考えた家づくり

次の世代まで安心して健康で快適に暮らせる家づくりにこだわり、健康を脅かすような長持ちしない建材は使用せず、自然素材を多用した完全自由設計の住宅を提案。無垢材を多用した住宅は、お施主様からの好評も得ている。

CONSTRUCTION GALLERY

お施主様のこだわりが詰まった 箱形の平屋建て

静岡県伊豆市 Y様邸

白い外壁のシンプルな四角い平屋建てのY様邸。コンパクトな外観とは反対に、広い土間とシューズクローゼット、広々としたリビング、ウォークインクローゼットを備えている。浴室、洗面、建具、収納など造作家具はいずれもお施主様によるデザイン。

無垢材をふんだんに使った 造作の建具やキャットウォーク

静岡県御殿場市 S様邸

大きな梁で組まれた天井が圧巻のLDK。愛猫も快適に過ごせるよう、造作のキャットウォークが天井の梁まで続き、梁の上を行き来できる工夫も。リビングに設えた小上がりの畳やデザイン障子など、たくさんのこだわりが詰まった、人にも猫にも心地いい家が完成した。

箱根の山合いに建つ 古材を生かした洋風別荘

神奈川県足柄下郡 I様邸

箱根の山合いに別荘として建てられたI様邸。LDKの大きな梁は、旧邸に使われていた貴重なものを再利用した。梁とモダンな照明が、別荘でのくつろぎの時間を演出している。2階の一角には和室を配置。LDKとは対照的な空間で、住む人を和ませる。

株式会社藤田工務店

本社／静岡県沼津市大諏訪505-1
TEL055-923-3869
FAX055-922-9910
https://zero-fujita.com/

工場／
静岡県沼津市大諏訪637-2M

代表取締役
藤田 達男 氏

こだわりがなければ 本当に価値のある住まいとは言えない

無垢材をぜいたくに使用した和の佇まいが美しい日本家屋。もちろん素材だけでなく、家を支える八寸角のヒノキの通し柱や、森林浴をしていると感じるくらいの新鮮な空気……そんな住宅で生活をしていただけるのが藤田工務店の家づくりです。家づくりは一生で一度だからこそ、妥協のない良いものしか造りたくないと考え、全力で家づくりをしています。

Web Site Blog YouTube

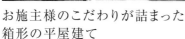

大井建設
株式会社

P126 掲載

PICK UP POINT

こだわりの天竜材を使用した 艶やかで温もりある空間づくり

天竜川流域の厳しい自然環境で育った天竜材を、適切な時期に伐採し、自然乾燥された「天香の杉」を、住宅のフローリングや壁材に採用。香り良く温もりのある無垢材が、空間を穏やかな空気で満たしている。

もっと健康になってほしい! 地域FM放送で健康情報を発信

趣味はダイエットと語る、池田社長は、自他ともに認める健康オタク。「多くの人に健康に関する正しい知識を知っていただきたい」という思いから、衣食住にまつわる身近な健康情報を地元FM放送で発信している。

CONSTRUCTION GALLERY

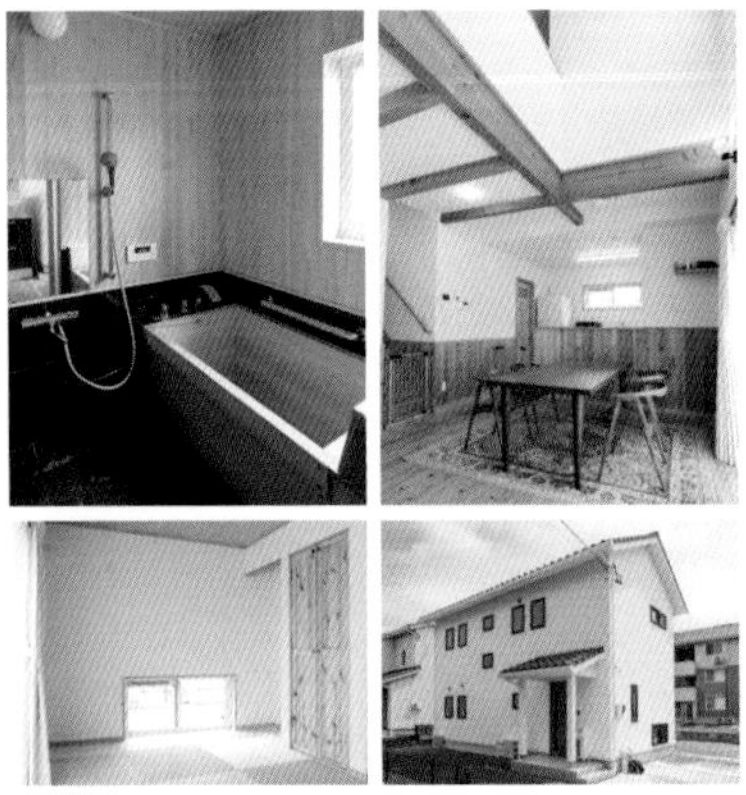

蔵を連想させる堂々たる佇まい 無垢材の心地よさを堪能できる家

静岡県島田市 A様邸

日本の蔵を想起させるシンプルながら堂々とした存在感。ドアや窓枠などを黒で統一し、白壁と対比させた外観デザイン。浴室には青森ヒバの浴槽を設置し、室内の床や壁には「天香の杉」などの無垢材を使用。温もりと心地良さに満ちた空間を実現している。

漆喰の白壁と南欧瓦が印象的 穏やかな空気に満ちた家

静岡県榛原郡 Y様邸

プロヴァンス風の外観ながら、小上がりのある和室を設えるなど、家族のこだわり満載のY様邸。リビングに明るい光を取り込む吹き抜けが上下階をつなぎ、寒い冬は1階のストーブの暖気が家中に運ばれる。自然素材に包まれた屋内は、常に穏やかな空気に満ちている。

シンプルで凛とした美しさ 白壁輝く和モダンな平屋の家

静岡県島田市 K様邸

切妻屋根を取り入れ、シンプルな和モダンの佇まいに仕上げた外観。真っ白な外壁が、美しく清々しさを感じさせる。明るく広々としたリビングは、平屋の斜め天井を生かした遊び心ある空間。続く和室に敷かれた天然い草と無垢材の香りが住む人の心と体を癒やす。

大井建設株式会社

本社／静岡県島田市川根町家山4153-4
TEL0547-53-2013
FAX0547-53-3445
https://www.ooikensetsu.co.jp

住宅問い合わせ先
TEL054-295-7001

代表取締役
池田 豊 氏

ご家族の幸せは、まず健康から。 本当に大切なことを伝えたい。

お客様の幸せのベースには何があるのか。それはご家族の健康です。その想いで半世紀以上、地域の皆様やお客様の信頼をいただけるよう家づくりに取り組んできました。いいデザイン、美しいインテリアも、それが体に悪いものなら本末転倒です。本当に大切なことを丁寧にお伝えしながら、人の役に立つ企業として努力を重ねていきます。

Web Site　YouTube　Facebook　LINE　Instagram

福岡 佐賀

株式会社
津留建設

P130
掲載

PICK UP POINT

家中の電気を体に良いものへ変える分電盤を標準仕様

体に悪影響を与えると言われる電磁波を体に良いものへ。分電盤「MINAMI PLATE®」は、外から入ってくる電気を体の抗酸化力を高めるといわれる「テラヘルツ波」に変換。分電盤から変えることで家中の電気の質を高めることができる。

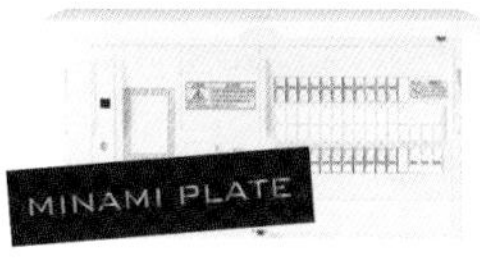

これ1台で家中の水を改善免疫力アップなど健康サポート

毎日体に触れるものだからこそ、水の質にもこだわった。浄水器「Zero1フィルター®」はこれ1台で家中の水を改善。高性能セラミックボールが水道水に含まれる有害物質を除去。免疫力の向上、老廃物の排除など健康をサポートする。

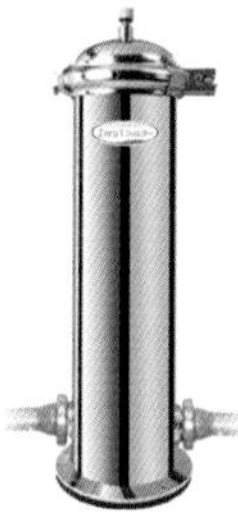

CONSTRUCTION GALLERY

家づくりの本を読み尽くしたどり着いた0宣言の家

佐賀県神埼市 F様邸

長女のアトピーと喘息改善のためマイホームを決断したF様。「家を建てるなら無垢材をふんだんに使った、人に優しく次世代まで住める家にしようと決めていました」と話す奥様。どこにいても家族の気配を感じられる家にとLDKの横に子ども部屋をレイアウト。

妥協せずこだわり尽くしたアンティーク調の家

福岡県京都郡 H様邸

英国コッツウォルズ風の家に憧れるご主人が外観を担当し、外壁の素材や屋根のデザインにこだわった。一方奥様はスムーズな家事動線と広さを両立できるようにと間取りを担当した。「こだわり尽くした分、住心地は抜群です」とうれしそうに話してくれた。

自然の優しさに包まれて暮らすぜいたくを

佐賀県鹿島市 Y様邸

学生時代から建築やインテリアの本を読むのが趣味だというご主人。照明やテーブル、椅子など、インテリアはデザイン性が優れたものを国内外から取り寄せた。そうしたこだわりを叶えた家は、ナチュラルな中にも洗練された雰囲気が漂う和モダンな空間に仕上がった。

株式会社津留建設

本社／福岡県柳川市三橋町棚町236
TEL0944-74-2840
https://turuken.com/

天神支店／
福岡県福岡市中央区天神2-13-18天神ホワイトビル4階
TEL0944-74-2840

柳川モデルハウス／
福岡県柳川市三橋町棚町280

代表取締役社長
津留 輝彦 氏

健康性能にこだわり、「予防」という価値を住まいに

家づくりといえば、デザインや間取りが注目されがちですが、実は、健康性能にこだわることで、様々な不調を「予防」することができます。津留建設は、自然の中から作られた素材だけを選び、心身ともにストレスのない家づくりにこだわり、家族の安らぎや老後の健康を支える、「予防」という価値を提供します。

Web Site

株式会社
江郷建設

P80 掲載　P134 掲載

PICK UP POINT

自然由来のホウ酸で防蟻対策 人の体に優しく効果も長期間継続

防蟻対策に使っているのが、自然由来のホウ酸を主成分とする木材防腐防蟻剤「ボードディフェンス」。住む人の体に無害で、家全体の木部に塗布。一般的な農薬系薬剤のように揮発せず浸透するため、5年ごとの防蟻処理も不要。

木の香りが広がるモデルハウスで 断熱性能の高さと心地良さを体感

のどかな田園風景の中に佇み、玄関ドアを開けた瞬間に木の香りに包まれる体験型ショールーム。0宣言仕様のクアトロ断熱による快適な温度・湿度と清々しい空気感、無垢材のフローリングの心地良さなどを体感できる。

CONSTRUCTION GALLERY

産地の異なる木を巧みに使い 好きな場所で勉強ができる家

香川県綾川町 K様邸

お子様4人が好きな場所で勉強できるよう、スタディースペースを随所に確保。木を好むK様は、洗面脱衣室と階段以外の天井に愛工房の杉を全面採用。柱にも、奈良や宮崎など転勤でゆかりのある産地の桧を使い、温もりあふれる空間を構成している。

限られた敷地内に建てられた 暮らしやすい間取りの家

香川県高松市 A様邸

母屋の隣にある限られた敷地に建築した2階建ての家。できるだけ廊下をなくして居室に充てることで無駄のない住空間としつつ、家事動線には入念に配慮して設計。リビングの天井に張った愛工房の杉は、A様が体感型ショールームにあるのを見て採用した。

畳スペースに玄関の手洗い台 子育て家族にうれしい配慮

香川県高松市 K様邸

リビングの一角を勾配天井にし、愛工房の杉を採用。キッチン横に畳スペースを配置し、家事をしながら子どもを見守ることができる。ベンチを造作した玄関には手洗い台を設置し、帰宅直後に手を洗って室内に入れるため衛生面の対策にもなる。

株式会社江郷建設

香川県綾歌郡綾川町枌所東253
TEL087-878-2548（代表）
FAX087-878-2546
https://egoukensetsu.com

代表取締役
江郷 寛志 氏

健康・快適・美容にこだわった 家族が健やかに暮らせる家づくりを

長年家づくりに携わる私たちのこだわりは、「健康・快適・美容」。一年中快適な温度や湿度を保ち、きれいな空気に満ちた家は、住む人の体を内側からきれいにして健康を維持することにつながると考えます。家自体も劣化しにくく長持ちし、「安心して永く住める家づくり」＝「家族が健康に暮らせる家づくり」が私たちの信念です。

Web Site

埼玉　東京

株式会社
のぞみ

P46 掲載　P138 掲載　P140 掲載

PICK UP POINT

お客様の目的に合わせた ベストなリフォームプランを提案

リフォームはご家族の暮らしによって多種多様。まずは目的に応じてどのような方法や素材があるかを知ってもらえるよう、ショールームに使用する素材などを用意。納得いただいた上で、ベストなプランを提案することを大事にしている。

小さな修理から気軽に相談できる 商店街の頼れる工務店

商店街の中にある工務店だからこそ、「いつでも気軽に立ち寄ってもらえるように敷居を低く」というのがモットー。トイレ、洗面台、建具交換などの部分的な「リフォームをするなら、のぞみさんに相談」と、厚い信頼を得ている。

CONSTRUCTION GALLERY

心からリラックスできる 診療環境を提案

東京都千代田区 ピュシス統合医療クリニック

統合医療を実践するクリニックをリフォーム。「化学物質を使わない空間をつくりたい」というお施主様の希望で、無垢のスギとスペイン漆喰を使用。待合室と診療室が緩やかに区分されたクリニック内には自然素材の清々しい空気が満ち、心地よい空間となっている。

2世帯3世代同居を機に 大規模リフォーム

埼玉県越谷市 S様邸

娘さんご家族との同居を機に1、2階をリフォーム。LDKはキッチンを対面式に変更し、パントリーを設置。また、2階部分は家族それぞれの居室を確保できるように間取りを変更した。床や壁、建具などに自然素材を採用し、より快適に暮らせる家へと変身した。

店舗部分をリフォームし、 新たな事業をスタート

東京都世田谷区 masumiya

3階建ての呉服店兼住居だった建物の1階部分をリフォームし、婚活サロンと皮革製品リフォーム店に。店鋪奥の部屋は、家族の生活スペースとして活用している。床は無垢材、壁はスペイン漆喰、天井にも無垢材と漆喰を使い、温もりのある空間に仕上げた。

株式会社のぞみ

本社／東京都世田谷区経堂2-31-20
ライオンズマンション経堂第5-105号
0120-507-506
TEL03-6413-7336
FAX03-6413-7370
https://www.reform-nozomi.com

さいたま支店／
埼玉県さいたま市岩槻区南辻4
0120-507-506
TEL048-762-9954
FAX048-762-9964

代表取締役社長
望月 茂 氏

お客様の“望み”を叶えるために 全力で取り組んでいきます

社名について、お客様から「望みを叶えてくれるから“のぞみ”なの?」とよく言っていただきます。リフォームは1度だけではなく、暮らしのニーズに合わせて必要になるものです。当社の仕事に期待して “望み”を託してくださるお客様に高い満足感をご提供し、2度3度と長くお付き合いをしていただけるよう、常に全力で取り組んでいきます。

Web Site　Blog

有限会社
堀田瓦店

P48
掲載

PICK UP POINT

魅力を体感した「0宣言」仕様リフォームで 屋根のみならず住宅も暮らしやすく再生

瓦の葺き替えや屋根の修理を担う一方で、近年はリフォームを手掛けるようになった堀田瓦店。「0宣言」仕様のリフォームを自ら実践して快適性を実感し、「本当に良いものは勧めたい」とリフォーム希望者に提案を行っている。

瓦に精通し、地域風土を知り尽くす 頼もしい屋根のスペシャリスト

1981年創業の瓦店を父から受け継いだ堀田さん。1級瓦葺き技能士の資格を持ち、寒冷地で多く使われる石州瓦を中心にさまざまな瓦を扱う。防災意識の高まりもあり、軽量の屋根材への葺き替えなどにも柔軟に対応している。

CONSTRUCTION GALLERY

空き家を大胆にリフォームして 健やかに働ける事務所に

広島県庄原市 事務所

築100年超の空き家を堀田瓦店の事務所としてリフォーム。天井高を上げて開放感を増し、無垢材とスペイン漆喰に包まれた空間を実現して居心地のよさを追求。断熱性を高めて通年快適になり、屋根は石州瓦に葺き替えて山小屋風の外観に生まれ変わった。

心地良さに魅了されて 「0宣言」仕様で再リフォーム

広島県庄原市 H様邸

2階建ての家を全面スケルトンリフォームした後、「0宣言」仕様で娘さんの部屋を含む2室をリフォーム。階段の踊り場を利用した5帖の部屋も新設し、床には経年変化も魅力の愛工房の杉を採用した。その心地よさから、他の部屋も同じ仕様でリフォームを進めている。

吹き抜けと勾配天井で 家族をつなぐ開放的な住空間

山口県周防大島町 H様邸

平屋建ての家を一部2階建てにリフォーム。スペイン漆喰塗りの壁と愛工房の杉を張った床に、スギ板張りの勾配天井と吹き抜けで温もりと開放感たっぷりの空間を実現。2階からは1階のリビングを見下ろすことができ、家族のつながりが感じられる住空間になった。

有限会社堀田瓦店

本社／広島県庄原市上谷町447
TEL0824-78-2673
FAX0824-78-2730
http://www.hotta-kawara.com

代表取締役
堀田 通徳 氏

地域の人が笑顔で暮らせるよう 屋根工事とリフォームでお手伝い

父の代から長年地元に密着し、屋根の瓦葺きや葺き替え、修理に加えてリフォームも少しずつ請け負うようになりました。地域の皆さんには日々忙しく過ごしつつも笑顔で暮らしてもらいたくて、私たちは屋根工事やリフォームを通してそのお手伝いができればと考えています。心から良いと実感した「0宣言」仕様のリフォームを、今後も勧めていきたいですね。

Web Site